UN BON PRÉSIDENT

DU MÊME AUTEUR

LES PETITS CŒURS, Jean-Claude Lattès.

SÉPARATION DE CORPS, La Table ronde.

LE PETIT DERNIER, Ornicar.

LA FORTUNE AU GRENIER (avec la collaboration de Laurence Mouillefarine), Albin Michel.

PHILIPPE COLIN-OLIVIER

UN BON PRÉSIDENT

roman

LE PASSAGE

Couverture : Julien Levy

Le crime paie, mais pas assez.

Édouard Rimbaud
(Doudou)

Fin décembre

Précédé par le petit trot d'une averse, le réveil sonna à sept heures. La journée de Sylvie Acanthe commençait. Sylvie était pressée, elle avait la responsabilité du « Contrôle qualité » au sein du groupe VollensDeiger, qui regroupait soixante-dix-sept mille collaborateurs dans le monde. Et, chaque matin, Sylvie gardait le souci d'échapper aux embouteillages. Dans moins de quarante minutes ils allaient transformer le pont de Suresnes en une coulée de tôle aux relents de gazole.

Diplômée d'une école de chimie, Sylvie Acanthe avait choisi cette branche en souvenir de son père, mort de benzolisme alors qu'il travaillait dans une entreprise de Saint-Fons, qui fabriquait revêtements, encres et vernis. Sylvie considérait que la négligence, à l'époque, de la société qui employait son père ne pouvait être ni réparée ni condamnée. Trop tard. Ses dirigeants étaient depuis longtemps à la retraite lorsqu'ils n'étaient pas enterrés. Cette firme avait disparu, noyée par le jeu des regroupements. Elle n'était plus, à présent, qu'une activité infime au sein d'une entreprise transnationale à capitaux hollandais. Mais à cause du décès « accidentel » de son père, Sylvie montrait une passion pour le combat en faveur de l'environnement. Son intégrité apparaissait constante. On l'avait du reste embauchée dans la mesure où psychologues et graphologues avaient souligné sa probité.

Son petit-déjeuner se résuma à une biscotte et deux tasses de café. Depuis un stage chez un formulateur de Chicago, Sylvie le buvait dilué dans beaucoup d'eau, à l'américaine.

À trente-deux ans, elle connaissait tout à coup les heures vides de la pénitence. Sylvie, qui n'avait pas une âme d'émigrée, se retrouvait dans un laboratoire désert. La direction générale avait délocalisé l'essentiel du matériel. Sa division, l'une des mieux dotées d'Europe, lui était arrachée. Appareils de simulation, enceintes d'essais, jauges de mesures, doseurs et ordinateurs, ses patrons les avaient, avec un ajustement méthodique, transférés à Dundee, en Écosse. L'équipe sous ses ordres, une centaine d'ingénieurs qui appartenaient à vingt-trois nationalités, avait été « recasée ». Sa carrière était-elle derrière elle ? Le président de VollensDeiger lui avait imposé une mutation en Chine où un site de production s'érigeait. L'œil sec, il avait ouvert ses lèvres de gestapiste pour s'exprimer sur ce ton dominateur qui régénérait l'hostilité de Sylvie. Bien qu'il fût loin d'avoir des droits sur son bonheur, il l'avait mise en demeure de « s'épanouir dans une direction commerciale » proche de Canton. Il lui accordait une prime exceptionnelle et un intéressement au chiffre d'affaires versé dans un paradis fiscal. Narquoise, elle lui avait répondu que c'est la rigueur scientifique qui l'intéressait et non les vantardises des jeunes gens chargés, dans une belle effervescence capitaliste, de conquérir des parts de marché sur la concurrence. En l'espèce trois multinationales de l'agrochimie.

– Ça n'est pas l'argent qui me motive ! avait-elle persiflé…

Furieux, il avait lancé son stylo devant lui telle une déjection.

Jusque-là, Sylvie jouissait d'une notoriété dans sa profession. Elle participait à des congrès, donnait des conférences d'un continent à l'autre. Elle publiait deux à trois articles en anglais chaque année. Tous, bien sûr, consacrés à la culture de la banane. Sa spécialité.

Célibataire depuis que son fiancé l'avait, avec une habileté douteuse, trompée avec sa meilleure amie, Sylvie travaillait beaucoup. Elle n'abandonnait les dossiers d'homologations que vers vingt heures. Le matin était consacré, le plus souvent, aux dialogues avec les fournisseurs, à l'analyse des prélèvements effectués et aux contrôles classiques.

À huit heures moins le quart, Sylvie, habillée, n'oublia pas de décoller de sa table de cuisine un pense-bête pour de menus achats. Elle pratiquait volontiers le lèche-vitrines.

Comme depuis des semaines, Sylvie avait mal dormi. Son refus d'être mutée, ses réflexions ironiques alors que la coordination de toute l'ingénierie de la nouvelle usine en Chine lui était proposée avivaient le courroux de ses patrons. Elle supportait mal de les voir tourner la tête lorsqu'ils la croisaient.

– Remettez-vous en question ! Soyez mature ! s'étaient-ils empressés de gronder à tour de rôle.

La joliesse de Sylvie était minée par leur attitude. Elle restait sans force devant leur hostilité. Sylvie Acanthe se repliait dans l'amertume. Leur connivence pesait trop lourd. Elle reniflait aussi, du côté des Ressources humaines, si mal nommées, le projet de la pousser à la dépression.

Fourbe, le président du directoire cessait de lui adresser les convocations aux réunions des chefs de division qui se tenaient au siège social de VollensDeiger, à Dundee. Elle se trouvait mise en résidence. Là-bas, au fond de son laboratoire.

L'erreur de Sylvie était simple mais terrible.

Dans un rapport confidentiel au Comité de direction, elle avait fourni les preuves de l'action néfaste des pesticides de VollensDeiger utilisés dans les bananeraies des Antilles françaises. « Les agents toxiques agissent sur les testicules et les glandes annexes et provoquent des cancers. Le volume et la mobilité des spermatozoïdes en sont altérés et leur nombre décroît jusqu'à des valeurs bien au-dessous du seuil de fertilité. La responsabilité du groupe est patente, d'autant que nos recommandations en vue de la certification ont été délibérément tronquées et… »

Douze pages où les dirigeants du groupe avaient relevé confusion mentale, trahison et gauchisme caractérisé.

Elle avait été convoquée par le président, Luxembourgeois aux regards solennels qui, selon Sylvie, s'était depuis longtemps écarté de cette féerie qu'est la recherche scientifique. Il demeura barricadé derrière l'intérêt supérieur de VollensDeiger.

– On a fait une boulette, c'est entendu. Mais on n'est pas les seuls. Si le groupe était mis en cause, les actionnaires retireraient leurs billes et nous n'aurions plus qu'à déposer le bilan. C'est ça votre but ?

Palais de l'Élysée

Georges de La Pierce, conseiller du président de la République, déplaça vers l'angle de son bureau le portrait de sa maman. Elle restait pour lui le symbole de la rébellion. À huit ans, il l'avait observée, un après midi, tandis qu'elle se jetait dans les bras du cousin de son mari. Georges avait calculé qu'ils s'étreignirent à une vitesse cumulée de deux mètres seconde. Le gamin avait aussi constaté que l'intrus mettait au pillage le ventre de sa mère et que celle-ci ne cessait de lui jeter des « tu m'aimes ? » à bout portant. Cette image était la grand-route sur laquelle roulait souvent son imagination. Georges ne pensait jamais à son père, le général Aubin de La Pierce. Il était mort. Mieux encore, il achevait de se décomposer dans la tombe familiale. Dieu est grand !

Enfant, Georges s'affirmait déjà brillant. Son pupitre battait pavillon royal. Chaque fin de trimestre était pour lui le défilé de la victoire. En toute matière, il se voulait le meilleur. On le citait en exemple.

À l'époque, son général de père voyageait beaucoup, soucieux de ranger dans le bon camp, celui de l'Occident, la petite dizaine de satrapes qui s'appropriaient le continent africain. Ainsi, ne pesait-il pas trop sur les pensées de son fils. Les années passèrent…

À l'occasion d'un centième coup d'État au Tchad, Georges eut la joie de perdre son géniteur. Le général fut abattu alors qu'il tentait de mettre un semblant de dignité dans la débâcle des troupes gouvernementales. Georges en garda le souvenir d'un cadavre ébahi. Avec de grands yeux poussiéreux. Un bonheur ne venant jamais seul, il fut reçu au concours d'entrée de Sciences-Po.

« J'espère qu'il a souffert avant de claquer ! » pensa-t-il alors que, lors de la messe d'enterrement aux Invalides, le prêtre citait saint Paul : « Le ciel est le but de notre espérance ».

Porter son deuil fut délicieux. Georges était l'homme des grandes décisions : il choisit Hermès pour lui livrer vingt cravates sombres.

Quelques années plus tard, Georges entra à l'ENA. Il en sortit avec l'assurance que le pays allait lui être donné en pâture. À l'occasion d'un stage au ministère de la Défense, il rencontra le futur président de la République, Hugues Cotteret.

« Quand il pénétrait dans une pièce, l'air se chargeait d'électricité », racontait-il volontiers.

Georges de La Pierce repoussa ses lunettes à verres en demi-lune. Puis, il effleura la laque noire du manche de la théière. Marcellin Rossow, l'un de ses collaborateurs, remarqua ses boutons de manchettes en pierre dure et sa cravate imprimée d'alligators. Associés, ils composaient une sorte d'autoportrait.

– Je vous apporte les derniers comptes rendus, lui dit Marcellin Rossow à voix basse.

Il mesurait parfaitement la soumission que Georges attendait de ses subalternes.

– Posez-les sur la console.

Il est facile de se perdre dans les dossiers qu'un homme dans sa position reçoit chaque jour. Mais La Pierce ignorait les tensions piquantes de l'urgence. Le calme, chez lui, avait toujours le dernier mot.

– Merci, ajouta-t-il car Rossow demeurait immobile.

Jamais La Pierce n'invitait ses collaborateurs à se joindre à cette pose durant laquelle il savourait une tasse d'un thé japonais, un Ryokucha Midori, celui des samouraïs. Autant le président de la République conservait cette coquetterie de jouer à la pétanque avec son chauffeur dans les jardins de l'Élysée, ou de réclamer, avec enthousiasme, le point de vue des secrétaires les plus nigaudes, autant La Pierce haïssait toute démagogie. Sa réserve se fortifiait d'une vigilance. « À ma botte ! » était sa devise.

Georges de La Pierce prit le temps de boire. Rossow lui enviait cette maîtrise, il ne pénétrait toujours pas le mystère de l'homme de confiance du président. La Pierce se leva pour s'approcher de l'une des fenêtres du bureau. Il parcourut de ses yeux pâles la mousse au milieu des bruyères, et se souvint des glaïeuls lovés, l'été, à l'intérieur du buis.

– L'ambassade d'Albanie réclame une réponse urgente et nous avons aussi le problème de la Commission de Bruxelles sur les composés organiques volatils…

– Il y a des geais dans le saule, près du bassin, vous avez vu ? l'interrompit La Pierce.

– Non monsieur.

– Ça ne m'étonne pas. Vous êtes peu observateur.

La Pierce tourna la tête vers la silhouette musquée de l'une des assistantes de Rossow. Le pli rectangulaire d'une pochette en kraft apparut sous son bras. Encore du courrier…

La Pierce marcha vers son fauteuil. La bouche nicotineuse de Rossow lui déplaisait. Il se demanda à quel âge le jeune inspecteur des finances mourrait enfin d'un cancer du poumon.

– Voyons… dit-il.

Il prit lentement connaissance du courrier électronique et des fax ; La Pierce appréciait tout le charme du mépris qu'il portait à ses subordonnés.

Les premiers messages étaient rédigés dans le style convenu qui fait la gloire des correspondances entre les ministères et la présidence.

Une lettre cachetée à son nom se trouvait également dans la corbeille du courrier.

Georges de La Pierce saisit un coupe-papier.

TROUVEZ, EN ANNEXE, LA PHOTOCOPIE D'UNE PARTIE DE VOTRE CORRESPONDANCE AVEC LE GROUPE VOLLENSDEIGER. NOUS SAVONS TOUT DE L'ACCORD SECRET QUI LIE LE PRÉSIDENT DE LA RÉPUBLIQUE À CETTE MULTINATIONALE.

BON NOËL

FRANCE REVANCHE

La Pierce s'enferma dans l'un de ces silences qui, chaque fois, gelait les épaules de ses collaborateurs. Il leva les yeux vers Marcellin Rossow. Georges pouvait demeurer ainsi, immobile, durant dix minutes.

Rossow eut le fléchissement habituel.

– Avez-vous besoin de quelque chose ? demanda-t-il.

– Apportez-moi le rapport du Conseil d'État, le

président souhaite que je lui en rappelle les lignes directrices.

– Bien monsieur, fit Marcellin Rossow d'une voix de nez car le virus de la grippe, vieil habitué de ses lignes intérieures, parcourait ses sinus.

– Faites diligence, chuchota La Pierce afin que Rossow s'incline pour mieux tendre l'oreille.

Si le président tutoyait volontiers, La Pierce considérait le vouvoiement comme son allié naturel. Il détestait l'assaut d'une camaraderie éventuelle.

– Je m'en occupe immédiatement.

– Nous verrons à quel moment traiter les autres problèmes en suspens…

La Pierce ouvrit un meuble à combinaison marqueté de style Louis XV. Il en tira une boîte de mouchoirs en papier.

– Videz-vous les narines Rossow !

*

– Je regrette la Citroën, soupira le président de la République. Au moins, j'avais de la place pour mes jambes. Dans celle-là, je me coince les noix…

Assis à ses côtés dans la Renault blindée, Georges de La Pierce observait les motards qui, à l'avant, déboulaient en force sur les avenues. Le hurlement des sirènes restait la seule mélodie à charmer l'oreille du chef de l'État.

– C'est un modèle qu'ils ne font plus, tu le sais bien.

– Dommage.

– On va arriver juste à l'heure, signala Georges de La Pierce.

– C'est toujours Marleau-Nobert qui dirige les anciens du 2e régiment étranger de parachutistes ?

– Oui.

– Parfait. Il connaît des tas d'histoires drôles ; au moins on va se marrer.

– J'ai fait prévenir l'AFP, United Press et les chaînes de télé. Tu auras une bonne couverture médiatique.

– C'est pas un peu exagéré non ? s'inquiéta le président.

– Non, pendant que le Premier ministre militait à l'extrême gauche et brûlait le drapeau français, tu crapahutais dans la Légion. C'est bon, c'est très bon électoralement. Tu es le seul dirigeant politique, quasiment, à avoir servi dans une unité d'élite, les autres se sont soigneusement planqués. Ce serait trop bête de ne pas jouer là-dessus.

– Je me suis juste payé six mois au 2e REP. Il ne faut pas en rajouter. S'ils n'avaient pas eu besoin d'un type parlant quatre langues, je restais peinard à l'état-major interarmes.

– Peu importe. Tu as une image de virilité, il faut la cultiver. Toutes les études de motivation le prouvent. L'électorat est vieillissant, il veut un papa sécuritaire.

– Restons sobres, Georges.

– Hugues, les Français avalent cul sec, et sans s'étrangler, quatre-vingt-dix-neuf pour cent des bobards qu'on leur raconte !

– Tu as le discours ?

– Oui. Lis-le, tu verras, il est bien. Il y a une référence assez salope à l'égard du Premier ministre qui va faire hurler de joie tes copains paras. D'autant que ta causerie est prévue après l'apéro. J'ai, exprès, forcé sur le champagne et fais réduire les amuse-gueules ; ils seront déjà un peu ronds et vont t'applaudir. C'est à ce moment précis que j'ai demandé aux cameramen de les cadrer. Tu le sais bien, avec des petits cadeaux, on obtient facilement leur complaisance...

– Magnifique !

– Tiens, j'ai aussi les chiffres sur les émeutes en banlieue... Plus de neuf cents voitures incendiées ce semestre dans la région parisienne. Et soixante gamins assassinés avec des armes de poing. Reviens sans arrêt là-dessus.

– D'accord.

– Joue les redresseurs de tort. Mais sans fanatisme. Rassure, rassure, rassure... C'est le seul moyen d'entamer la popularité du Premier ministre.

Lorsqu'il évoquait Daubern, le concurrent du président, La Pierce avait le mouvement de canines d'un anthropophage.

Le président tourna la tête et observa le creux presque violet des joues de son ami.

– T'es un fauve, veinard. Moi je me force...

– Je sais, regretta La Pierce.

Le président redressa la tête.

– Cette lettre de... France Revanche, ça m'inquiète...

– Oui, il y a de quoi !

– Fais vite. Il faut déterminer de qui il s'agit.

– Ce ne peut être que Lequint, qui est de plus en plus amer. Il dit du mal de toi dans les dîners parisiens. Il parait que sa femme te surnomme « L'amiral Zéro ». Elle te reproche le naufrage de la droite.

Le président soupira.

– Lequint ? Je lui ai pourtant refilé un joli poste. Être le patron du marché international de l'Union des Halles, avec un salaire de prince, il aurait tort de m'en vouloir cet imbécile.

– C'est lui ou ton copain gangster Sepp Kowaltchuk.

– Non, pas Sepp.

– Si, si.

– Tout ça parce que je refuse de le recevoir à l'Élysée depuis qu'il est sorti de prison ?

– Précisément.

– Remarque, il faut faire attention, Sepp vous descend un type comme on éteint un clope.

– Il a une tête de génocidaire.

– Moi, je le trouve beau, dit le président.

– Hugues, je t'en prie !

Pour le président, doué de capacités olfactives particulières, Georges de La Pierce n'avait qu'un tort : ses odeurs. Il dégageait des effluves de cuir de sellerie par temps humide et une fragance de savon d'orphelinat au chaud de l'été.

– J'ai étudié les sondages ce matin. C'est pas fort ! fit observer le président.

– Pour l'instant on est en perdition.

Georges avait une voix chuintante qui rappelait le son d'une bouilloire à sifflet.

– Il nous faut un sans-faute jusqu'aux élections. Sinon, je suis fini, ajouta le président.

La Pierce resta silencieux avant de se tourner vers Hugues Cotteret.

– Pour ce chantage à propos des pesticides de Vollens-Deiger, il se pourrait aussi que le parti social-démocrate ait découvert quelque chose ?

– Non. Ils n'ont pas assez de couilles pour un truc pareil, dit-il. Tous des énarques. Autant dire des lopes !

– Puis-je te rappeler que nous sortons tous les deux de…

– C'est pas pareil. Toi tu es né méchant. C'est ta chance ! Et moi, c'est moi !

Les anciens officiers du 2e régiment étranger de parachutistes avaient retenu, pour leur déjeuner annuel, la grande salle d'un restaurant de la place de l'Alma. La voiture présidentielle et celles de protection se rangèrent contre le trottoir. Hugues Cotteret reconnut certains de ses gardes du corps avec leur insigne distinctif épinglé au revers de la veste ; ils patientaient sous la marquise d'un jaune vibrant. Les camions des chaînes de télévision étaient tout proches.

– Au boulot ! marmonna-t-il avec ce sourire qui mettait de la gaieté jusque dans les cimetières.

Le colonel Marleau-Nobert attendait le président dans une sorte de garde-à-vous instinctif, légèrement déréglé par d'anciennes blessures. Il avait quatre-vingt-trois ans et son costume croisé en serge grise avait cessé toute résistance sous le poids des décorations obtenues. Le colonel avait basculé très jeune dans le camp des héros.

Marleau-Nobert n'appréciait pas qu'un blanc-bec lui bouche la vue. Aussi repoussa-t-il l'un des membres du service de sécurité de la présidence.

– Deux pas derrière, jeune homme !

Hugues Cotteret donna l'accolade au colonel. Celui-ci était facile à reconnaître, un éclat de bombe à ailettes avait redessiné son visage : sa pommette droite semblait retenue de l'intérieur par une pince à linge. Quant à son orbite, elle était constituée d'une excellente matière synthétique.

Le président monta au premier étage, applaudi par une haie d'honneur. À leurs traits, Hugues Cotteret jugea que ces vieux guerriers avaient, pour la plupart, courageusement repoussé les limites ordinaires de la cirrhose du foie.

– De chouettes tronches de brutes, ça nous change des minets du Quai d'Orsay, chuchota le président à l'oreille de La Pierce.

Le président haïssait l'engeance vaniteuse qui régnait sur le ministère des Affaires étrangères.

Le commandant Baldini, au sein profusément décoré lui aussi, montra au président la salle qui les attendait. Son accent italien était plus que prononcé. Il hochait constamment la tête et Hugues Cotteret comprit, après une petite dizaine de secondes, qu'il ne s'agissait pas d'un signe d'assentiment mais de la manifestation d'une attaque cérébrale.

C'est alors qu'il se dirigeait vers les bouteilles de Dom Pérignon que le président aperçut Sepp Kowaltchuk. Celui-ci lui cligna de l'œil.

Élégant, Sepp s'était glissé avec souplesse dans l'âge mûr. Ce bâtard s'imposait à ceux d'un lignage plus parfait.

Au faîte d'une carrière de ruffian, Sepp Kowaltchuk ne portait que costumes sombres, chemises blanches et cravates noires. Sa condition de voyou, il l'assumait avec les gestes d'un souverain. Il faut dire qu'il avait une belle corde à son arc : cet instinct de tueur qu'il pomponnait.

– Bonjour, bonjour, comment ça va ? Heureux de te revoir…

Mine de rien, et tandis qu'il saluait les uns et les autres, le président observait Sepp dont le nez très fort biffait l'équilibre du visage. Sepp Kowaltchuk avait des cernes comme des arceaux de métal et une mâchoire de mammifère carnivore. Son plus large sourire mesurait un septième de centimètre.

Le président donna l'accolade à plusieurs officiers. Sepp lui parut plus pâle que lors de leur dernier repas pris, il s'en souvenait, au Fouquet's.

Assis sur un tabouret de bar, Kowaltchuk montrait ce regard fixe des anciens taulards. Il bavardait avec deux ou trois officiers de réserve. Ou plutôt, il écoutait. Sepp n'était pas porté à raconter ses misères. Sa pudeur prévenait également toute vantardise. Mais ce qu'il disait était prononcé sur un ton définitif. Son bagage culturel se résumait à faire la différence entre les grains de caviar et ceux de chevrotine. Surtout, Sepp partageait les planètes, les hommes, les femmes, les pitbulls, entre « les potes » et « les autres ».

– Je suis content de te voir ! dit, furtif, le président qui évita de lui serrer la main.

Sepp eut cette mine grondeuse, toujours crainte par Hugues Cotteret.

Une vingtaine d'années auparavant, c'est au 2e REP que Sepp Kowaltchuk avait rencontré le futur président.

Hugues Cotteret s'était laissé séduire par la bravoure simplificatrice de Kowaltchuk, et celui-ci avait apprécié les yeux de python caché derrière les mines innocentes de Cotteret. Une amitié rageuse et jalouse.

Leur régiment était intervenu lors d'un conflit proche de Djibouti. Blessé au combat, sa conduite audacieuse permit à Sepp d'ajouter à sa biographie de fripouille un chapitre de patriote. Cotteret, lui, s'était montré plus retenu dans l'expression de son courage physique.

– Je bois à la santé de tous ! dit à très haute voix le président.

À cet instant de la réception, Hugues Cotteret comprit que Sepp avait une furieuse envie de lui cracher à la tête. Alors, il lui tourna le dos pour s'entretenir avec le colonel Marleau-Nobert.

Hugues et Sepp Kowaltchuk servaient des dieux différents. Le président se considérait à la fois comme le Père, le Fils et le Saint-Esprit. Où que ce fût, il cherchait le premier rang dont il écartait fraternellement les occupants. Son énergie, cette habitude de repousser ceux qui traversaient son champ de vision, en faisaient un vainqueur. Quant à Sepp, toujours discret, il tenait sa religion bien en main : celle du Beretta.

Français de la première génération, et fils d'un père condamné à de maigres salaires, Sepp Kowaltchuk avait grandi dans les ateliers abandonnés de la périphérie de Rouen. Il avait fréquenté l'école communale de Canteleu sans y trouver un point d'ancrage. Sepp avait été de ces gamins qui voient dans l'interrogation écrite du lundi une machinerie totalitaire. À la moindre réflexion de l'instituteur, Kowaltchuk bondissait vers la porte de sortie. Ce jeune homme avait le mérite rare de savoir ce qu'il voulait faire dans la vie. Sepp préférait déjà les grenades quadrillées aux cahiers à petits carreaux. Son âge tendre s'était dissous dans ces journées où il portait la longue douille en acier des crochets à pommes destinés à secouer les branches des arbres. C'est dans la boue que son opinion s'était faite : « La vie est une combine à la con qu'il faut jouer en tête. »

À quatorze ans, Sepp avait été arrêté une première fois par les gendarmes. Il avait enfoncé une spatule de marbrier dans la gorge d'un jeune rival. Kowaltchuk n'admit pas que la législation puisse être mise en batterie pour une simple tentative d'assassinat. Sepp aimait à penser qu'avec six milliards deux cent soixante-dix millions d'individus sur Terre, il ne fallait pas s'attacher aux chiffres après la virgule.

– N'aie pas peur de la jouer à fond... tous ces types sont très bas de plafond, chuchota Georges de La Pierce à l'oreille du président.

– Je sais faire la pute, il y a trente ans que je pratique, merci !

Le président de la République terrassait les hommes par sa simplicité et son allant ; il emportait le sentiment des femmes en les écoutant. Sa roublardise était infinie. Ce jour-là, comme en d'autres circonstances, réunions internationales, Salon de l'agriculture ou messes chantées pour le repos de l'âme du général de Gaulle, il fit apprécier aux anciens légionnaires ses tapes dans le dos.

Tous en redemandèrent. Il prétendit qu'il avait fait de la Légion l'amour de sa vie et qu'il lui restait peu de goût pour le reste. Il feignit un attachement passionnel à l'avenir du régiment et promit d'en accroître les budgets. La force de frappe de ses sourires était redoutable. Le premier personnage de l'État pouvait multiplier les promesses électorales durant huit minutes sans respirer.

– C'est à vous monsieur le président, lui souffla le colonel.

– D'accord.

Le président fit mine d'improviser un discours écrit par l'un de ses nègres. Il fut émouvant. Il donna l'impression que cette réunion d'anciens guerriers était de première importance. Il prit le ton du chef de tribu et prononça quelques mots d'une paisible muflerie à l'égard du Premier ministre qui fut hué pour avoir, dans sa jeunesse, défilé avec le portrait de Mao à la main.

Afin d'affirmer son honnêteté, qualité prometteuse après des années de prévarication, le président paya de ses deniers les trois paquets de Gitane réclamés à une hôtesse. Il fut applaudi pour cette attitude d'une noblesse sans égale. Il but, il plaisanta, il prononça les six gros mots qu'un spécialiste du marketing politique lui avait fait répéter dans l'ordre. Il eut même, en aparté, des gestes de concupiscence à l'égard de la serveuse la plus en chair, ce qui lui valut le suffrage définitif d'une soldatesque qui croyait aux vertus salvatrices du droit de cuissage.

Une heure plus tard, le président ressentit le besoin d'uriner. Sa charpente souffrait d'une prostate un peu lourde.

– On peut pisser ici ? demanda-t-il au colonel Marleau-Nobert dont les lèvres en latex et une langue presque d'origine cohabitaient mal.

Les mâchoires de l'officier peinaient sur une tartelette à la rhubarbe pourtant sans défense.

– C'est au fond, mais faites gaffe aux deux marches… m'sieur le président, fit, après un hoquet salutaire, cet homme d'armes et de champagne.

– Merci du conseil !

Cotteret fut précédé par le galop de trois gorilles qui se ruèrent vers ces lieux d'aisance, afin de vérifier qu'une escouade d'islamistes n'avait pas fixé une bombe derrière le dérouleur du papier toilette.

Le président leur fit signe de le laisser se soulager. Il se fut volontiers agenouillé devant le lieutenant Livoy dont le sexe moulé dans l'alpaga inspirait la vénération, mais une saine tradition commande au premier des Français d'apparaître hétérosexuel. D'un signe de la tête, il montra sa satisfaction de les voir disparaître. Il posa le pied sur le carrelage bleu cobalt. L'urinoir était un peu bas. Hugues Cotteret apprécia une fois encore ce délice qui consiste à oublier sa vessie. Comme à l'habitude, il accompagna sa miction d'un léger sifflement. Un air de son enfance : « Cadet Rousselle a trois maisons… »

Lorsque Sepp Kowaltchuk, qui venait d'être fouillé par les flics du président, entra dans la pièce, Hugues Cotteret tourna la tête avec cette moue de petit garçon qui le rendait irrésistible.

– Salut ! fit Sepp.

– Ça va ? répondit le président.

– Tu m'évites une fois de plus ?

Cotteret resta silencieux.

– Depuis un an, tu as tout fait pour ne pas te trouver à côté de moi, reprit Sepp.

– Tu en connais la raison…

– On a honte de ses vieux copains ?

– Il y a la télé et des photographes. Je ne peux pas être vu en train de bavarder avec quelqu'un de fiché au grand banditisme. Impossible !

– Ton conseiller La Pierce, il me raccroche au nez quand je cherche à te joindre. Celui-là, un jour, je vais le gratouiller au couteau !

– Laisse La Pierce tranquille. Je ne peux pas être aperçu en ta compagnie, un point c'est tout. Je le regrette mais c'est comme ça…

– Moi aussi tu sais, ça me ferait du tort d'être aperçu au bras d'un politicien… dans ma partie, on apprécie les types réguliers.

Hugues Cotteret ne répondit pas, ses préoccupations le portaient vers l'un des boutons de sa braguette qui venait de rompre les amarres.

– Ne te coince rien, fit, compatissant, Sepp.

– Saleté de bouton.

– Je t'offrirai un petit nécessaire à couture, plaisanta Sepp.

– Arrête !

– Holà ! On s'énerve ?

– Qu'est-ce que tu veux au juste Sepp ?

– Ton amitié. Comme avant…

– C'est-à-dire ?

– J'estime qu'un mec qui a craché des tonnes de fric pour ta carrière mérite des cajoleries. Je crois aussi que ce même gus qui s'est secoué la tronche, à ta demande, pour expédier en douce des armes dans ce qui reste de l'Afrique, et entretenir là-bas un beau merdier, a droit à autre chose qu'à des bruits de braguette. Sans compter les mignons que je t'ai présentés parce que tu as les jetons de draguer…

– Chut !

– Chut ?

– Oui.

– Hugues, « chuttt » c'est le bruit d'un 22 équipé d'un silencieux.

Le président n'apprécia pas cette réflexion.

– Je t'ai connu plus mesuré Sepp.

Le ronronnement de l'air conditionné fut perceptible. Sepp fixait des yeux le président qui, allergique, souffrait des récents travaux d'isolation menés dans les toilettes.

– Il faudra qu'on reparle de ça, fit Hugues Cotteret. Mais à tête reposée. Je t'aime bien Sepp. Tu es l'un de mes plus vieux amis. Mais on ne peut pas nous voir ensemble. Tu as fait de la prison. Et pour crime de sang…

Avec une tolérance désinvolte, Hugues Cotteret donna une tape sur la clavicule gauche de Sepp.

– Il faut que j'y aille, murmura-t-il.

Le président se moucha. Il redressa le menton avant d'ouvrir la porte.

Sepp resta figé. Le miroir lui renvoya l'image d'un homme qui serrait les mâchoires.

Sepp demeura immobile durant une trentaine de secondes. Le traiter comme venait de le faire le président était un sacrilège. Il eut du dégoût pour le personnage qu'était devenu Hugues Cotteret.

« J'aurais dû le plier en deux » pensa-t-il.

Il quitta le restaurant par les cuisines. Avenue George V, la pluie jouait des baguettes sur des cartons vides entassés devant Le Grand Corona, un autre restaurant. Sepp détestait de plus en plus la légèreté avec laquelle le président de la République l'avait rabroué. Les joues cireuses, il tentait de se calmer mais ses dents grinçaient.

Sepp jugeait que pendant des années, l'ambition maladive d'Hugues s'était déplacée à couvert. Longtemps, chacune des attitudes de Cotteret, lorsqu'ils se trouvaient réunis, avait été une déclaration de fraternité. Ils avaient tellement partagé. Sepp ne pouvait admettre de point d'arrêt à l'amitié.

VollensDeiger – Suresnes

Sylvie Acanthe croisa une femme de ménage en tenue blanche. Elle portait une coiffe, une combinaison antipoussière, des gants en vinyle et un masque filtrant dont la barrette nasale vous faisait ressembler à un porc albinos. Elle poussait un chariot de lavage à deux bacs, l'un pour l'eau propre, l'autre pour l'eau usée. Le laboratoire sentait le détergent. Sylvie nota la présence d'un employé qui appliquait sur le sol une émulsion contre les cafards.

Dans les vestiaires, les bobines d'essuyage avaient été changées. Sylvie Acanthe, comme tous les jours, se maquilla légèrement devant le grand miroir.

Armelle Picard entra. Une belle fille. Mince, l'étroitesse de son bassin ne nuisait pas à sa sensualité.

– Tiens Sylvie, bonjour, je suis contente de te voir...

– Moi aussi. Tu vas bien ?

Armelle s'assura qu'elles étaient seules dans la grande pièce revêtue d'une peinture satinée blanche.

– Il faut que je te dise un truc, glissa-t-elle.

– Oui ?

– La direction des Ressources humaines essaie de te trouver un lézard pour te foutre dehors...

Sylvie eut un geste de retrait comme si son cristallin était touché par un soleil trop soudain.

– Tu en es certaine ?

– Oui. On prétend que c'est sur ordre du président du directoire.

– Comment tu le sais ?

– Je suis... disons... copine avec... Tajo...

Elle passait en effet pour être la maîtresse de ce spécialiste de la législation du travail.

– Merci du tuyau.

Armelle Picard eut une moue de délurée.

– Tous des fumiers. Moi, à ta place, je ne me laisserais pas faire.

Sylvie eut un ricanement triste.

Oman

À plusieurs milliers de kilomètres de là, Samuel Costes, un blond qui souffrait de durillons aux pieds, ôta ses mocassins. Costes était las des montagnes du sultanat. Un guide touristique à la main, il tentait de faire la différence entre un sultan, un émir, un bachaga, un cheik, un chérif, un vizir, un bey et un calife. Costes essayait de comprendre ce pays où le fin du fin était de disposer d'un gazon à l'anglaise, dru et mouillé, alors que le litre d'eau valait neuf fois un plein d'essence.

Costes avait quitté l'Al Bustan Palace après avoir remis au chef de l'État, qui s'était réservé le dernier étage de l'hôtel, le dossier, agrémenté d'une vidéo, concernant la vie de bâton de chaise menée par son opposant, Ahmed Bin Daoud, à Londres et à Paris. Costes avait reçu vingt mille dollars et le sultan, quadragénaire aux yeux de la teinte du sirop d'érable, avait été jusqu'à lui faire un cadeau. Un sabre du XVIe siècle dont la lame était incrustée, au talon, d'un croissant et d'une étoile. Il l'avait appelé « *my dear friend* ». Le sultan restait attaché à une réputation de bonté.

Samuel Costes était un enquêteur privé. Lui, se définissait plus tendrement comme un « fouille-merde ». Avec son associé Bernstein, ils travaillaient, le plus souvent, pour des groupes internationaux, résolus à ne pas capituler devant le vol d'un brevet ou désireux de confondre un collaborateur traître à son employeur. Le hasard les déposait un jour ici, le lendemain là. Récemment, ils avaient « monté » un dossier pour un syndicat, afin de calmer la rage d'un dirigeant du patronat qui, de rapprochements en absorptions, faisait tomber les têtes comme on cueille des marguerites.

Cultivé, Costes lisait volontiers Nietzsche, Stephen King et Bossuet, mais Johnny Walker restait son maître à penser. Samuel Costes buvait. Il avait fait ses adieux à la sobriété avec les eaux du baptême. Son sens de l'orientation le menait plus directement vers les bouges que vers les centres de thalassothérapie.

Le jour tombait et on entendait le muezzin.

Des ouvriers travaillaient à l'agrandissement de l'aéroport. Ils abattaient d'anciens bâtiments. Une équipe chevronnait le toit d'un entrepôt. Des Omanais étaient assis en tailleur sur des bancs. Quelques Indiens bavardaient à l'écart, autour de la grille de cuisson d'un fût d'essence transformé en barbecue. Une femme, voilée et en noir, sortit d'une Lincoln pour suivre son époux et maître. Elle était de celles maintenues sous des verrous dorés par des mâles enrichis grâce au pétrole ou au gaz naturel. Costes se demanda, comme tous les Européens, si l'intégrisme pouvait survivre à Internet. Et il pensa que oui. Costes était peu doué pour l'optimisme.

Des files de taxis, orange et blancs, attendaient l'arrivée de l'avion de Bangkok. Tenu en laisse par un policier, un gros chien à la moustache hitlérienne posait un regard d'autorité devant l'entrée du hall.

Costes se dirigea vers le comptoir d'enregistrement de la British Airways. L'employé assis devant l'ordinateur était affligé d'un défaut de prononciation, mais semblait considérer comme un haut fait littéraire de pianoter le nom des passagers sur l'écran.

Costes était convoqué à Paris. Il avait reçu un message qui l'enjoignait de se trouver, le lendemain à treize heures, à l'hôtel Mercure Montmartre, proche de la place de Clichy.

Palais de l'Élysée

Dans la mémoire d'Hugues Cotteret, jamais les souvenirs ne s'étouffaient les uns les autres. Le président avait une vision claire des événements, des dates et des propos tenus. Chaque soir, il procédait à un examen de la journée et ronchonnait ou se félicitait. Tous ses entretiens étaient scrupuleusement explorés. Il gribouillait ses réflexions sur un cahier d'écolier.

Edwige Cotteret et le président étaient couchés. Depuis leur lit, ils apercevaient l'immense carré de lumière, imposé par les spécialistes de la sécurité, qui recouvrait le gazon et les hampes frêles de quelques massifs. Leur chambre était tendue d'un tissu pastel. Les domestiques avaient laissé un plaid sur un vieux coffre en bois de mango. Edwige, obsessionnelle, aimait à s'en couvrir les épaules lorsqu'elle croyait détecter un courant d'air. La grande pièce regorgeait de meubles très éloignés de la représentation sociale attendue. Ces trésors, chinés à travers le monde par Edwige, les aidaient à conserver ce qu'elle nommait « un petit nid pour nous deux ».

Après avoir allumé des bougies parfumées, Edwige venait de prendre un bain et s'était plu à écouter Vivaldi dans l'obscurité. Le président avait profité de son absence pour se lever brusquement et dévorer, en catimini, une vingtaine de noisettes qui ondulaient dans un plat en céramique. Puis il avait rejoint, à pas de loup, ses draps. Il était censé suivre un régime amaigrissant.

Edwige le contempla. Jamais il ne lisait au lit. Ses yeux préféraient voltiger d'une chaîne de télévision à l'autre. Cette insatisfaction exaspérait Edwige. Elle tentait, parfois, de lui imposer de regarder un film dans son entier. Hugues s'arrangeait pour se lever et passer quelques coups de téléphone.

– Il ne se sent pas bien mon président ? demanda-t-elle.

– Si, merveilleux !

– Non.

Hugues soupira.

– Je suis en pleine forme.

– C'est faux !

Elle se rapprocha de lui.

– À cause des sondages ?

– Non.

– Alors ?

Il se recroquevilla.

– C'est à propos de la Guadeloupe, confia-t-il.

– Ah oui ? Je déteste ce coin. Les touristes métropolitains sont horriblement vulgaires. Quant aux Noirs, ils sont agressifs et ne fichent rien. C'est rendre un mauvais service que de subventionner la paresse.

– Là n'est pas le problème, dit-il en se tortillant.

– Je m'en doute, figure-toi ! Je disais ça en passant mon chéri.

– La Guadeloupe vote massivement pour moi.

– Je sais.

– Sans cet apport électoral, je coule !

– Dans ce cas, oublie ce que je viens de dire, et verse-leur encore un peu d'argent.

– Figure-toi que la Guadeloupe, et la Martinique par la même occasion, sont menacées par un cyclone.

– Les pauvres !

– Un cyclone politique.

– Ah ? Je pensais à une espèce d'ouragan.

Il redressa ses trois oreillers.

– Tu sais qu'un groupe multinational, VollensDeiger, s'est arrangé, via plusieurs paradis fiscaux, pour verser d'énormes sommes destinées à ma campagne.

Edwige prit un ton revêche.

– Je ne suis pas complètement idiote !

– C'était du donnant donnant, bien sûr.

– Qu'est-ce qu'ils voulaient ?

– Une histoire de pesticides.

– Ces saletés ? Je te rappelle que je suis pour la protection de la nature.

– Oui, oui... Entre nous, évite de jouer à la fermière comme la reine Marie-Antoinette. Ça a mal tourné pour elle.

– Je me sens de plus en plus...

– Épargne-moi le délire habituel sur le réchauffement de la planète !

– J'ai bien le droit d'avoir une opinion personnelle...

Cotteret parut s'ébrouer comme un chien qui sort de la rivière.

– VollensDeiger vendait des pesticides, des herbicides, des insecticides et autres saloperies. Ils en commercialisent toujours, mais ce sont d'autres molécules.

– Chéri, excuse-moi, mais je suis perdue dans ton histoire...

Il renifla.

– C'est pourtant simple. D'après une étude, heureusement ultra-confidentielle, vingt mille ouvriers de la banane, à la Guadeloupe et en Martinique, deviennent tout doucettement stériles. Incapables de faire des enfants. Tu vois le genre ?

Elle posa la main sur le genou de son mari.

– Ça n'est pas possible ?

– Les produits de VollensDeiger bousillaient l'appareil reproducteur mâle, comme ils disent. Avec, en prime, des cancers des testicules et de la prostate.

– C'est monstrueux.

– On peut dire ça.

– Qu'est-ce qui s'est passé ?

– On a procédé discrètement, grâce à un laboratoire spécialisé de Caroline du sud, à une contre-expertise.

– Et alors ?

– Nos Noirs à nous, Guadeloupe et Martinique, sont beaucoup plus touchés que les Afro-Américains. Il ne s'agit donc pas d'une question de race. Il a été déterminé aussi qu'il n'y avait pas d'interférence virale.

Elle eut un soupir.

– Qu'est-ce qu'on peut faire ?

– Se taire.

Elle se redressa.

– Où en est-on réellement avec cette affaire, Hugues ?

– C'est mal barré. Mon erreur, c'est d'avoir écouté La Pierce.

– Je te l'ai toujours dit ! Il est sans scrupules !

– Il est fidèle et solide en tout cas.

– Qu'est-ce qu'il a à voir là-dedans ?

– Sur son conseil, on a retardé la publication de ces différentes études… On a même sucré, ou reporté, les budgets de recherche à l'Institut de la protection de la santé, l'IPS. En plus, sous le prétexte d'un transfert vers un autre site de fabrication, à Dundee en Écosse, on a fait enlever les appareils de mesure et de contrôle de l'équipe de Vollens-Deiger qui avait découvert toute l'affaire et on a promu, avec une enveloppe considérable, versée en Suisse, les quelques personnes au courant. Ils fermeront leur gueule.

– Tu es fou !

– On a aussi fait nommer des experts à la Commission européenne de Bruxelles qui, tous, ont été, à un moment ou à un autre, des consultants, très bien rémunérés, de VollensDeiger. Ils se tairont. De ce côté, c'est bétonné !

– Mais ça éclatera quand même, réfléchis voyons !

– Non, il faudra dix ans pour établir un lien hypothétique entre les saloperies de VollensDeiger et ces... maladies. On choisira les membres du Comité scientifique. Les dossiers feront des allées et venues. On oubliera de faire suivre certains rapports... Le temps passera. Avec un peu de chance on se tapera une catastrophe ici ou là et l'opinion aura d'autres chats à fouetter.

– C'est une folie !

– De toute façon, c'est trop tard. Les ouvriers des bananeraies sont pollués.

Elle s'écarta.

– Quel métier tu fais, Hugues !

Il lui prit la main.

– Dès que je serai réélu, j'aiderai massivement ces pauvres gens. En attendant, je m'aide moi-même !

– Et le chantage dont tu m'as parlé hier, c'est à ce sujet ?

– Oui. Sepp, qui a servi d'intermédiaire, croit pouvoir en tirer de l'argent. Il menace de révéler le soutien que m'accorde VollensDeiger. À moins que ce ne soit Lequint, le patron de l'Union des Halles.

– Tu en es certain…

– Oui. Lequint, avant que je ne lui file l'Union des Halles, qui reste le plus grand marché de bouffe d'Europe, était directeur du marketing stratégique chez VollensDeiger. C'est Lequint qui a monté toute l'opération pour que ce groupe crache au bassinet… et pour qu'on étouffe l'affaire. Le temps qu'ils lancent des nouvelles formulations. Pas dangereuses celles-là…

– Et « ton » Sepp, là-dedans ?

– C'est un malfrat. Toujours sur un coup. Je te rappelle que lui aussi, je l'ai bien traité.

– Qu'est-ce que tu veux dire ?

– Il est le patron du service de sécurité intérieure, à l'Union des Halles. Comme couverture pour un repris de justice, je ne pouvais pas lui trouver mieux.

Elle eut une grimace triste.

– Quelle magouille !

– Trésor, si tu naviguais vraiment là-dedans, tu te rendrais compte que cette histoire-là, c'est… de la roupie de sansonnet comme disait ton défunt père. C'est… presque insignifiant à côté, par exemple, des déchets nucléaires en Méditerranée… un jour ça pétera aussi ça…

– C'est pas une raison !

– Si, la raison d'État.

Edwige se tourna vers le côté opposé, elle tapota sur son traversin et garda le silence.

*

Dans l'avion qui le ramenait d'Oman, Samuel Costes lut le *Financial Times* réputé pour endormir sans effets secondaires. À un certain moment, une hôtesse à la trentaine véloce ploya les genoux devant un garde-manger sur roulettes. Puis, elle s'approcha, afin de poser devant lui un plateau sur lequel gisait un filet de poisson qui avait expié ses péchés au fond d'un congélateur.

– Non merci, fit Costes.

– Du poulet alors ? demanda-t-elle, et quelques tranches vitreuses au parfum de cellophane lui furent présentées.

Il secoua négativement la tête.

Ils firent escale à Bahreïn puis à Londres. Comme si une balle avait tracé une ligne de partage entre leurs fauteuils, Costes n'adressa jamais la parole à sa voisine, une Britannique dont le visage fermé suggérait qu'elle avait subi maints outrages dans sa petite enfance. À l'aéroport, dans la poussière grise d'une journée de grande pollution, il prit un taxi. Son appartement atteint, il ne toucha ni aux factures ni aux appels à cotisations qui éclairaient la moquette. Ces enveloppes gisaient là depuis un bon mois. Costes estimait qu'il finirait par les décacheter dans un moment regrettable de somnambulisme. Il resta un quart d'heure sous la douche. Il lui eut été agréable de disparaître une fois pour toutes dans la grille d'évacuation d'eau. Chaque minute de la vie de Samuel Costes butait contre l'image de Mahaut. Il sombrait dans l'idée fixe. Leur rencontre devant la tour Montparnasse, ce déjeuner dans un restaurant de poissons… Et la première fois où il l'avait vue courir vers lui, alors qu'elle suivait un stage dans une clinique pour enfants autistes. Enfin, la découverte de son corps. Il s'y sentait tellement mieux que dans le sien propre…

Elle l'avait quitté le soir du championnat du monde des poids lourds qui opposait Abe Bilowski et Bug Calcanti à Las Vegas. Vers vingt-deux heures, Costes était rentré chez lui, rue des Peupliers, à Boulogne. Un quatre pièces aux cloisons si minces qu'on y entendait les voisins s'épiler. Il était las et glacé, les cheveux et les épaules couverts d'une neige bleutée. Son haleine s'alourdissait des relents d'un bo bûn partagé avec son associé Bernstein dans un restaurant asiatique du XIIIe arrondissement.

L'ascenseur ne fonctionnait pas. La grille se trouvait bardée d'un panneau de carton explicatif. Bougon, Costes s'était lancé à l'assaut des marches balayées d'un courant d'air ascendant. À chaque pas, il lui semblait que ses chaussures retenaient dans leur cuir un peu du poids des marches. Comme on touche le sommet de l'Everest, Samuel était parvenu au huitième étage. Il avait ouvert, puis fermé derrière lui, le plus doucement possible, la porte de l'appartement. Préoccupé du sommeil de Mahaut, sans doute exténuée par des révisions de dernière heure, il avait ôté ses mocassins. Il avait glissé l'avant de sa tête dans l'embrasure de la porte de la chambre. Quatre secondes lui furent nécessaires pour comprendre que le lit était vide.

– Mahaut ? avait-il murmuré comme un enfant abandonné.

Seule une vieille horloge de famille faisait acte de présence. Un tic-tac railleur.

– Mahaut ? tenta-t-il d'une voix plus ferme pour garder un peu de tenue.

Une cassette était posée devant le magnétoscope. La bouche ouverte, godiche, Costes s'approcha. Il lui fallut une minute pour mettre en marche ce nouvel appareil offert par Mahaut pour son anniversaire. Il toucha aux vingt boutons inutiles, et lut trois fois le mode d'emploi, traduit du japonais dans un sabir proche du latin.

Ce ne fut ni Bug Calcanti ni le grand Bilowski qui apparurent sur l'écran du téléviseur. Mais Mahaut. Costes faillit en mourir d'une rupture d'anévrisme.

« Samuel, je m'en vais. Tu es incapable de rendre une femme heureuse, tu... »

Costes, d'un coup de pied, écrasa le magnétoscope. Il avait oublié qu'il se trouvait pieds nus.

*

De seize à vingt-cinq ans, Léo Boidest avait eu des oraisons moqueuses pour la démocratie. Sa rage s'était formée. Il n'analysait pas le système parlementaire comme un conte merveilleux. De vingt-cinq à quarante-cinq ans, il avait actualisé une liste des politiciens, journalistes, philosophes à abattre le jour venu.

Léo Boidest venait d'acquérir l'un des dix exemplaires, tirés à la fin de la deuxième guerre mondiale sur chiffon pur fil Johannot, de l'ouvrage de Léon Degrelle intitulé *La Campagne de Russie 1941-1945*. Le chef fasciste y décrivait les aventures de la Légion belge antibolchevique Wallonie, qui combattit en Russie sous l'uniforme allemand. Boidest admirait Degrelle à qui Hitler aurait dit : « Si j'avais un fils, je voudrais qu'il soit comme vous. »

Son livre sous le bras, Léon Boidest était heureux. L'un de ces bonheurs qui rend invincible durant quelques minutes. Il courait les ventes publiques et les foires depuis des années, afin de donner un lustre à sa collection d'ouvrages consacrés au national-socialisme. Cette trouvaille imprévue l'incitait à méditer sur l'idée même de hasard.

C'est à l'occasion d'un vide grenier, organisé devant le théâtre Romain Rolland par la municipalité de Villejuif, qu'il avait mis la main sur cette édition rarissime. Il exultait dans l'autobus 185 qui le ramenait vers la porte d'Italie.

Le long véhicule était, pour l'essentiel, occupé par ceux que Boidest nommait des « envahisseurs » : Chinois, Kurdes, Pakistanais. Jamais il ne s'asseyait à côté d'un Non-Européen, aussi s'approcha-t-il d'une Française de souche dont le blond dégradé évoquait la bougie consumée. Elle portait contre son cœur un sac en croûte de veau et son caban kaki, ses bottes de caoutchouc, son pantalon dont le bas était en forme de trompette n'incitaient pas à la polissonnerie. Qu'importe !

Elle l'observa du coin de l'œil. Grand fut l'étonnement de la dame de constater que de la sueur gouttait du menton de Boidest. Elle revenait de chez son esthéticienne qui lui avait assuré qu'elle restait « extrêmement sexy » à cinquante-sept ans et demi, aussi suspecta-t-elle que Boidest la désirait avec une intensité animale. En effet, la température dans l'autobus se situant entre deux et trois degrés centigrades, cette suée ne pouvait avoir d'origine que sexuelle.

Boidest feuilleta le texte de Léon Degrelle d'un doigt qu'elle qualifia intérieurement de « très sensuel ». L'autobus roulait à sept à l'heure ; la dame serra délicieusement les genoux et détourna la tête en direction du garage Midas. Tout en adoptant une grimace de grande fâcherie, elle se mit à rêver que Boidest lui déclarait son amour, l'invitait à dîner chez Maxim's et, une fois conviée dans une suite à l'hôtel de Crillon, la bâillonnait avant de la violer jusqu'à l'aube. Cet état de distraction fut pour elle un enchantement.

Boidest ne remarqua pas ce que l'hypocrisie de la dame avait d'amusant. Il était trop occupé à contrer, par la pensée, la tenaille soviétique au confluent de l'Olchanka et du Dniepr. Elle en conclut que les érections dans les transports en commun devaient être douloureuses.

Dix minutes plus tard, Boidest se leva avec une certaine brusquerie avant de plonger vers le trottoir, à l'arrêt le plus proche du boulevard périphérique. Ce rustre n'eut pas un sourire pour celle dont, sans le savoir, il venait d'abuser, et qui eut tant de mal à le lâcher du regard.

Boidest ne fréquentait personne depuis qu'il avait perdu sa fille, un mois auparavant. Aline avait succombé à l'une de ces orgies de drogues dont ses amis et elle avaient pris l'habitude. Dès l'âge de quatorze ans, elle avait dévalé les pentes douces du haschich. Puis les amphétamines, le crack, les poppers. Les dealers la firent petit à petit ramper à leurs pieds. Boidest en avait corrigé plusieurs. Notamment ceux que la témérité avait portés jusqu'au pavillon qu'ils occupaient alors à Chatenay-Malabry.

À cause de la mort d'Aline, Boidest s'était séparé de sa femme. Il habitait à présent un studio de 35 m^2 avenue d'Italie, au-dessus du Garni d'Hanoï, un traiteur asiatique.

L'immeuble ne paraissait plus entretenu depuis vingt ans au moins. Le plafond du hall d'entrée était défoncé et les fissures couraient de haut en bas. Des carreaux de béton cellulaire restaient abandonnés sur les marches. Composées de liants et de pigments de piètre qualité, les peintures se farinaient. Plusieurs familles de blattes tentaient d'assurer leur empire éternel sur les lieux.

Boidest ne disposait que d'une table en panneaux de particules. Sa seule folie : un réchaud camping gaz équipé de deux brûleurs et d'une grille. Il dormait sur le sol dans un sac de couchage posé sur un matelas en mousse ondulée. Grâce à une corde de rappel, Boidest faisait sécher à la fenêtre ses slips de coton chiné, ses T-shirts et ses deux blousons. Thon rouge, soja, œufs, yaourts au melon constituaient l'essentiel de ses repas. Il dédaignait la viande.

Il vivait seul.

Boidest n'avait pas de visées charnelles, il analysait la sexualité comme un processus d'absorption. Les femmes restaient des dévoreuses dont il convenait de dédaigner le toucher.

C'était un grand garçon auquel une calvitie réussie épargnait les frais de peigne et de shampooing. Il s'habillait de noir le plus souvent. Boidest ne portait ni bague, ni chaîne autour du cou. Une dague, à lame dentelée, était retenue grâce à un élastique le long de son tibia droit. Son unique bijou, synthèse de ses attirances en matière d'art contemporain.

Boidest lisait beaucoup, avec une inclination pour les textes de l'ultra-gauche comme de l'extrême droite.

Admirateur de Frantz Fanon, de Marcuse et de Che Guevara dans sa jeunesse, il avait viré sur un axe obscur qui, à présent, lui faisait regretter que Hitler eût perdu la guerre. Boidest était hanté par l'immigration. Il n'y voyait que bandes chapardeuses.

Boidest, cette année-là, avait changé trois fois d'emploi. Il était resté deux mois dans un grand laboratoire photographique du XVIIe arrondissement, puis il avait obtenu la responsabilité de la préparation de surfaces dans un chantier naval, en Normandie. Il venait de démissionner d'une entreprise de vente par correspondance. Boidest avait besoin d'argent mais ses habitudes mentales le dissuadaient de tomber dans l'affolement. Il pouvait vivre d'un rien.

En marchant, il remarqua, garée sur le trottoir, une camionnette Suzuki et quelques ouvriers qui portaient des sacs de mortier-colle. Sa voisine, une Togolaise en boubou d'un bleu rougeâtre, marchait tranquillement, suivie de ses sept enfants. Il l'appelait « la mère lapine ».

Il hésita. Un homme l'attendait. Boidest en fut convaincu car la silhouette de ce quadragénaire dont le menton s'ornait d'un bouc était tournée vers lui. L'inconnu portait un manteau de belle coupe, un pantalon gris à revers et d'élégantes chaussures noires. « Trop raffiné pour être un flic » pensa Boidest qui rencontrait parfois les Renseignements généraux ou la DST, enquêteurs rivaux, cependant soucieux de parfaire leurs connaissances des milieux subversifs. Boidest passa devant le porche de l'immeuble sans s'arrêter. Il entendait vérifier que l'individu voulait lui parler.

Bon Samaritain, Boidest donna quelques pièces à une vieillarde de race blanche qui plongeait les ongles dans une poubelle.

– Monsieur Boidest…

Le ton n'était pas interrogateur.

Il se retourna. L'homme lui souriait.

Boidest fit signe qu'il acceptait de l'entendre.

– Pouvez-vous m'accorder cinq minutes ?

– C'est long…

– On prend un café ? demanda l'autre qui désignait un débit de tabac.

– Non.

– Alors, on fait quelques pas ?

– Je préfère.

De ses ancêtres, qui n'avaient connu que le fauchage des prés, Boidest avait hérité d'excellentes jambes. L'inconnu eut du mal à rester à sa hauteur tandis qu'ils se dirigeaient vers la place d'Italie. Sa démarche apparut étrange, comme s'il souffrait d'une instabilité de la rotule.

– J'appartiens à une association…

– Et alors ?

– Nous partageons, je crois, vos sentiments politiques…

– Lesquels ?

– Je sais que vous avez été membre du Front National et de…

– Oui, j'ai passé trois mois chez les eunuques ! l'interrompit Boidest.

– La droite nationaliste n'aura jamais le pouvoir ?

– Vous avez déjà vu un veau liquider le toréador ?

– Nous sommes d'accord.

– Vous faites un sondage ? demanda Boidest d'un ton caustique.

– Pas vraiment.

– Alors ?

L'inconnu tempéra, par un chuchotis, le caractère aigu de ses confidences.

– Nous luttons, notamment, contre le trafic de stupéfiants. Je veux dire que nous agissons là où la Justice renonce.

– C'est pas bien clair ce que vous me racontez...

– Nous ne sanctionnons que les financiers et les grossistes. Jamais les dealers.

Son poing enfermé dans un gant de cuir fin se referma.

– Qu'est-ce que vous appelez « sanctionner » ?

L'homme lui sourit.

– Nous les supprimons.

– À propos, pourquoi me déballer votre argumentaire ?

– Je sais pour votre fille Aline...

Boidest lui fit signe de se taire.

– La racaille assassine nos gamins... dit-il à voix basse.

– Et l'État n'agit pas. L'argent sale est indispensable aux investissements. Tenez, aux États-Unis, quatre cents milliards de dollars, produits par le commerce de la drogue, font le bonheur des banques. En France, nous en sommes à quatre-vingts milliards.

– Qu'est-ce que c'est au juste que votre organisation. Non, votre... association comme vous dites.

– Disons, des résistants... des patriotes... bien que le terme reste curieusement méprisé dans ce pays.

– Ça n'est plus un pays. Juste des tribus…

– Nous croyons savoir qui sont les individus qui ont commercialisé ce dont votre fille est décédée.

Boidest ne cilla pas.

– Nous voulions vous en informer.

– Dites-moi leurs noms.

– Nous tenons à en être absolument convaincus. C'est une question de quelques jours…

– Et en attendant, qu'est-ce que je fais ? grimaça Boidest.

– Nous vous dirons précisément de qui il s'agit dès que nous en aurons la preuve absolue. Évitons les bavures ! En attendant, si vous avez besoin d'un peu d'argent… car j'ai appris que vous étiez au chômage.

– Par qui ?

– Peu importe.

L'homme ouvrit délicatement la poche intérieure de son manteau où apparut l'étiquette d'un grand tailleur italien. Il tendit une liasse à Boidest.

– Et moi, dans quel délai je vous rembourse ?

– Inutile.

– Je n'aime pas les dettes. Alors, on s'arrange comment ?

– Je ne sais pas… À moins que…

– Dites toujours…

– Distribuer des tracts, c'est possible ?

– Quel genre ?

– Contre l'invasion des clandestins.

– Et où ça ?

– À la sortie des bureaux des principales chaînes de télé. Vous n'êtes pas tenu d'accepter.

– J'ai besoin de fraîche…

– Alors, aujourd'hui ?

– À quel moment ?

– Dix-sept heures. Vous commenceriez par les grandes chaînes généralistes. Ensuite, les autres.

– Pas de problème. Les patrons sont des mondains. On m'éloignera, c'est tout.

– Effectivement.

Le type avait le regard de celui à qui tout réussit.

– Votre nom, c'est ?... demanda Boidest.

– Monsieur Chose.

– Ça vous va bien...

– Merci.

– Dites, qui me refilera les tracts ?

– Donnez-moi votre numéro de portable. Je vous appellerai.

– Prudent... constata Boidest.

L'autre hocha la tête.

– Alors à plus tard, monsieur Chose.

Boidest inscrivit quelques chiffres au verso d'un ticket de métro qu'il tendit au barbichu.

– Merci.

L'homme saisit entre deux doigts fragiles le ticket, qu'il enfonça en trois petites tapes dans sa poche, comme on le fait de mouillettes pour les œufs.

« Bizarre, il sent le varech ce type », pensa Boidest dont le nez le piquait.

Monsieur Chose – Georges de La Pierce – venait de quitter Boidest. Il estimait leur rencontre prometteuse. La Pierce avait apprécié son peu de loquacité. Pour le conseiller du président, se taire restait le talent suprême. Il avait jugé Boidest comme un fusil sans culasse : sa disponibilité apparaissait réconfortante. En lui faisant distribuer des tracts, La Pierce mesurait sa détermination. Sans compter que la police en aurait connaissance et serait confirmée dans son opinion : Boidest était un nazi solitaire. Excellent pour l'avenir.

Dans la Ford, Georges de La Pierce ôta le faux bouc qui lui agaçait le menton. Il abandonna les chaussures à talons compensés auxquels il devait une démarche de palmipède. La voiture portait des plaques minéralogiques subtilisées à une camionnette abandonnée dans une rue sombre, proche de son appartement de l'avenue Charles-Floquet. Mal préparé aux travaux manuels, il s'était déchiré un muscle en faisant jouer les rivets. Ses ligaments aussi le faisaient souffrir.

D'une cabine téléphonique, il appela un répondeur situé dans une chambrette louée dans Paris au nom d'une personne décédée. C'est ainsi que le président de la République et lui pouvaient correspondre à toute heure du jour et de la nuit pour s'entretenir de problèmes sensibles. Le président se défiait des brouillages électroniques, car ils nécessitent l'intervention de techniciens dont on ne sait jamais s'ils ne vous protègent pas d'une main pour mieux poser un collet de l'autre. Homme de bon sens, le président accordait davantage de confiance à cette méthode si simple.

– Je viens de rencontrer le monsieur en question. Nous n'aurons, me semble-t-il, aucun problème avec lui. Il sera opérationnel dès aujourd'hui dix-sept heures indiqua La Pierce de sa voix qui détachait si admirablement les mots.

*

Boidest fit mine de prendre le métro à Denfert-Rochereau. Il savait rompre une filature. La police ne l'avait pas quitté d'une semelle, un an auparavant, lors de la mise à sac d'une synagogue. Il était étranger à cette agression mais les ordinateurs du ministère de l'Intérieur l'avaient, une fois pour toutes, classé dans la catégorie S1, celle des subversifs avérés. Durant plusieurs semaines, une équipe de jeunes flics aux allures d'insurgés, ni propres ni rasés, tenta d'établir que Boidest assurait une liaison entre une faction de l'extrême droite et certains mouvements islamistes. Boidest s'était plu à se jouer d'eux.

Une fois les escaliers descendus, il les remonta brusquement et observa chaque visage croisé. Il bondit alors vers la station puis sauta une grille. Le quai était vide. Il s'assit une dizaine de minutes, non loin d'un clochard mélancolique qui semblait méditer sur la belle crasse de jadis. Boidest laissa passer plusieurs rames pour vérifier qu'aucun des voyageurs ne demeurait longuement, comme lui, immobile. Alors, il remonta un couloir à contresens. Les mains dans les poches, il marcha une heure et demi durant dans la direction du bois de Boulogne. Il revint plusieurs fois, brusquement, sur ses pas. Au milieu de la rue Dufresnoy, il sortit de son sac à dos un passe-montagne à la laine pelucheuse qu'il enfila. Il jeta sous un porche le vieux blouson qu'il portait. Ainsi il devenait un autre.

La sonnerie de son portable retentit à l'heure prévue. Une voix qui était celle de « monsieur Chose » lui indiqua qu'un baluchon kaki l'attendait dans un fourré, au centre d'une zone de reboisement, derrière la Grande Cascade. Il fallait compter trente pas à l'ouest d'un ruban blanc accroché à un conifère.

Boidest atteignit le bois par la chaussée de la Muette. Il s'y enfonça après avoir emprunté un pont qui enjambait le boulevard périphérique. Des remous d'essence lui montèrent aux narines. Les prostitués mâles avaient chassé les filles. À en juger par les discussions avec leur clientèle, ils ne pratiquaient pas une politique de contrôle des prix.

– Une petite turlutte mon bijou ? lui demanda un gaillard d'un mètre quatre-vingt-dix.

Sa musculature de catcheur était soulignée par une robe cintrée et transparente.

Boidest haussa les épaules. Il regrettait que la chaise électrique ne fût toujours pas intégrée au mobilier français.

« Démocratie », murmura-t-il avec mépris.

Au lieu prévu, Boidest sauta par-dessus un grillage, il effraya un couple de faisans qui s'appliquait à décimer une fourmilière. Deux minutes plus tard, Boidest découvrit le sac qui contenait mille dollars et des tracts.

Il revint, toujours à pied, vers Paris. Porte Maillot, des policiers se trouvaient en faction devant le Palais des Congrès. Il s'amusa de leurs gilets pare-balles et jugea qu'ils ressemblaient à des souriceaux en armure.

Boidest prit alors le PC, autobus qui le conduisit porte de Saint-Cloud, à quelques centaines de mètres de TF1, la première chaîne de télévision devant laquelle il importait de semer la bonne parole.

Boidest distribua, avec le sourire, ses premiers tracts. Les employés lui semblèrent pâles comme s'ils se maquillaient avec des os de seiche. Lui qui aimait le grand air s'interrogea. Comment tant de gens peuvent-ils accepter l'enfermement qu'impose une activité de bureau ?

Quelques-uns jetèrent un coup d'œil au texte qui dénonçait l'africanisation de l'Europe. C'est un Noir qui sembla y prêter le plus d'intérêt sans montrer d'hostilité à l'égard de Boidest.

Cinq minutes plus tard, il fut pris à parti par un syndicaliste de la CGT, quadragénaire que Boidest jugea de ces anciens sportifs parvenus à ce triste moment où une musculature se couvre d'une graisse qui s'installe comme chez elle. Boidest estima qu'il pesait plus de cent dix kilos, était colérique et souffrait d'un foie un peu fatigué.

Le syndicaliste agitait l'index, il apostropha Boidest et lui ordonna de quitter les lieux. Boidest nota que l'homme manquait d'allonge mais devait bien encaisser les coups au visage.

« Son point faible c'est le plexus » conclut-il.

– Fiche le camp nazi !

Boidest se sentait toujours flatté d'un tel qualificatif. Il continua à tendre les feuilles que personne, maintenant, n'osait saisir.

– Casse-toi ou je t'écrase la tête ! cria-t-il à un mètre de Boidest et en marchant vers lui.

– Marco, calme-toi, lui conseilla un autre, plus grêle.

– Sûrement pas ! Il ne faut pas se dégonfler avec ce genre de type !

Boidest s'aperçut que les vigiles apparaissaient devant la porte d'entrée de la chaîne de télévision. L'un d'entre eux appelait certainement la police car ils n'avaient pas le pouvoir légal d'intervenir.

Le syndicaliste fit mine de le frapper et Boidest l'invita à commettre cette erreur :

– Vas-y, cogne !

– Marco, attends plutôt les flics, ajouta un autre.

Boidest s'éloigna. Depuis une voiture banalisée, les trois flics des Renseignements généraux, chargés de la surveillance permanente de la chaîne, le photographièrent.

*

Samuel Costes craignait les décalages horaires. Des courbatures le raidissaient et il avait l'impression que l'air conditionné lui avait soudé les cartilages du nez. Vingt-cinq degrés séparaient Oman de Paris. L'enquêteur gara la Volkswagen maculée de fientes de pigeons rue Forest. Il posa devant le pare-brise le faux document qui attestait son invalidité. L'hôtel était proche.

– Ça pue ! murmura-t-il.

Ce quartier, en quelques années, était passé sous les effluves du hamburger.

La blonde, à la réception, portait des binocles d'un diamètre de lunettes de plongée. Il eut un claquement de langue de feinte admiration pour sa chemisette tomate.

– Vous êtes très désirable, chuchota Costes.

Lorsqu'il était triste, Samuel avait besoin de dire des mots gentils.

– Oh ! merci monsieur…

La jeune femme se redressa au-dessus de sa table et montra des incisives limées. C'était son sourire. Elle lui indiqua que les bureaux, loués à la journée, se trouvaient au deuxième étage. Il fit un séjour de quarante secondes dans les toilettes placées sous la principauté d'une dame-pipi dont l'intention était de démembrer la coalition des resquilleurs. Costes fut ensuite installé dans une pièce, d'une cinquantaine de mètres carrés, par une quadragénaire dont il nota la peau presque meringuée. Sa poitrine était basse, ses seins avaient cet air avachi des invendus.

– Voulez-vous un café monsieur ?

– Vous auriez plutôt des bonbons ? Ça me remonterait le moral.

Elle eut un sursaut.

– Des ?… non je ne crois pas. Mais, je peux…

– À la menthe. Ce serait bien…

– Je m'en occupe monsieur.

Ce ne sont pas les baisers qui devaient l'étouffer celle-là. Costes s'assit sur l'une des huit chaises dont le tissu moucheté donnait sa tonalité à la pièce.

Costes supputait qu'une caméra invisible avait été posée à un endroit ou à un autre, aussi s'abstint-il des grattages intimes qui le ravissaient lorsqu'il était seul. Deux minutes plus tard, il entendit frapper à la porte.

– Voilà, c'est tout ce que j'ai trouvé, du chocolat, proclama-t-elle.

– Merci. Ça va déjà mieux, plaisanta Costes.

Il avait des recettes sucrées pour essayer d'être heureux.

Elle lui tendit une tablette géante.

– Vous en voulez ? proposa Costes qui aimait partager avec le sexe opposé.

Elle porta un doigt à son foie.

– Oh non merci !

Encore une qui disparaîtrait un jour dans les eaux sombres de la tasse de tilleul.

Soucieuse de manières exemplaires, elle quitta la pièce sans faire crisser ses souliers.

Costes ne se sentait pas bien. À cause de Mahaut, son cœur était comme brûlé. Ses intestins vrillés.

« Bordel, je vais mal ! » pensa-t-il.

Des ramettes de papier pour photocopieur reposaient sur une table dont le plateau brillait sous la lumière fluorescente. Il remarqua deux meubles de classement en métal, un portemanteau à tête tournante, une pendule murale, une corbeille en plastique rouge.

La dame frappa une nouvelle fois à la porte

– Oui ? fit Costes.

Elle portait cette fois une sacoche de toile noire.

– C'est votre baise-en-ville ?

– Heu… pas exactement, s'étrangla-t-elle en reculant.

– On file à Venise en amoureux ? plaisanta Costes avec ce sourire impétueux que les vieilles filles abhorrent. Vous préférez Ischia ?

Elle eut la moue de dégoût attendue mais posa la valisette sur une sorte de desserte proche.

– Qu'est-ce que c'est ? demanda Costes.

– Je ne sais pas monsieur. C'est un coursier qui l'a déposée à votre attention.

– Chic une bombe ! Dans deux minutes je suis mort. Enfin !

La demoiselle appartenait à un univers de corsages violets et de tailleurs foncés.

– Je ne crois pas monsieur… dit-elle dans une attitude d'exaspération.

D'un trot saccadé, elle disparut.

Costes resta seul devant la sacoche.

Il compta six mille dollars. Une note écrite à la main le priait d'entamer une enquête sur Patrick Lequint, qui dirigeait l'Union des Halles, et Sepp Kowaltchuk, qui avait en main la Sécurité. Costes trouva deux photos, dont un face-profil pour Kowaltchuk. Un cliché pris par la police, à l'évidence. Leurs adresses personnelles se trouvaient attachées en annexe grâce à des trombones.

*

Hugues Cotteret, président de la République, était nu sur le sofa en chevron de jute. Il n'avait jamais eu une très haute opinion de son sexe, et l'observait comme si ce morceau de chair insultait à sa réputation.

– Tu sais… je n'aime pas spécialement les grosses queues qui tambourinent, le rassura Daniel Spassy. Je préfère la tienne.

– C'est vrai ? espéra le président dont l'œil eut alors la vibration du frelon.

– Je te jure. Elle est bonne.

Couché comme il l'était, le président pouvait contempler le « César » obtenu par Daniel Spassy pour *La Guerre est mon meilleur souvenir*, film que Cotteret estimait mièvre mais dont la critique avait décidé qu'il s'agissait d'une merveilleuse histoire d'amour entre un Serbe et une Albanaise.

Daniel tourna la tête vers la fenêtre. Des nuages boudinés apparurent au-dessus des toits.

– Elle est formidable l'affiche de ton dernier film, dit Cotteret en la désignant.

– Prends-la si tu veux, fit Daniel qui, jusqu'alors allongé sur le parquet, caressait de la nuque le genou droit du président.

Daniel se leva. Des bleus et une longue ecchymose marquaient son thorax. La veille, il avait tourné quatre scènes de *Kick*, production franco-américaine dans laquelle il tenait le rôle principal. Spassy jugeait indigent le scénario, dix fois réécrit par une équipe d'auteurs craintifs. L'essentiel de ce long-métrage se déroulait dans les milieux de la boxe thaï, et Daniel avait subi, durant une journée, des coups qui avaient marqué ses arcades sourcilières et ses pommettes.

– Il ne t'a pas raté ton boxeur, reprit le président en désignant le visage de Daniel.

– Un puncheur. C'était la première fois qu'il mettait le pied aux studios. Il a voulu briller devant l'équipe du film. Total, je me sens une loque ce matin.

– En tout cas, c'était bon nous deux.

– Tu es mignon.

Le président renifla. S'il était préoccupé, deux rides isolaient de gris le sourire qui l'avait fait élire quatre ans et demi auparavant.

– C'est avec toi que j'aime baiser, affirma Hugues Cotteret.

– Je ne te crois pas.

– Si ! Je t'adore !

Souvent, le président allait chercher dans le mensonge la parole d'émotion qu'attendaient ses interlocuteurs. Dans son système, la duperie occupait l'essentiel du terrain. Mais avec Daniel, il ne pouvait qu'être honnête.

– Tu as la chair de poule, remarqua le président de la République qui observait les jambes de Daniel.

– C'est ton sperme. Ça fait froid quand ça sèche.

Cotteret eut une moue de jeune homme.

– Ça me touche ce que tu dis !

Le président se cambra. Comme à chaque fois, il souffrait des lombaires.

– On baise trop bien, ça me démolit, fit Cotteret avec délice.

– Reste un peu allongé…

Le président saisit la bouteille d'eau minérale posée sur le parquet.

– C'est moche qu'on ne puisse pas vivre ensemble, murmura Spassy.

– Oui…

Maître d'une stratégie de repli, le président n'en dit pas plus. Voilà plusieurs mois déjà qu'il était l'amant de Daniel. Il y avait d'abord vu une récréation mais, petit à petit, leur relation qui n'aurait dû être que sexuelle avait perdu de sa clarté. Ils étaient tombés amoureux, ce qui effrayait le président. Si seulement son cœur pouvait battre à rebours… D'autant que Daniel était apparu irrationnel. Sa passion ne trouvait plus son chemin dans des rendez-vous trop rares.

Daniel, inconscience redoutable, ne pouvait se passer de l'appeler sur son portable et le président connaissait le risque d'être espionné. Ainsi, à l'issue d'un dîner de clôture, après de languissantes négociations entre l'Union européenne et les États-Unis, l'un des représentants, un tantinet éméché, de la délégation de ce pays avait-il cru indispensable de lancer une boutade sur la sexualité contre nature de certains dirigeants français « de premier plan ». La CIA disposait-elle d'un dossier sur les penchants d'Hugues Cotteret ? Les murmures sibyllins de Daniel au téléphone, voilà où résidait le danger. Et, alors que la campagne pour les présidentielles était lancée, Hugues Cotteret n'entendait pas devenir son propre bourreau.

Daniel revint vers le sofa. Il eut une attention admirative pour les lèvres de Cotteret avant de le regarder dans les yeux. Il grimaça. Hugues remarqua son silence.

– Qu'est-ce qui se passe ?

– Je me sens terriblement seul. Tu me manques tout le temps.

– Mais chéri, je suis président.

– C'est pas de chance !

– Je viens d'avoir le Sommet européen. Ensuite, je me tape le chancelier Blücker.

– Casse-pieds ?

– Surtout faux-jeton.

– Alors on ne se verra pas ? s'inquiéta Daniel.

– Une heure par-ci par-là. La campagne pour les présidentielles commence.

– Tu m'abandonnes…

– Quand on se voit, on a le meilleur. On s'envoie en l'air comme des fous… c'est plus intense que ce que j'offre à ma femme. Elle, la pauvre, se tape les dîners officiels. L'autre soir, avec le roi des Belges, j'ai cru qu'elle allait piquer une tête dans le rince-doigts tellement elle s'ennuyait.

– Peut-être mais elle a des compensations.

– Arrête ! fit, dominateur, le président.

– Si ! Je suis certain que tu es très tendre avec elle.

– Pour ma carrière politique, si tu savais les sacrifices qu'elle a faits…

– J'imagine. N'empêche, tu es avec elle, pas avec moi.

Le président caressa la nuque de Daniel.

Depuis toujours, le caprice avait tissé la toile de la sexualité du président. Lui si exigeant à l'égard d'autrui pardonnait beaucoup à son plaisir.

D'un doigt, Daniel effleura l'arrondi de ses chevilles.

– J'ai du chagrin même sur les mains, chuchota-t-il.

Il avait des yeux suppliants. Leur chaleur pinça la gorge du président. S'il n'était pas sentimental, l'émotivité d'Hugues Cotteret restait forte.

– Prends-moi dans tes bras, demanda Daniel.

– Impossible minou, je dois recevoir Dick Schlomo, qui préside la Chambre haute au Sénat américain.

*

Bernstein, l'associé de Samuel Costes, n'était ni du matin ni du soir. Il était du dimanche. Les beaux et voluptueux dimanches où la grasse matinée arrachait des larmes de plaisir à ses jeunes amies. L'amour de la vie facile réunissait les deux enquêteurs. Le seul projet d'envergure de Costes et Bernstein consistait à prendre une année sabbatique pour découvrir le désert australien. Bernstein, dans cette perspective, s'entraînait au tir à l'arc afin de chasser le kangourou. Plusieurs de ces armes en frêne étaient suspendues à un clou dans l'entrée. Il rangeait les flèches dans un vase en plastique.

Bernstein : un rouquin qui frôlait les trente-neuf ans. Ses yeux trop écartés donnaient l'impression de se trouver à des kilomètres l'un de l'autre. Ses épaules un peu tombantes restaient un naufrage architectural tout comme ses jambes en demi-lunes. Bernstein était de ces laids qui plaisent aux femmes. Le rose laiteux de sa peau était chaque nuit couvert de baisers.

Sans l'assistance fraternelle de Costes, Bernstein se montrait incapable de se lever avant midi. Il laissait donc un trousseau de clés de son appartement dans une boîte aux lettres au nom de François Liberto.

Ce matin-là, Costes réveilla Bernstein en lui posant deux glaçons sur les paupières ; il avait entendu dire que cela pouvait mettre la santé en danger. Bernstein poussa un cri déchirant.

– Tu as une bonne voix aujourd'hui ! constata Costes.

Un peu plus tard, Bernstein entra dans la cuisine pour retrouver Costes qui avait préparé du café. Ce dernier nota que l'écorce cérébrale de son associé avait peu souffert de ce retour très prompt à la réalité.

Bernstein dormait nu mais en chaussettes turquoise. Il prétendait que la plupart des maladies s'attrapent par les pieds. C'est dans cet état de nature qu'il parut devant Costes.

– Ça te gênerait d'enfiler un caleçon ?

– J'ai vendu le dernier, hier, à un club d'admiratrices.

Le compère de Samuel Costes se versa une grande tasse qu'il enrichit d'un chapelet de dix morceaux de sucre. Son estomac aurait eu raison d'une bombe à neutrons.

Soudain, Costes poussa un soupir de chiot.

– Mahaut m'a quitté.

– Oh ?

– Oui.

– Tu as l'air brisé. Effectivement.

– J'ai envie de me jeter par la fenêtre.

Bernstein tourna la tête vers la cour intérieure.

– Tu vas te rater.

– Fais-moi confiance.

– Le suicide, c'est un sport d'élite.

Costes avait les larmes aux yeux.

– Tiens, tu n'aurais pas du chocolat ?

– Non.

– Des esquimaux au chocolat ?

– Non.

– Un bonbon au chocolat ?

– Non.

– Alors, un bifteck au chocolat ?

– Non je te dis !

– Pas de veine.

– Mahaut tu l'aimes parce que c'est une fornicatrice.

– En partie.

– Tu es une ordure. Un pédophile, quasiment.

– Elle a vingt-six ans, j'en ai cinquante. Tu exagères.

Naseaux crépitants, Bernstein se moucha dans sa serviette.

– Alors, ce boulot ?

– Filer un truand. Sepp Kowaltchuk... Ça te dit quelque chose ?

Bernstein toucha le panier de châtaignier tressé où reposait un quignon de pain qui, à trop rassir, devenait grège.

– Kowaltchuk ?... une histoire d'assassinat en Afrique...

– Oui. Des tas de trucs... soupira Costes. Il faut en prendre et en laisser. Il y a un mythe du gangster, bêtement entretenu par les cinématographeux...

– Ne dis pas de mal du ciné, c'est l'amour de ma vie...

– Il faut aussi pister un certain Lequint. Il dirige l'Union des Halles.

– Pas de problème !

– On est payés en liquide. Au moins, on n'aura pas à le déclarer...

– Bonne nouvelle. Et on travaille pour qui ?

– Je ne sais pas. Un rival de Kowaltchuk sans doute.

– Costes, les voyous ne font pas appel à des enquêteurs privés.

Samuel leva les yeux au ciel.

– Tu dates. La nouvelle mafia, elle sort de Harvard, pas de la Santé.

– Possible... Tiens, j'ai peut-être du Toblerone dans un fond de tiroir. J'en achète de temps en temps pour ma petite nièce.

– Tant mieux. T'imagines pas ma tristesse...

VollensDeiger – Suresnes

Costes et Bernstein avaient placé la Volkswagen devant la grille du parking. Les profilés à ailes inégales de la façade en aluminium accordaient à l'immeuble de VollensDeiger une étonnante souplesse de forme. Ils attendaient de voir sortir Patrick Lequint, le président de l'Union des Halles.

– Qu'est-ce que tu reluques ? demanda Costes.

Il tentait d'ôter une motte de glaise fichée dans le talon de sa chaussure.

– Une fille qui pleure dans sa voiture.

– Où ça ?

– Allée E. Derrière les sorbiers.

Costes lui emprunta les jumelles. Des 8 x 30 Zeiss.

– Exact.

– Chagrin d'amour ? demanda Bernstein.

– Pas sûr.

– Mignonne à ton avis ?

– Jeune en tout cas.

Costes, qui penchait pour le silence, le laissa à sa curiosité.

– Étrange. Il doit y avoir mille voitures ici, fit Costes deux ou trois minutes plus tard.

– Et alors ?

– Elles sont toutes vides.

– Mais encore ?

– Qu'est-ce qu'elle fait cette nana ? Ou elle entre chez VollensDeiger ou elle en sort. Mais elle n'a pas à rester seule à mouiller des mouchoirs dans sa bagnole.

Ils restèrent à l'observer. Costes mit le moteur en marche avant de faire fonctionner le chauffage. Le vent donnait des petites claques aux essuie-glaces. Il lut de la première à la dernière ligne *Le Parisien* puis admira, sur le mur d'une école, des affiches électorales zébrées par la haine des passants.

Une vingtaine de minutes plus tard, Lequint sortit enfin de l'immeuble. Il composa aussitôt un numéro sur son portable.

– Il appelle un taxi ? s'interrogea Costes.

– Il y a des hôtesses pour ça. Et puis, il attendrait devant le porche.

Lequint, ses cheveux bruns défaits par la brise, hésita devant la direction à prendre.

Ses gestes affirmaient la souplesse du quinquagénaire qui fréquente les salles de gymnastique.

D'un coup d'épaule Lequint changea brusquement de direction et se dirigea vers la voiture de la fille.

Costes resta bouche ouverte.

– Il s'amène vers elle.

– Oui. Côté surprise, c'est jour ouvrable...

Lequint fit un signe à la jeune personne. Avec son mouchoir, elle balaya les larmes qui coulaient sur ses joues.

Elle débloqua les portières. Il entra dans la voiture.

L'Union des Halles

À Manhattan, dans le Bronx, à Queens et Brooklyn, cinq familles de la mafia italo-américaine s'allient ou se déchirent, suivant les lunaisons, pour le stockage, la vente et la distribution de la nourriture destinée à New York. Cinq féodalités dont les armoiries ont été dessinées au Smith and Wesson.

La doulce France, elle, maintenait des traditions jacobines : l'Union des Halles ne se donnait pas à plusieurs gangs. Elle demeurait tout entière le sanctuaire de Sepp Kowaltchuk, enfant surdoué des banlieues. Un exemple d'intégration.

Sepp devait au président de la République d'y occuper un bureau au dernier étage d'une nouvelle tour. Touchante manifestation de secours mutuel entre la politique et la voyoucratie. Le président recherchait constamment de l'argent pour sa carrière. Il avait jugé que mettre sous sa coupe l'Union des Halles était un investissement raisonnable. Pour sa part, Sepp pouvait ainsi faire valoir une fonction officielle après avoir connu la prison. Mais il restait simple. Son système ganglionnaire n'exigeait pas, pour jouer les machos, un hectare de moquette et une douzaine d'assistantes trilingues. Sobre, craint, discret, il y dirigeait MutualPro, une agence de sécurité chargée de protéger, *intra-muros*, l'Union des Halles.

– Le café est froid, signala-t-il à son assistante.

De la fenêtre, il pouvait apercevoir les trois communes sur lesquelles s'étendait son territoire : Courbevoie, Colombes et Asnières. Les bassins gris de la station d'épuration, la fourche basculante des grues, les terrains vagues que coloraient limons et sables. Plus à gauche, Nanterre et des centaines de locaux industriels. Autant de lieux où Kowaltchuk savait brigander tout en témoignant d'un empressement à supprimer la canaille locale.

Montrer les crocs pour prendre sa part des huit milliards d'euros de chiffre d'affaires des deux milles sociétés présentes au sein de l'Union des Halles, tels étaient ses devoirs. Toucher une redevance sur chaque kilo vendu, récolter des paris clandestins, imposer les assureurs comptaient au nombre de ses vertus patriarcales. Mais rien n'était facile. Sa ligne de vie tanguait dans sa paume.

– N'oubliez pas : une goutte de lait dans la tasse.

– Depuis le temps, je sais Sepp.

Sepp détestait le bruit. Des travaux dans un bureau voisin portaient à ses oreilles les trilles insupportables des décapeurs. Il songea à faire installer des fenêtres à quadruple vitrage.

Sepp passa de la douce contemplation de sa baronnie sur le département à l'observation de quelques syndicalistes qui, au pied du bâtiment où il se trouvait, s'entretenaient avec la petite dizaine d'employés d'un grossiste en triperie, rue des Taillandiers.

– Ça vient ce café chaud ?

Sepp, d'un regard à sa montre, vérifia qu'il disposait d'une demi-heure avant son déjeuner avec Patrick Lequint, le président-directeur général de l'Union des Halles. Sepp savait que Lequint animait une table ronde consacrée à la traçabilité spécifique aux porcs saumurés.

La jeune femme abandonna le plateau de son bureau et s'approcha avec, à la main, une bouilloire électrique.

– La secrétaire de monsieur Lequint vient de confirmer votre rendez-vous, dit-elle.

– Parfait !

Patrick Lequint passait pour être l'incarnation du héros virginal, directeur pasteurisé dont Sepp pensait qu'il devait, lorsqu'il était gamin, émoustiller ses professeurs de catéchisme. C'était un bel homme aux cheveux noir jais, dont la caractéristique physique restait cette fausse gentillesse installée à demeure au centre d'un visage tout d'équilibre. Une enfance comblée, une adolescence sans désarroi, un âge adulte admiré lui avaient valu cette peau sans la moindre tache, un front lisse, des joues de chérubin, ce corps si mince, entretenu cinq fois par semaine dans les eaux caressantes de la piscine du Jockey club.

Patrick Lequint, tout comme Sepp, devait son poste au président de la République. Ce dernier l'avait imposé tant au ministre de l'Agriculture qu'au Premier ministre. En échange, c'est un social-démocrate qui avait été nommé ambassadeur à Bucarest. La cohabitation entre la gauche et la droite se résumait à ces trocs.

Toujours à la fenêtre, Sepp Kowaltchuk aperçut l'assistante de Lequint, la jolie Lucile Florange. C'est en liaison avec cette jeune femme qu'il développait ses activités d'ami du genre humain. Cette semaine, ils collectaient des médicaments pour les enfants démunis du Sénégal. Sepp mariait parfaitement racket et œuvres charitables.

Sepp estimait que Lucile manquait un peu de poitrine mais il appréciait sa franchise et était impressionné par sa culture.

Dans un monde où chacun se conduit comme s'il était immortel, Sepp Kowaltchuk regardait les femmes avec l'angoisse de la fluidité des jours. Le chagrin restait souvent tard dans sa tête. Parce qu'il était un voyou, on supposait que sa coquetterie consistait à être brutal.

Les gens ne devinaient jamais qu'un pillard, aussi, a des délicatesses.

*

Prendre le métro ne levait en Boidest aucune rancœur. Il était pauvre et il s'en moquait. Boidest se considérait comme un militant. Il quitta la station Convention une heure avant son rendez-vous avec monsieur Chose, dont il ignorait le nom véritable : Georges de La Pierce.

Tous deux étaient convenus de se parler dans le hall du marché du livre ancien et d'occasion, parc Georges Brassens.

Boidest se tint dans un bar-tabac, Le Bon Coin, en face des stands de bouquinistes. Une tasse de chocolat chaud à la main, et dans l'odeur épaisse des fumées de cigarettes, il observa monsieur Chose qui portait un sac dont deux ou trois livres dépassaient.

Quelques minutes plus tard, Boidest s'approcha. L'autre feuilletait un ouvrage consacré à la guerre civile espagnole. Penché en avant, il paraissait humer le texte qu'il parcourait.

– Vous vouliez me voir ?

Monsieur Chose ne tourna pas la tête.

– Il y a une chimiste qu'il faudrait « traiter ».

– Elle a un rapport avec ma fille ?

– Oui, direct. Elle transforme de la morphine-base en héroïne.

– Surprenant.

– Pourquoi ?

– Il n'y a pas de femmes dans le Milieu.

– La preuve que si !

– Bien.

– Je vous avais promis de vous indiquer les noms des personnes responsables de la mort de votre fille.

– Effectivement.

– Tenez…

Du menton, monsieur Chose lui désigna son sac.

Boidest le lui prit des mains.

Il marcha ensuite vers Vanves. Sous un abribus désert, il compta les dollars. Quant à la photo de Sylvie Acanthe, Boidest la contempla durant quatre minutes. Un visage si candide…

L'Union des Halles

Lucile Florange, l'assistante de Lequint, regretta d'avoir cédé à la tentation. Cette pizza aux trois fromages arrosée d'un chianti médiocre lui ferait prendre un kilo. Déjeuner ainsi sur le pouce était un outrage au régime qu'elle s'imposait. Cependant, elle ne pouvait sans cesse refuser d'accompagner à la cantine les collaboratrices de la direction générale. Lequint se montrait attentif à une bienveillance codifiée à l'égard des petits employés. Il avait insisté pour qu'elle partage le repas italien du mardi avec les cinq femmes de son secrétariat.

Donner un âge à Lucile Florange apparaissait hasardeux. Pourtant elle ne cachait pas ses trente ans. Elle ne se maquillait jamais, n'utilisait aucun parfum mais, si elle s'habillait sans recherche particulière, son goût restait sûr. De belles dents, des cheveux noirs coupés court, des yeux entre le marron et le vert, étirés comme ceux d'une

Eurasienne, un corps doux et mat lui valaient d'être courtisée. Elle était célibataire et prenait, une fois par semaine environ, un amant. Cet invité d'un soir ne faisait jamais de vieux os dans sa couche.

Son tempérament la portait vers des athlètes : karatéka ou champions de tennis. Leur musculature l'impressionnait. Elle entrait hardiment dans leurs bras et en sortait avec autant de liberté. Lucile avait un adorable sourire lorsqu'elle leur confiait ne pas souhaiter les revoir.

– C'est fou, si on veut s'amuser comme un homme on est prise pour une chienne, s'était-elle plainte le matin même à l'une de ses amies.

Lucile acheva son repas en une demi-heure. Elle ne prit pas de dessert et retourna vers son bureau.

Lequint venait de lui demander de vérifier que le ménage avait été fait au Petit havre, un pavillon loué à Levallois-Perret.

Une maisonnette cachée derrière des massifs de buis avec deux entrées, l'une passage de l'Abreuvoir et l'autre, sentier des Romains. Lequint se chargeait d'en régler le loyer. L'explication officielle voulait que certains étrangers conviés à visiter l'Union des Halles au plus fort de son activité, vers cinq heures du matin, préféraient la proximité discrète d'une maison privée à la banalité d'un séjour à l'hôtel. La réalité restait plus chaude ; cette bâtisse à deux étages abritait les amours du président de la République. Cotteret y avait ses tendres habitudes, il y réceptionnait son courrier personnel et y recevait les jeunes antiquaires, les décorateurs, les prosateurs qu'une nature indépendante avait sacrés homosexuels. Lucile

Florange, à qui Lequint n'avait jamais confié que le chef de l'État y passait, de temps en temps, un après-midi, s'acquittait avec soin de sa mission qui était de s'assurer de sa parfaite tenue. Quelques jours auparavant, elle avait reçu de Lequint la responsabilité d'y faire déposer des draps en organdi. À l'intonation, cependant toujours mesurée, de Lequint, Lucile savait, mieux que personne, distinguer l'essentiel du subalterne. Et le Petit havre, Lequint s'y intéressait comme s'il y construisait son propre bonheur. Aussi Lucile avait-elle longtemps pensé qu'il y accueillait ses maîtresses. Des factures, des notes de frais, l'avaient convaincue, petit à petit, que Lequint préférait s'encanailler à l'hôtel des Marronniers, rue Jacob, à Paris, loin des quartiers d'affaires.

Lucile, dont Lequint affirmait qu'elle était « une perle », avait l'esprit net, elle voyait les choses clairement et admettait, depuis des années, que son patron attendait d'elle une loyauté totale. À Lucile d'éloigner tout indice, de balayer toute suspicion venant de l'épouse de Lequint, Salomé. Par sa discrétion, grâce à son assiduité, car elle acceptait de travailler tard le soir, Lucile s'était rendue indispensable à Lequint. Il comptait sur elle alors qu'il se défiait de tous. Lequint avait ses têtes et il tenait en haute estime son assistante.

Lequint appréciait aussi chez Lucile, un certain idéalisme. Si on la disait légère de mœurs, elle montrait beaucoup de générosité. Ce sentiment venait-il de ce qu'elle était privée de félicité conjugale ? Ou le souvenir de son enfance dans une cité pauvre exigeait-il une compensation à sa relative réussite professionnelle ? Elle veillait sur les clandestins, qui se terraient en lisière de l'Union des Halles durant la journée pour s'en approcher la nuit et s'y nourrir.

Présidente de Fraternité des Halles, association qu'elle avait créée, Lucile avait su persuader Lequint d'organiser des soupers gratuits pour les démunis. Il avait d'abord rechigné avant de considérer que sa réputation ne pourrait qu'en bénéficier. Devant leur succès, Lequint, opportuniste, laissait à présent entendre qu'il en était l'initiateur. Quant à Sepp Kowaltchuk, associé à ces démonstrations de charité, sa participation financière forçait l'admiration. Les Tziganes, dont les caravanes jouxtaient l'Union des Halles, et le maire communiste de la ville chantaient ses louanges. Le voyou était un philanthrope.

Au sortir de la cafétéria, Lucile Florange nota la bigarrure nacrée des semi-remorques qui rappelait celle de poissons coralliens. Les camions étaient chaque année plus beaux. Elle salua de la tête le président du Syndicat des grossistes en viande et se dirigea vers le hangar en cours de réfection où, à vingt heures, les bénévoles de Fraternité des Halles servaient, une fois par semaine, cent repas chauds. Ce soir : une poêlée de lard et de pommes de terre. À son approche, des choucas s'envolèrent. Deux ouvriers juchés sur des charriots-élévateurs livraient des briquettes de charbon de bois. Les taches de givre apparaissaient presque violettes sur le revêtement routier. Un brouillard pansu entourait l'Union des Halles.

*

Une heure après avoir rejoint Sylvie Acanthe, Patrick Lequint dînait avec elle dans un restaurant de la rue de

La Bourdonnais. À sa femme Salomé, Lequint avait assuré qu'il se rendait à La Haye pour assister à un symposium consacré aux produits laitiers et avicoles.

Sylvie Acanthe avait connu Lequint plusieurs années auparavant. Il n'occupait pas encore les fonctions qui étaient désormais les siennes à la tête du grand marché d'Europe, l'Union des Halles. À l'époque, tous deux avaient été embauchés au cours du même trimestre par VollensDeiger. Ils avaient sympathisé lors de leur stage de formation en Allemagne. En dépit d'origines sociales aux antipodes l'une de l'autre, ils s'étaient bien entendus. Le soir du dîner d'adieu à Wuppertal, elle trouva injuste de n'avoir pas reçu de Lequint une invite à finir la nuit dans ses bras.

Sylvie Acanthe, dépositaire de la douleur universelle dès qu'il s'agissait de la pollution qui ceinture la planète, ignorait le rôle de Lequint, intermédiaire entre VollensDeiger et le président de la République. À ses yeux innocents, Lequint restait un patricien. Un homme curieux des autres, tellement plus élégant que les cadres un peu goujats qui pullulaient au sein des quatre divisions opérationnelles de VollensDeiger.

Au cours du repas, il montra de l'entrain à évoquer des souvenirs partagés. Il ne chercha pas à détourner le courroux de Sylvie à l'égard de VollensDeiger.

– Ça ne m'étonne pas qu'ils veuillent te licencier. Ton rapport sur la Martinique et la Guadeloupe leur a foutu les jetons. Il y a tellement de fric en jeu. Ils vont s'arranger pour te jeter sur le pavé sans indemnités. Je le sais de source sûre…

– Tu crois ?

– Et comment ! Même si j'ai quitté la boîte, j'y ai toujours mes entrées.

– Quelqu'un m'a dit la même chose. Une copine...

– Tu vois que j'ai raison.

– En tout cas, si je les dénonçais, ça ferait du bruit, dit Sylvie.

– Une bombe !

– J'hésite.

– Leur plan c'est de fusionner rapidement avec Nova-Dockney. Ils sont même proches d'aboutir à un accord concernant le prix de cession. Ils changeront de raison sociale, ils modifieront la marque des produits et tout s'oubliera...

– Astuce habituelle.

Lequint ne voulut pas la brusquer. Sa gentillesse apparente offrait des possibilités illimitées d'hypocrisie.

– Je pourrais peut-être t'aider...

– Ah bon ? fit Sylvie.

– J'espère.

– Et comment ?

– Je t'aiderai à trouver un poste à la hauteur de tes compétences.

– Ce serait bien. Ça devient intenable au labo. Ils me font la gueule, je ne reçois plus le courrier...

– En attendant, il faudrait peut-être que tu me donnes d'autres feuilles de ce rapport envoyé à la direction générale.

– Pour quoi faire ?

– J'ai des amis journalistes.

– Ce serait une faute professionnelle grave. C'est un compte rendu confidentiel et à usage interne. Les patrons pourraient justement s'en servir pour me mettre à la porte.

– Il ne s'agit pas de les confier à un journal mais de leur inspirer un article. Tu vois la nuance ?

– Oui, oui. Mais, encore une fois, je ne suis pas très chaude pour ce genre de manipulation. C'est casse-gueule.

– Comme tu voudras.

Après le repas, il l'invita à écouter du jazz au New Morning, rue des Petites Écuries. Elle chavira dans un vertige d'amitié tendre. Lequint fut prévenant. Sa duplicité était inébranlable. Il attendit le premier solo de trompette pour l'effleurer des lèvres.

Il la raccompagna chez elle. Elle éteignit le luminaire dont elle n'aimait plus l'éclairage asymétrique. Sylvie se sentit un peu écrasée par l'obscurité. Il lui prit la main avant de l'embrasser dans le cou. Ils firent l'amour de deux heures trente à quatre heures du matin. À huit heures, Lequint avait en main la totalité du rapport de Sylvie.

*

Boidest gara la Peugeot de location à vingt mètres derrière celle de Sylvie Acanthe. Elle habitait un bel immeuble. La neige hachait la rue. Nul ne pouvait déterminer si la berline dans laquelle il se trouvait était ou non occupée.

Boidest supporta le froid avec une endurance sportive. Son épaule gauche le lancinait. Service service, son ange gardien veillait : Boidest ne quitta pas des yeux le hall. Alors que Sylvie Acanthe marchait vers le parking, il se dirigea vers elle. Il arrêta Sylvie d'une balle dans le front. Boidest sortit de la voiture et lui vola son sac pour suggérer un crime crapuleux. Ensuite, il roula vingt minutes pour s'en débarrasser dans le canal de l'Ourcq. Les douilles et le Kora 38 Spécial furent confiés à la Seine.

L'Union des Halles

Lequint était salué avec déférence par les exportateurs, les commissionnaires et les négociants. Il restait sans défense devant ces gestes de considération. Il avait d'autant plus besoin d'être admiré que sa femme restait chicaneuse. Fille d'un ancien ministre, elle lui reprochait de disparaître aux oubliettes à nouer des liens de vassalité vis-à-vis du président de la République.

– Cet imbécile est fichu de perdre les élections… et il ne t'a même pas appelé au gouvernement quand il le pouvait. Il t'a utilisé, c'est tout !

Elle avait raison, la fidélité de Lequint vis-à-vis de Cotteret cherchait une récompense qui ne venait pas.

Lequint attendait la composition de chaque nouveau gouvernement le ventre tendu. Toujours rien. À cinquante-cinq ans, il se jugeait centenaire. Éternellement à la disposition de la France.

Lequint en avait une fois glissé un mot au président.

– Tu mènes une vie très enviable en tant que patron de l'Union des Halles. De quoi te plains-tu ? Et puis n'oublie pas qu'avec l'affaire VollensDeiger, tu as tout intérêt à raser les murs…

Ce fut la réponse d'Hugues Cotteret qui avait l'air de considérer les réflexions de Lequint comme une attaque surprise.

Heureusement, le repas avec Sepp Kowaltchuk se déroula dans une atmosphère d'amabilité réciproque. La manifestation, à l'Espace des acheteurs, en l'honneur des producteurs de vins italiens, fut analysée par les deux hommes dans des termes identiques. Aucune mesure de sécurité particulière n'était nécessaire. Après avoir passé en revue les sujets à l'ordre du jour, on en était venu à des propos plus personnels. Lequint proposa à Sepp de l'accompagner lorsqu'il irait tirer cerfs et daims dans les Rocheuses canadiennes.

– Venez, j'ai loué un grand chalet à cent kilomètres de Whistler…

Mais Sepp détestait la nature. Elle lui rappelait son enfance. Quant à son tableau de chasse… Sepp songea à la mort toute récente d'un truand algérien qui, pour sa bonne assimilation au sol de France, reposait à présent deux mètres sous terre aux quatre coins de la forêt de Fontainebleau. La pègre sait accommoder les restes : une jambe ici, la tête là…

Lequint n'insista pas. La zizanie n'était pas dans sa manière. Ses lèvres étaient dessinées pour délivrer des mots aimables. Il jugeait que Sepp était un forban très bien de sa personne. Il lui trouvait du style et une conversation plus pittoresque que celle des hauts fonctionnaires de son ministère de tutelle. Après mille tâtonnements de prudence, il en était venu à l'estimer. Sepp avait de l'humour, et Lequint ne détestait pas cette cruauté apparemment en sommeil qui, tout à coup, pouvait jeter un froid.

Après avoir partagé une nouvelle, et coûteuse, bouteille de Château Palmer 1947, ils mentionnèrent les élections présidentielles qui approchaient. Lequint savait qu'il perdrait son poste si les sociaux-démocrates l'emportaient. Il critiqua, dans les termes appropriés, le Premier ministre, car il avait, bien sûr, connaissance des liens amicaux qui unissaient Sepp au président. Il en ignorait cependant l'intimité.

Son emprise sur l'embauche du personnel, les grossistes, mais aussi sur le laboratoire d'analyses, la collecte des ordures, les sociétés de transports, les succursales de banques, était tolérée puisque Sepp faisait montre de largesses lors des campagnes électorales du président. Le favoritisme restait la matière première de leur silence. Les choses étant ce qu'elles sont, l'âpreté de Sepp et le cynisme de Lequint créaient des rapports de sympathie. Ils n'étaient pas loin de s'entendre comme larrons en foire.

Après le repas, Lequint commanda un Havane. La fumée des cigares le portait sur un petit nuage. Le restaurateur leur offrit un armagnac. À l'instant où l'addition parut, Lequint se laissa inviter par Kowaltchuk. Grâce à l'art de la table, une communauté de valeurs peut réunir un corsaire et un *Master of Business Administration.*

Lequint prit congé de Sepp et fit appeler son chauffeur. Il devait maintenant animer un débat sur la sécurité alimentaire, organisé par l'Institut national de la recherche agronomique. La vache folle et la dioxine allaient le bercer agréablement durant ses heures de digestion.

Sepp resta seul à table. Il commanda un café. La Volkswagen de Costes et Bernstein se trouvait à cent mètres. Kowaltchuk l'avait repérée depuis le matin. Il avait l'œil !

Sepp quitta le restaurant. Il marcha vers la Volkswagen. Après tout, il était le responsable de la sécurité à l'Union des Halles !

– Vite, démarre ! dit Costes.

La voiture fila sous le nez de Sepp.

Palais de l'Élysée

Le président Hugues Cotteret venait de prendre congé du ministre suédois de l'Industrie. Lui qui avait en abomination les contemplatifs s'accordait de rêvasser. Il songeait à Daniel Spassy. Le désir sexuel de Cotteret avait toujours été hésitant. Des variations, qu'il analysait mal, l'avaient, depuis son adolescence, porté des femmes aux hommes, avec des périodes où il revenait à la chasteté. Sa nature profonde était lointaine, introuvable.

Cotteret avait eu des amants mais aussi des maîtresses, toujours plus âgées que lui. Sortes de mamans replètes avec lesquelles il était doux de fermer les yeux. Soucieux d'utiliser dans chaque domaine la compétence des experts, il avait même, dix ans auparavant, connu une prostituée, Clarence. Une brune avec des grosses lèvres. Il la rencontrait, le samedi matin, dans une fourgonnette beige garée porte Dauphine. Clarence ouvrait un parapluie posé sur le capot lorsqu'elle était libre, elle le fermait, baleines bien serrées, si elle réjouissait un client. Le président attendait son tour dans une voiture banalisée. Cependant, et ses biographes insisteront un jour sur ce point, l'ordinaire de ses nuits se passait dans le lit officiel. Avec son épouse légitime, Edwige, née Alésias de Bilharn.

La vie étant une crapule, c'est avec Daniel Spassy que le président avait le feu aux doigts. Le toucher était si bon. Sa peau. Ses muscles. Une ardeur. « Sa queue a pris le pouvoir... » s'inquiétait Hugues.

Ils avaient fait connaissance à l'occasion de l'arrivée de la dernière étape du Tour de France, cinq mois auparavant. L'ami du président, Sepp Kowaltchuk, fréquentait les milieux de la compétition, où il lui plaisait d'apparaître comme mécène, tout en s'autorisant de truquer des courses. Il avait présenté Hugues à Daniel.

– Je voudrais que tu connaisses quelqu'un qui a beaucoup de talent, avait-il chuchoté.

– J'adore vos films ! avait immédiatement menti le président en serrant la main du comédien.

Chaque molécule de son corps se pliait à l'interlocuteur du moment. Daniel et lui avaient bavardé quelques minutes, dans l'une des travées de la tribune d'honneur. Là, babillaient quelques hommes politiques, des ministresses lestées de joaillerie, un sprinteur flamand et des policiers en civil. Ces derniers se reconnaissaient à leur haute taille et leur cravate en lycra.

Le président avait fait rire Daniel et Sepp. Il savait à la fois soliloquer et observer. Alors que les tendances de Daniel Spassy restaient invisibles au commun de ses admirateurs, Cotteret l'avait débusqué en un regard.

– Il est bisexuel ton acteur, avait-il affirmé tranquillement à Sepp, tandis qu'en ennemi du protocole, il s'emparait d'une bouteille de champagne. C'est l'odeur de Daniel qui avait décidé de tout. Un parfum sucré de garçon… le paradis.

– Oui, pas toi ? avait méchamment répliqué Sepp.

Cotteret bavarda ensuite avec le Maillot jaune. Cette année-là, un Catalan, entouré d'admirateurs plongés dans une transe hypnotique. Le président, rapidement jaloux de cette popularité, s'éloigna pour se rapprocher de Daniel. Il admira l'arc de ses sourcils et la manière qu'il avait d'adresser des baisers au public.

– Donnez-moi votre numéro de téléphone, souffla Cotteret à l'oreille de Daniel, alors que Sepp et l'ambassadeur de Suisse étaient en bisbille sur le sujet des mérites de Coppi, Jacques Anquetil, Merckx et Lance Armstrong.

– Je n'ai pas de carte sur moi…

– Dites-le juste une fois, j'ai une mémoire monstrueuse, avait précisé Hugues Cotteret.

Puis le président s'était entretenu, de-ci de-là, avec cette aisance qu'en son for intérieur le Premier ministre lui enviait. Ce dernier, également présent, paraissait un novice dans l'art de sourire. Après trente ans d'action politique, il semblait empiéter sur un domaine qui n'était pas le sien dès qu'une gaieté simple était attendue de ses partisans. Un coquetèle à l'Hôtel de Ville avait suivi l'arrivée du Tour. Daniel Spassy avait signé des autographes. Edwige Cotteret s'était délectée de tenir le sien dans ses doigts minces de princesse du sang. Le président s'était plu à serrer trois ou quatre cents mains, chacune activant sa combustion intérieure. Il lui fallait effleurer le pouls des électeurs.

– Edwige, j'ai une réunion, je file, marmonna-t-il à son épouse, tout en adressant un geste au directeur du Budget, individu cabré dont les ragots disaient qu'il s'épuisait à assouvir sa secrétaire.

– Très bien, dit-elle.

Elle avait l'habitude.

Les heures orangées de cette soirée de juillet plaisaient au président. Grâce au maire de Paris, dont il avait fait la carrière, le président s'éclipsa par une porte secrète qui amenait le fuyard au premier étage du parking public. Il avait, ensuite, hélé un taxi pour se faire déposer à trois cents mètres de l'atelier de Daniel Spassy. Le chauffeur, un Camerounais, lui avait affirmé qu'il ressemblait comme un frère au président de la République. « Tous les Blancs se ressemblent ! » avait répondu en ricanant Cotteret. Il conservait dans sa serviette de cuir une casquette en tweed et des lunettes noires, afin de mener cette double vie qui, sur un déclic, s'ouvrait à lui. Comme toujours, il avait semé le capitaine Dessigny, pourtant chargé de rester dans son ombre. Ce dadais avait la responsabilité de la mallette qui contenait le système de lancement des forces nucléaires. Le président appréciait l'incompétence de l'officier. Il se devait de le décorer un jour.

À peine parvenu dans l'atelier de Daniel, Hugues Cotteret lui avait ôté ses tennis en antilope de chez Brooks Brothers. Il s'était agenouillé et avait posé la bouche contre son pantalon à rayures rouge.

Daniel s'était laissé aller en arrière.

– C'est bon… avait-il chuchoté.

L'Union des Halles

Lequint découvrit que l'on peut effectivement trembler de peur. Il croyait jusque-là à une légende. Lequint n'avait pas grand-chose d'un homme craintif. Cependant il n'était plus maître de l'extrémité de ses doigts agités de mouvements répétés. Sylvie Acanthe avait été assassinée une ou deux minutes après qu'il l'eut quittée. Les empreintes digitales de Lequint pouvaient être trouvées sur une bonne dizaine d'objets, tant dans la chambre de Sylvie que dans la salle de bains et la cuisine. Heureusement, Lequint n'avait jamais eu maille à partir avec la police… De ce côté, il était vierge.

Patrick Lequint tenta de stabiliser ses avant-bras sur le bureau en palissandre. Un cadeau du président.

« Qui a pu la tuer ? » Cette question lui brûlait la nuque.

*

Dans la Volkswagen, Costes dévorait son casse-croûte au reblochon.

Bernstein feuilletait plusieurs quotidiens.

– Oui, c'est bien la fille qui pleurait dans le parking de VollensDeiger et qui a dîné avec Lequint. Aucun doute.

Il désigna la photo de Sylvie Acanthe.

– Qu'est-ce qu'ils racontent dans le journal ? demanda Costes qui s'essuya discrètement le pouce sur l'épaule de son associé.

– Des banalités.

Bernstein lut à haute voix deux articles.

– Elle s'est peut-être, effectivement, fait allonger par un petit délinquant. Juste pour son sac, conclut-il.

– Oui, oui, Hiroshima et Nagasaki, c'était une fuite de gaz, et les mecs descendus au Moyen-Orient ont été plombés par le garde-chasse.

– Non. Sérieux.

– On a eu tort d'accepter cette affaire, reprit Costes.

– Peut-être, mais le chômage, je ne suis pas d'humeur…

*

Sepp Kowaltchuck avait retenu qu'un dignitaire du Milieu doit se loger dans la compagnie de la grande bourgeoisie. Son choix s'était donc porté sur la rue de la Faisanderie, dans le XVIe arrondissement. Il y disposait d'un appartement de trois cents mètres carrés, acheté par un prête-nom, qu'un décorateur italien avait récemment aménagé.

Devant la grille d'entrée, le concierge bavardait avec son collègue de l'ambassade de Guinée. Tous deux surveillaient un ouvrier qui, avec de l'eau ammoniaquée, s'échinait à effacer les graffitis sur le mur. Le premier, très versé dans les activités de plein air, expliquait à l'autre qu'on ne peut pêcher le sandre les jours de changement de lune. Le second affirmait que les brochets ne mordent jamais sous les fortes gelées.

La vieille voiture de Costes se trouvait placée derrière une fourgonnette et les lentilles multicouches des jumelles de Bernstein lui offraient un champ visuel presque idéal du mobilier « Art Déco » de Kowaltchuk.

Les voyous ne sont pas des lève-tôt ; le matin, pour eux, est un peu du gâchis. Costes et Bernstein patientèrent donc, avant de voir apparaître Sepp dans une robe de chambre dont la soie d'un beige corne de bœuf était semée de pastilles lilas.

Sepp fit ensuite ses ablutions dans l'une de ses trois salles de bains. Ses intestins, parfaitement domptés, valurent à Sepp de s'en tenir à un séjour de quatre minutes dans les toilettes. Bernstein, pour qui le cosmos n'avait plus guère de secrets, se préoccupa de l'horoscope du truand tandis que Costes griffonnait cinq brouillons d'une lettre destinée à Mahaut.

– Tu crois qu'il faut que je commence par « Ma chérie » ou par « Chère Mahaut » ?

– Moi, je dirai : « Amène-toi ou tu vas la prendre ta raclée... »

*

Daniel Spassy, en caleçon, se tenait allongé sur le lit défait. L'acteur avait repoussé la couette en duvet d'oie et sanglotait. Une inflammation, qui surgissait dans les moments de désespoir, lui gonflait le ventre. Il venait de boire une bouteille de vin. La tache brumeuse d'une migraine lui martelait le front. De chez le sculpteur sur bois, qui occupait le troisième étage de l'immeuble, montait le bruit d'une ponceuse à ruban.

Daniel happa d'un doigt son téléphone portable. Il lui fallait parler à l'unique personne à laquelle il pouvait se confier.

– Sepp ? Tu m'entends ?... Allô ?... Tu es sur le boulevard périphérique ? Oui, c'est Daniel. Excuse-moi mais je suis mal... Une déprime, tu n'imagines pas... J'ai même des étourdissements tellement j'en bave... Évidemment que c'est à cause d'Hugues. Je suis tellement déçu... Sa campagne électorale passe avant moi... Je m'enfonce tu sais... Comment ? Oui, ce serait bien. Vers huit heures ? Oui. C'est très mignon de ta part. Je t'attends. Tu es vraiment adorable...

Daniel Spassy marcha ensuite vers la cuisine. Il posa un verre sous le mitigeur et avala un Prozac. Puis il écouta de la musique populaire arabe en enfermant son sexe dans sa main amie.

*

Costes jeta dans le caniveau la dernière version de sa prose amoureuse destinée à Mahaut. Puis il entra dans un bar-tabac. Bernstein s'y trouvait depuis dix minutes.

Costes ouvrit la porte du bistrot.

– Tu viens oui ?

Bernstein se tenait debout, jambes écartées, devant le comptoir. Tout en aspirant l'âme d'une bouteille de soda à l'aide d'une paille, Bernstein tentait de poser un désir sur chacune des photographies de la dizaine d'actrices collées au mur. Il se disait que si la polygamie venait, enfin, à être légalisée, il épouserait Indy More et Faye Stritt, deux beautés dont les seins faisaient battre les yeux des soiffards.

– Si tu voyais ta mine ! fit Bernstein.

Costes avait des cernes qui rappelaient les feuilles d'étain froissé. Bernstein plaqua quelques pièces sur le bar et enjamba un type qui se donnait à la plénitude d'un coma éthylique.

– Vite ! hurla Costes.

– Tu te venges de tes histoires de cœur sur moi ou quoi ? demanda Bernstein alors qu'il ouvrait la portière.

– C'est pas le moment de traîner. Sepp vient de finir de s'habiller.

– T'as balisé ?

– Oui, fit Costes.

Tandis que Sepp Kowaltchuk se trouvait dans son cabinet de toilette, Samuel Costes s'était glissé dans le parking où Dino rangeait la Mercedes. Costes avait marqué sa cible à l'aide d'une ampoule émettrice. Ainsi pouvaient-ils suivre à distance Sepp sur l'écran de contrôle.

Costes mit en marche le moteur de la Volkswagen. Les moineaux qui picoraient entre les joints descellés des pavés s'envolèrent. Combattante résolue des horaires imposés, une prostituée leur distribuait des graines de millet. Il faisait froid, les passants toussaient, emmitouflés dans leur grosse fièvre.

– Qu'est-ce que tu fichais ? demanda Costes.

– Je refaisais le plein de munitions : cinq Pepsi.

Kowaltchuk apparut sur le trottoir à l'instant même où son chauffeur surgissait du garage.

– Vas-y ! dit Bernstein.

Les hommes apaisés par la réussite roulent lentement. Ils ne se sentent pas d'appétit pour tuer de simples passants. Dino, le chauffeur de Sepp, avait pour directive de s'en tenir à quarante-cinq à l'heure. Ses yeux de bébé phoque passaient fréquemment sur le tableau de bord, afin de vérifier qu'il demeurait dans les limites imposées. S'il accélérait, Sepp frappait sur son épaule avant de retourner à son calepin en peau de girafe. Un carnet où, dans une calligraphie qui empruntait au tachisme, Sepp notait ses rendez-vous et certains mouvements d'argent.

La Mercedes de Sepp fila vers la place Blanche. Les cafés étaient pleins, les peep-shows laissaient entrer et sortir de nombreux Asiatiques, quelques Noirs au crâne rasé et des dizaines de quinquagénaires d'Europe centrale qui, sautant de leur autocar, cherchaient dans Paris des mains secourables. En pantalons tirebouchonnés et maillots multicolores, ils couraient vers les boutiques où des filles étaient allongées en porte-jarretelles sur des sofas de cuir souple. Entre deux bâillements, elles proposaient leur sexe rose frais à nos chers touristes.

Costes et Bernstein restaient à cent bons mètres de la Mercedes ; elle obliqua vers Saint-Lazare puis, boulevard Hausmann, se rangea dans le couloir d'autobus.

Dino patienta en double file, tandis que Sepp pénétrait d'un pas seigneurial dans le hall du siège social d'une grande banque. Sepp savait l'Europe dirigée par des sacripants, il veillait sur son portefeuille d'actions.

Costes et Bernstein l'attendirent derrière un camion de livraisons. Utilisée par un employé pour nettoyer la vitrine d'un magasin, une raclette en inox scintilla et Costes en fut ébloui.

– S'il est parti compter son blé, on en a pour un bail, jugea Bernstein.

– Sois positif !

– Je t'ai dit pour l'horoscope de Sepp ?

– Non.

Bernstein expliqua qu'il y avait des promesses d'épanouissement insoupçonné pour le truand en cette fin d'année.

– Il est bien barré pour amasser encore des paquets de fric, précisa-t-il.

– Ça ne m'étonne pas.

Bernstein ouvrit la bouche, son métabolisme exigeait quelques rots de contentement s'il avait bu du Pepsi. La façon grossière avec laquelle il s'acquittait de cette manie rassurait Costes, homme d'habitude.

– Où il va ensuite à ton avis ?

– On l'attend.

– C'est tout bon ! Je vais pouvoir mater les minettes, fit Bernstein.

Il mettait une application de naturaliste à déshabiller du regard les Parisiennes. Un simple violon d'Ingres. Mais, à propos des jeunes filles, Bernstein n'était pas sujet aux vapeurs de l'idéal : il les trouvait toutes belles.

Treize minutes plus tard, Sepp sortit de la banque alors que Bernstein laissait flotter ses yeux gris fer sur les reins d'une adolescente toute grelottante devant un kiosque à journaux.

– Abrège ton fantasme, le voilà, signala Costes.

Kowaltchuk fit un signe à Dino. La Mercedes s'approcha. Il dit quelques mots à son chauffeur.

– Démarre, fit Bernstein à Costes.

Ils furent gênés par le gardien d'un immeuble qui poussait des sacs-poubelle vers le trottoir.

– Le rate pas ! ajouta Bernstein.

Plutôt que de regagner sa Mercedes, Sepp marcha vers un taxi.

– Il change de calèche ! bougonna Bernstein.

– En plus je suis en sens interdit.

– On s'en tape !

– Je vais remonter en marche arrière…

Costes fit peur au gardien, il manqua écraser une brochette de cadres supérieurs qui, à tort, s'imaginaient carapacés dans leur manteau.

– Bien joué… murmura-t-il.

Le taxi, une Mitsubishi vert sapin, filait vers le centre de Paris.

Costes et Bernstein parvinrent devant l'atelier de Daniel Spassy avec quelques secondes de retard sur Sepp.

– J'ai horreur de ce coin, c'est crade… fit Bernstein.

Sepp régla le taxi puis, d'un coup de patte, ouvrit grand la portière.

– Il a de la gueule le ruffian, estima Costes.

– Oui, beau mec. Il doit tringler en masse…

Sepp entra chez un pâtissier et acheta des croissants au beurre avant de pénétrer dans l'immeuble de Daniel Spassy.

Palais de l'Élysée

Georges de La Pierce sortit des toilettes pour handicapés où il aimait à méditer. Il était le seul à les utiliser, chacun étant bien portant dans les services qui dépendaient de lui. Georges haïssait les estropiés divers que le président imposait d'employer à l'Élysée. Dans cette pièce, La Pierce était assuré de trouver une insoupçonnable quiétude. Il s'y réfugiait une demi-heure par jour. L'ossature métallique des sanitaires permettait de se laisser aller en arrière, et de fermer les yeux sans crainte de tomber.

En claquant la porte, il eut un sourire forcé pour un huissier qui le salua de la façon la plus réglementaire. La Pierce poursuivit sa marche et surprit, dans le long couloir, quelques fonctionnaires occupés à des papotages. Tous prirent un air d'enfant martyr lorsqu'il eut un signe de déception.

Sur son bureau vide de tout document, une nouvelle enveloppe l'attendait. Il l'aperçut de loin. Il l'ouvrit.

SANS UN MILLION DE DOLLARS, LE DOSSIER COMPLET DU SOUTIEN QUE VOUS A APPORTÉ LE GROUPE VOLLENSDEIGER, ET VOS EFFORTS POUR DISSIMULER LA NOCIVITÉ DE LEURS PRODUITS SERONT PORTÉS À LA CONNAISSANCE DE LA PRESSE...

FRANCE REVANCHE

Marcellin Rossow entra à cet instant dans le bureau. Ses fosses nasales se pincèrent lorsqu'il releva l'odeur qui montait de la silhouette élégante de La Pierce. Il hésita. La Pierce répandait-il une senteur de polypropylène consumé ?

Il se pencha et sa cravate en twill de soie effleura l'épaule de La Pierce.

– Excusez-moi, fit-il en reculant.

Chez La Pierce, l'émotivité paraissait avoir pris ses quartiers d'hiver. Rien ne semblait le troubler si ce n'est un faux pli à son pantalon.

– Laissez-moi seul un instant Rossow...

*

Sepp Kowaltchuk haïssait l'index pris de crampe sur la détente des flingues, les filles en collants, les picadors, la dégaine de la Tour Eiffel. Le reste, il s'en accommodait.

Sepp sonna selon son code habituel : six coups qui résonnaient comme s'il vidait un barillet de balles explosives contre la porte.

Daniel Spassy nettoya les cendriers. Sepp avait cessé de fumer et Daniel ne voulait pas le tenter. Daniel portait un col roulé et un caleçon en coton. Il marchait nu-pieds.

Daniel passa un doigt mouillé sur ses lèvres avant d'ouvrir.

– Salut coquine ! fit Kowaltchuk.

Sepp avait les mains dans les poches. C'est ainsi qu'on l'enterrerait un jour. Il contempla Daniel. L'un des balanciers de son psychisme restait dans l'ombre, on ne savait jamais s'il allait se montrer charmeur ou macabre.

– T'as le bourdon ?

– Plus que ça... gémit Daniel.

Sepp fit jouer les phalanges de ses doigts et leurs craquements rappelèrent à Daniel celui des bancs d'église.

Sepp marcha vers le divan puis il fit demi-tour et prit tranquillement Daniel Spassy dans ses bras. Il glissa une main sous son chandail pour lui tenir les reins puis il la retira comme s'il mettait quelques caresses de côté.

– T'es adorable d'être passé, dit Daniel.

– Je te déteste triste, répondit Sepp après trois ou quatre secondes.

– Tu veux du café ?

– Oui.

– Tu as pu garer ta voiture ? Tu es pressé ?

– Jamais !

Sepp passa le bout de sa langue sur la tempe de Daniel.

– J'adore ta nuque, fit Sepp qui le saisit au cou.

– C'est vrai ?

Sepp le relâcha.

Daniel apporta deux tasses en porcelaine peinte à la main. Puis il fit chauffer de l'eau pour le café.

– C'est à cause de Cotteret ? demanda Sepp.

– Oui. Il ne me laisse pas l'aimer comme je le veux.

– Le président est un animal politique : autant dire une sous-espèce du rat.

– Je suis déçu.

– Moi aussi il m'a mené en bateau.

– Comment ça ?

– Il me recrache maintenant qu'il n'a plus besoin de moi.

– Vraiment ?

– Il joue un jeu dangereux.

Sepp s'approcha de la table basse. Il sortit la main droite de sa poche et, de l'ongle du pouce, stria la photographie du président en première page de *Libération*.

– Je suis angoissé, tu n'imagines pas, fit Daniel.

– Je t'ai apporté un peu de came. Je me doutais que tu en aurais besoin.

– Heureusement que tu es dans ma vie. Tu es un ange Sepp, murmura Daniel Spassy.

Sepp vint contre lui. Il le prit dans ses bras.

Daniel se défiait des opinions courantes sur le caractère de Kowaltchuk. On avait de bonnes raisons de le considérer comme un malfrat, mais de mauvaises pour le juger comme un monstre.

*

Costes et Bernstein s'acquittèrent avec tact de leurs devoirs d'investigateurs. Ils ne fracturèrent aucun appartement. Ils ne corrompirent point le concierge. La porte de l'immeuble où nichait le comédien Daniel Spassy s'ouvrait librement durant la journée car un médecin généraliste et une avocate en occupaient les deux premiers étages. Il importait que leur clientèle conserve libre accès à leurs judicieux conseils. L'atelier du grand acteur était situé au cinquième. Costes et Bernstein déterminèrent en quelques secondes qu'à la condition de monter sur le toit, ils pouvaient observer les baies vitrées de Spassy. Bernstein força une petite fenêtre dont les gonds étaient pris par la rouille. Dans l'effort, il découvrit son avant-bras laissant apparaître une cicatrice de la couleur d'une chaînette en laiton. L'air froid piqua Costes au front. L'appareil photographique retenu par une bretelle passée autour de son cou ballait contre son sternum.

– Fais gaffe, j'ai les jambes en coton ce matin, prévint Costes toujours abîmé dans son chagrin d'amour.

– T'as le vertige, pauvre biquette…

Les ardoises du toit s'ornaient d'une mousse ambrée. Des taches jaunes en forme de méduse se partageaient le zinc des gouttières. Bernstein qui avait déjà enjambé le balcon se retourna.

– Il suffirait que je te pousse et c'est moi qui dirigerais la boutique, souffla-t-il en riant.

Bernstein faisait parfois mine de vouloir s'approprier « BC Investigations » le cabinet d'enquête dont ils étaient les uniques collaborateurs. Mais aussi les seuls directeurs.

– Chiche !

Costes se demanda si Mahaut verserait une larme et sacrifierait un milligramme de rimmel à son décès.

– Allez, pousse-moi ! insista-t-il.

Bernstein, volontiers irrespectueux à l'égard des suicidaires, lui tira la langue.

Costes écarquilla les yeux pour prendre toute la mesure de son désir de mourir. Il sembla adopter, au ralenti, le pas des patineurs.

– Pour la grimpette sur les toits, t'es pas le compagnon de voyage idéal, regretta Bernstein.

Ils s'agrippèrent à une antenne de télévision d'où fuirent des corneilles. Bernstein se cala un pied à l'une des paraboles fixées aux cheminées.

– On va se geler les glands, constata-t-il.

– De toute façon, les miens, ils sont en phase terminale...

– T'as vraiment tendance à tout rapporter à toi !

– Je t'ai dit que je crevais de chagrin.

Costes se mit à quatre pattes.

– En tout cas, d'ici on a une vue très chouette... estima Bernstein qui prit une pose avantageuse afin de prouver à Costes que sa condition physique restait enviable.

Costes parvint lentement jusqu'à lui.

Bernstein lui tendit un palet breton. Ses intestins étaient des rampes de béton : à trente mètres au-dessus des pointes biseautées de la porte de la cour intérieure, il était pris d'un petit creux.

– Non merci.

– Les chagrins d'amour, c'est l'idéal, fit Bernstein. On pleurniche et on perd dix kilos. Ça me ferait du bien d'en baver pour une fille. Malheureusement, elles sont toutes folles de moi.

– Au lieu de jouer les bande-rugueux, file-moi les jumelles, dit Costes.

Il espérait qu'un soupçon de vulgarité pourrait le réchauffer.

Sepp avait quitté l'appartement de Daniel. À présent, le rougeoiement d'une enseigne lumineuse, celle d'un traiteur casher, éveillait progressivement Daniel.

Daniel eut envie d'appeler l'Élysée. Il décrocha le combiné et s'acharna en vain à essayer de joindre le président. L'assistante personnelle de Cotteret, la fidèle, la discrète Larissa Barek, tenta de le calmer.

Palais de l'Élysée

Le président regarda sa montre. Il était impatient d'en finir avec madame le ministre de la Défense. À cause de la lettre de menace de France Revanche, l'angoisse était sur ses talons.

Madame le ministre avait une encolure de lutteur de foire et le président pensait qu'elle aurait pu tenir une baraque à frites. Cette catégorie de femmes le mettait mal à l'aise. Le sein comprimé mais la poitrine large, des pieds conçus pour enfiler des bottes d'égoutier, elle se sentait tenue de faire sans cesse la démonstration de son intelligence, pourtant supérieure à celle de la plupart des membres du gouvernement.

Maryse Ferrier se plaisait à rompre des lances avec le président. Elle détestait Hugues Cotteret et avait toujours l'air de lui promettre des malheurs. Néanmoins, eu égard à sa qualité de chef des armées, ils devaient rechercher ce qu'elle appelait, en se léchouillant le bas du nez, un « consensusss ».

Après un entretien d'une heure, elle prit enfin congé. Le président marcha à la rencontre de La Pierce, vers le bureau de style Régence.

– Alors ? aboya-t-il.

– J'ai embauché deux enquêteurs, l'informa La Pierce.

– Dans quel but ?

– Je fais suivre Kowaltchuk et cet imbécile de Lequint.

Le président joua avec le capuchon d'un stylo et hocha la tête.

– C'est pas idiot.

– Ils m'ont déjà appris que Lequint fréquentait cette Sylvie Acanthe, tu sais, la responsable de la Qualité chez VollensDeiger, celle qui a fait ce rapport…

– Aïe !

– Une fille honnête.

– Fais-lui peur… elle se taira.

– Trop tard.

– Pourquoi ?

– Elle vient d'être assassinée.

Le président s'immobilisa.

La Pierce s'approcha. Il regarda le président de la République droit dans les yeux.

– Hugues, tu es prêt à aller jusqu'au bout ?

Le président supporta ce défi.

– Il faut raisonner comme si nous étions en guerre. Ce qui donne une perspective différente à « tes » décisions, dit-il simplement.

– Qu'est-ce que tu sous-entends ?

– Je te confie l'initiative sur le terrain. Avec cette histoire, nous sommes pris aux pattes. À toi de tenter, et de réussir, un dégagement, dit le président.

Ils restèrent silencieux. Puis La Pierce reprit la parole.

– Autre chose, Lequint et Sepp Kowaltchuk ont déjeuné ensemble. Je le tiens de mes deux enquêteurs.

– Ça n'est pas la preuve que Sepp et lui aient monté ce chantage…

La Pierce eut un œil ombrageux.

– L'expéditeur de la lettre a mis des gants… précisa-t-il.

– Donc, pas d'empreintes ?

– Si, affirma La Pierce. Je l'ai fait analyser par le laboratoire de la préfecture de police.

– Conclusion ?

– Le grain du cuir est celui d'un modèle de chez Hermès, fournisseur de ce dandy de Lequint.

Le président donna un coup de poing sur une table marquetée de fleurs.

– Des traîtres. Je hais !

La Pierce s'assit sur un fauteuil. Ils abordèrent la situation politique au Maroc. Deux heures avant, le président avait conversé, depuis sa voiture, avec le roi. Des révoltes secouaient Rabat, Meknès, Casablanca, et les autres grandes villes du royaume.

– Il m'a raconté qu'il n'avait pas assez de chars pour intervenir partout à la fois.

– Conseille à Sa Majesté de louer des blindés chez Hertz ou Avis ! ironisa La Pierce qui ne croyait plus à l'avenir de la monarchie chérifienne.

– Je pense qu'il faut le soutenir. C'est un ami... un type sympa.

– Il est cuit !

Le président leva les yeux vers les moulures du plafond.

– Les Américains veulent que l'armée liquide une fois pour toutes les intégristes.

La Pierce eut un gros reniflement.

– Grandiose autant qu'illusoire...

– Ça va chauffer !

– Oublie le roi.

– Il paraît qu'il est prêt à filer en Californie. C'est horrible !

– Tu es sentimental Hugues, regretta La Pierce.

– Je sais. Mais je l'aime bien.

Le président sembla se recroqueviller sur lui-même.

– As-tu enfin rompu avec Daniel Spassy ?... demanda ensuite La Pierce.

– Non.

– Prends ton courage à deux mains et promets-lui que vous resterez bons amis...

– Facile à dire.

– Tu n'es pas n'importe qui. Tu dois dominer. Toujours.

– Tu me fais rigoler avec ce genre de conseil. Et pourtant, Daniel, j'aurais dû l'oublier dès qu'on a baisé pour la première fois. Mais je l'ai dans la peau. Quand je ne le vois pas je suis en manque, regretta le président tout en cherchant des points de repère sur le visage de son confident.

La Pierce hocha la tête. L'enseignement qu'il prodiguait au sujet des relations sentimentales était tout de mesure.

– Excuse-moi de te le dire, mais tu choisis systématiquement des cinglés !

– Non. Il est adorable. Tellement spontané… C'est ce que j'adore avec Daniel.

– Hugues, c'est une folie de t'amouracher d'un acteur hystérique ! Célèbre en plus ! C'est très dangereux. Il a appelé au moins cent fois ici ! Tu penses bien que le service de sécurité est au courant !

La Pierce ne connaissait pas Daniel mais les rites saisonniers qui ligotaient le président à de tels personnages l'inquiétaient. Deux ans auparavant, il y avait eu ce danseur ghanéen…

– Sans lui, je te jure, je me sens…

– Il gêne ! l'interrompit La Pierce.

– T'as la bite congelée toi, je ne sais pas comment tu fais…

La Pierce offrait une image rayonnante de la chasteté.

– Je ne suis pas la proie de ma libido si c'est ce que tu veux dire… rectifia-t-il.

– Tes coups de queue, ça doit être le rayon de la mort !

– Pardon ?

– Mon petit vieux, je plains tes maîtresses. T'as une épingle de sûreté dans la verge ou quoi ?

– Si les Français savaient comment tu t'exprimes dans l'intimité, ils voteraient pour Daubern, jugea La Pierce.

– Je ne sais pas comment faire avec Daniel.

– Oublie-le. Dare-dare !

Georges de La Pierce déplorait que le président eût l'esprit occupé par la galipette. Il n'était pas opposé au libertinage mais y voyait une distraction pour les samedis pluvieux, rien de plus.

Il observait Cotteret et nota que deux rides démesurées encadraient soudain sa bouche.

– Monsieur le président, tu dois recevoir une délégation de parents d'élèves… rappela-t-il.

Cotteret releva la tête.

– Ils veulent encore qu'on remette des sous dans leur tirelire, je sais…

– Ils pèsent lourd en terme de voix. J'ai un sondage très récent à ce propos…

La Pierce saisit une chemise lustrée à trois rabats.

– Je vais te lire les derniers chiffres avant ta rencontre avec la délégation.

Le président avait envie des bras de Daniel. Il voulait se nicher contre lui…

– Je suis crevé, confia le président.

*

Avant de quitter définitivement l'Europe, dont il méprisait l'engourdissement, Boidest tenait à régler ses comptes avec ceux qui avaient nourri l'esprit suicidaire de sa fille.

Il lut dans *Libération* les quinze lignes qui soldaient la vie de Sylvie Acanthe, abattue, selon les premières données de l'enquête, par un simple voleur. Aucune mention d'une quelconque activité dans les stupéfiants. Le rédacteur soulignait au contraire ses mérites. Elle avait reçu, encore étudiante, le premier prix de la célèbre « Bourse Rimbaud-Heine » franco-allemande. Plus tard, elle avait contribué à un dépôt de brevet rival des OGM, dont le journaliste indiquait qu'il était l'un des plus prometteurs dans le domaine de l'agrochimie.

En buvant une bouteille entière de Volvic, Boidest se demandait si monsieur Chose lui disait la vérité. Une scientifique brillante se serait alliée à la pègre pour de l'argent ?

Boidest essaya de faire la part de son intuition et de la logique.

Palais de l'Élysée

Edwige, la femme du président de la République, haïssait Georges de La Pierce car il osait souffler à son mari la bonne façon de mener les affaires du pays. Elle le jugeait condescendant. Il la regardait comme si elle était transparente. Néanmoins, et il fallait bien en convenir, l'égalité d'humeur et la culture politique de La Pierce en imposaient au président. La Pierce savait tout de Lénine, des astuces de propagandiste de Goebbels ou de la mise à l'écart des chefs de maquis à la Libération. Il pouvait gloser durant deux heures sur les micmacs électoraux de

Kennedy et les cabales montées, tels des contre-feux, par les détectives de Clinton au cours de l'affaire Lewinsky. La Pierce suggérait beaucoup au président, mais, avec une discrétion suave, comme on écoule lentement de la fausse monnaie. Il avait su couvrir de dédain la camarilla qui s'affairait à l'Élysée. Et il ne se montrait jamais pleutre, tenait tête aux meilleurs. Le président avait confié à Edwige que Georges de La Pierce était de ce petit nombre qui ne parle pas sous la torture. Un soir où ils dissertaient sur le courage des pilotes-suicides japonais, La Pierce s'était planté un clou dans la paume droite afin que le président ne le confonde jamais avec les bureaucrates qui peuplent l'Élysée.

Forte de sa haine pour La Pierce, la femme du président avait l'eau à la bouche à l'idée d'une possible mutation de celui-ci en Amérique latine. Un continent qu'elle prenait en affection depuis qu'un poste d'ambassadeur se libérait au Honduras. Elle tentait de cousiner avec Plaitières, ministre des Affaires étrangères, pourtant social-démocrate, afin d'assurer une juste mise à l'écart de Georges de La Pierce. Plaitières n'appartenait pas aux territoires les plus reculés de la gauche. Il vivait sur un trop grand pied. Avocat richissime, il montrait un respect attendri pour l'argent.

– Allô, monsieur le ministre ?

– Oui, madame la présidente.

– Nous avons beaucoup parlé de vous, mon mari et moi, hier soir.

– Madame, je suis, comment dire…

– Nous avons parlé de vous en bien. Le président

apprécie vos initiatives dans le conflit du Moyen-Orient. Et il reste sensible au respect que vous lui témoignez, alors que d'autres membres de ce gouvernement font montre d'une attitude parfois déplacée.

– Madame, j'ai beaucoup d'estime pour le président et…

– Laissez-moi vous faire une confidence, monsieur le ministre…

– Je vous en prie…

– Si mon mari emporte, comme je le crois, les élections, vous serez, croyez-moi, « le » ministre qui pourrait, dans un geste de concorde nationale, conserver un maroquin…

– Madame, je… j'ai toujours considéré que j'étais le ministre de la France avant d'appartenir à un gouvernement de gauche. Cependant…

– Oui ?

– Votre démarche me surprend.

– Vraiment ?

– Oui. Tout d'abord vous allez échouer aux législatives ainsi qu'aux présidentielles.

– Croyez-vous ?

– Oui. Et d'autre part, je ne saurais passer d'un camp à un autre.

– Je n'ai pas dit cela.

Le ministre éclata d'un rire où elle nota trop de suffisance.

– Vous le supputez. Et à tort, madame.

– Non, pas une seconde.

– Allons, allons, madame…

– Monsieur le ministre, je ne sais comment…

– Pardon ? soupira Plaitières, condescendant.

– Mon appel devient sans objet.

– Mais non ! Puis-je vous plaire, madame, sans que vous portiez un jugement déplacé sur ma personne ?

– Mais !…

– Pardonnez cette rudesse, ou plutôt cette franchise, madame.

– Monsieur le ministre, soyons simples.

– Oui, essayons ! grogna-t-il.

– J'ai une faveur à vous demander.

– Si je puis vous être utile, madame la présidente…

– Serait-il envisageable que monsieur Georges de La Pierce puisse obtenir rapidement le poste d'ambassadeur au Honduras qui se libère… même si les postulants sont tous, et à divers égards, compétents.

– C'est là votre souhait ?

Il parut étonné.

– Oui.

Plaitières resta silencieux. Il réfléchit. La Pierce était l'ombre du président. Mais pas une ombre apaisante. Cette bonne Edwige voulait s'en débarrasser ? Tant mieux. La Pierce était dangereux : sa coquetterie consistait à ne pas respecter ses adversaires. L'éloigner ?… Pourquoi pas ?

Plaitières tira un grand contentement à la faire languir.

– C'est délicat.

– Je présume, oui…

– D'autant que j'avais laissé entendre à une personne

de grande qualité, un spécialiste de l'Amérique latine, qu'il pourrait assumer ces fonctions dans quelques semaines.

– Aïe ! ne put s'empêcher de dire la présidente.

– Oui.

– Alors, je ne sais pas…

– Vous me demandez beaucoup. D'autant que cette… mutation… va avoir un retentissement. Les médias vont prendre des libertés avec la réalité, comme à leur habitude. On va me reprocher de…

– Oublions mon appel, monsieur le ministre !

– Non. Je puis essayer de vous être agréable, madame. En dépit de l'idée que vous vous faites de moi.

– Pardon ?

– Ma soi-disant malice… mon ambition… que sais-je…

– Vous vous méprenez monsieur le ministre.

– Madame, je vais tenter de vous plaire, dit-il gaillard.

– Merci.

– Ceci restera entre vous et moi. Ce sera notre petit secret, dit-il dans un murmure de vieux libertin.

– C'est très gentil.

Elle se reprit.

– Très généreux…

– Puis-je vous rappeler ? demanda Plaitières.

– Certainement.

– Je vous tiendrai au courant de la mesure que je pourrais décider dans le sens que vous venez d'évoquer.

– Je vous en remercie.

Edwige raccrocha. Une intrigue menée à terme vaut tous les plaisirs de la Terre. Elle serra les poings de plaisir, ferma les yeux et, d'une courte prière, rendit grâce à Notre-Seigneur Jésus-Christ.

*

Georges de La Pierce prit un ton enjoué lorsqu'il croisa une employée qui venait de perdre un fils de seize ans à la suite d'un accident de motocyclette.

– Tout va bien ? lui demanda-t-il alors que son cœur de titane continuait à battre calmement à cinquante-neuf pulsations minute.

Elle était pâle et ne répondit pas.

Le président avait fait embaucher cette femme, sous le prétexte qu'elle était originaire de Vendée où il avait entamé sa carrière politique. Aux yeux de La Pierce, elle était le symbole de cette France geignarde et syndiquée qu'il abhorrait.

Il passa devant le portrait du Christ, une toile du XVIIIe siècle. La Pierce méprisait Jésus, ses yeux gentillets et sa maigreur d'endetté. Il lui fit un doigt d'honneur.

Le président prenait congé d'Ellen Stannard, la nouvelle ambassadrice des États-Unis, et il lui accordait l'un de ces baisemains dans lequel l'amour des femmes prenait si peu de part.

La Pierce patienta quelques instants. Il entendait s'épargner les mondanités. À ses yeux, Ellen Stannard avait l'intensité spirituelle d'un calamar. Cependant, elle était une proche du président américain Brooker. Il importait donc que Cotteret la séduisît. Depuis la longue bibliothèque où il avait trouvé une cachette, La Pierce apprécia à leur juste laideur son tailleur fuchsia, sa bouche de déchiqueteuse et une coiffure imitée de la barbe à papa. Toutefois, elle n'était pas dénuée de reins prometteurs.

Cotteret raccompagna jusqu'au perron Ellen Stannard ; il la tenait par le bras. Il savait, comme l'avaient noté tous les Services de renseignement d'Europe, qu'elle restait dans le peloton de tête de la petite dizaine des maîtresses d'Andy Brooker et, qu'à l'occasion d'une récente visite aux bases de l'OTAN en Italie, le président des États-Unis lui avait accordé une nuit, sous les dorures d'un grand hôtel du lac de Côme. La Pierce imagina Ellen à genoux, en nuisette saumon, langue tendue devant Brooker. Cotteret et Ellen Stannard se souriaient. Des flatteries bien combinées pouvaient les mener vers une sympathie réciproque.

Puis Cotteret revint vers son bureau, guilleret. La Pierce l'y attendait.

– Comment est-elle ? demanda-t-il.

– Compétente. Vraiment pro. Elle en sait plus sur l'Histoire de France que moi. T'imagines, elle m'a attaqué sur la politique extérieure de François Ier… la bataille de Pavie et tout ça…

– C'est pour t'impressionner.

– Je sais, n'empêche… moi qui ne me souviens de la guerre de Sécession que grâce aux westerns.

Cotteret ouvrit une petite boîte en argent et en retira des cacahuètes.

– Tu as faim ?

La Pierce, aussi attentif à son taux de cholestérol qu'à l'étiage des scrutins électoraux, le remercia d'un mouvement des lèvres.

– Whisky ?

– Non merci.

– Une goutte de soude caustique pour te déboucher les artères ? plaisanta Cotteret.

Le président décapsula une canette.

– Du neuf à propos de notre affaire ?

– À six mois du scrutin, ils jurent de plus en plus dans le décor, Sepp et Lequint, dit La Pierce.

Hugues, qui aimait la mousse, fit déborder sa chope. Ce travers agaçait La Pierce.

– Je ne peux pas me payer un scandale supplémentaire. Sinon, je finis en cabane. Avec l'affaire VollensDeiger, c'est pas une casserole que j'ai au cul mais une roquette !

– Effectivement. Si Sepp ou cette andouille de Lequint te balancent à la presse, c'est ta mort politique.

– Les flics ne sont pas déjà sur le coup au moins ?

– Non.

– Dommage que les patrons de la police soient tous francs-maçons et de gauche…

– La fonction publique est aussi grasse que blette, jugea La Pierce.

Le président ouvrit le nœud de sa cravate et tira sur les œillets de ses souliers. Tout à coup il se sentait trop serré dans ses vêtements.

– Sepp est un type attachant. Je regrette…

– Une tête brûlée, rien de plus ! rectifia La Pierce.

– Quand on était jeunes, on s'est tellement amusés tous les deux… Il avait un culot dément !

Le président hocha plusieurs fois la tête avant de se toucher le ventre. La Pierce se demanda si le chef de l'État, dont ses opposants suggéraient qu'il avait plus d'estomac que de cervelle, souffrait d'embarras gastrique.

– Il a le culot des psychopathes… reprit La Pierce.

– Sepp a perdu la boussole. Je ne sais pas si c'est le fric ou la prison, mais il n'a plus le sens de la mesure. Je l'ai constaté lors de notre rapide causerie au déjeuner annuel du 2e REP… Quel cinglé d'essayer de me faire chanter !

– Il n'est pas si roué.

– Si quoi ?

– Si malin.

– Avec moi à l'Élysée, il espérait être mis tous les matins sur une nouvelle combine. C'est drôle, Sepp, comme tout le monde, pense que le président de la République a beaucoup de pouvoir. C'est un sentiment général, je l'ai constaté mille fois en bavardant avec les gugusses de la France profonde.

– Ils idéalisent le trône : nostalgie inconsciente de la monarchie.

– S'ils savaient que le président est un pauvre bougre face à des voraces qui ont toujours une balle dans le canon.

– C'est un dossier qui sera rapidement clos, affirma La Pierce.

– J'espère.

– Le Premier ministre ne saura rien, dit La Pierce.

– Méfions-nous. Comme tous les pourris, il joue sublimement les belles consciences. Ce fumier ne peut plus faire une phrase sans évoquer le « droit républicain ».

– Il ne saura rien, répéta La Pierce.

En dépit de ses caresses officielles à l'égard de la cohabitation, le président en exécrait le principe. Il entendait sortir de cet esclavage. Quant à Daubern, le Premier ministre, il le considérait comme un médiocre, porté par l'étourderie de la nation.

– Ne t'angoisse pas Hugues.

Cotteret se rongeait l'ongle du pouce droit. Et le doigt présidentiel avait la texture d'un bourgeon flétri.

– Lequint est nul, ce sera facile. Quant à Kowaltchuk, on le tirera comme un perdreau ! promit Georges de La Pierce.

– C'est pas un gangster qui va me priver de mon second quinquennat quand même ? brama le président.

*

Cette fois, l'argent de monsieur Chose, Boidest le trouva dans les toilettes du square Saint-Lambert. Lieu proche de la rue du Commerce, où les dames entraient dans des magasins soldeurs avec un dynamisme d'excursionnistes.

Sous la lunette, et dans une pochette blanche, cent mille euros se laissèrent saisir par Boidest. Monsieur Chose ne faisait-il plus confiance au dollar ? Trois photographies de Patrick Lequint y étaient jointes.

Boidest revint chez lui à moto. Une Kawasaki prêtée par un ami. Il s'offrit de longs détours.

Boidest, dédaigneux des coffres, dissimula cet argent dans son réfrigérateur. À son degré de pauvreté, il ne pouvait être cambriolé…

Boidest prit ensuite l'autobus pour se rendre chez Patrick Lequint.

À en juger par les photos, Lequint ne pensait pas assez souvent à la mort. Il était trop bien habillé, la peau de son visage restait si magnifiquement tendue qu'il ne pouvait deviner que son linceul flottait déjà dans les parages.

Dire que d'une seule bouchée, une balle de 357 pouvait engloutir, en tachant un peu le col de sa chemise, c'est vrai, son sourire aux dents longues. Mais monsieur Chose avait demandé qu'aucune arme à feu ne soit utilisée.

Le dégoût. Dégoût devant cette classe dirigeante où il ne distinguait que concussion et poltronnerie. Lorsqu'il observait un homme comme Lequint, une brûlure invisible tordait la bouche de Boidest.

Boidest entra à pied dans le garage souterrain de ce bel immeuble du VIIIe arrondissement où habitait Lequint. Boidest avait attendu qu'une voiture, celle de l'un des propriétaires, emprunte lentement la rampe d'accès pour s'y glisser d'un pas assuré, une cagoule polaire enveloppante sur le visage. Boidest enfila des gants en polyéthylène antiallergique car il souffrait facilement de dermatose lorsqu'il touchait à un président-directeur général.

Il était vingt et une heures quarante-sept. Le moment de retourner à ses appartements pour Lequint. En quittant l'Union des Halles, il s'était rendu à un coquetèle organisé par le syndicat des fabricants et affineurs de l'emmental Grand Cru. Les grossistes fromagers restaient des gens puissants qui auraient jugé son absence comme une singulière discourtoisie.

Lequint conduisait sa Rover brun noisette d'un seul doigt. Elle semblait connaître le chemin. Lequint passa quelques appels téléphoniques. Sa maîtresse eut, ensuite, droit à deux minutes de soupirs.

Puis il composa le code d'accès au garage.

Une seule manœuvre était nécessaire à Lequint pour que les 217 chevaux de la Rover retrouvent l'écurie.

Sa dernière pensée fut interrogative. Les arrivages de viande porcine étaient-ils bien de cent quatre mille tonnes cette année ?

Boidest l'assomma d'un coup de matraque.

Il monta dans la voiture et la fit démarrer. Il manœuvra la boîte automatique et écrasa Patrick Lequint. Son crâne explosa avec le bruit sec attendu. De son sac à dos, Boidest sortit un tube de rouge à lèvres qu'il déposa sous le siège du passager avant. Il dissimula un slip de femme dans la couverture d'un plan de la région parisienne. Indices capiteux qui allaient compliquer le travail des enquêteurs… Enfin, il posa un poids de quatre kilos sur la pédale d'accélération et entoura le levier de vitesse d'une corde à linge qu'il coinça dans la main droite de Lequint.

Palais de l'Élysée

Le président de la République se rongeait. Il avait saigné du nez une heure plus tôt. La pluie qui fouettait à l'oblique les vitres de son bureau contribuait à le rendre chagrin. Les nouvelles n'étaient pas bonnes. Que l'ancien chancelier d'Allemagne, le cher Klaus Gunther, fût proche de se retrouver en prison le mettait au supplice. Pour de simples pots-de-vin, son ami allait, peut-être, se retrouver au cachot, abandonné par son parti qui, subitement, prônait les bonnes manières. Hugues Cotteret se demandait s'il n'allait pas le rejoindre un jour ou l'autre. La presse, longtemps accommodante, avait compris que pour survivre, il lui fallait dénoncer le festin auquel le monde politique s'était accoutumé. L'imagination de Cotteret dessinait des barreaux de prison gros comme des traverses de rails. Une forêt de barreaux. La caractéristique du président était de tout grossir. Son sens de la mesure levait facilement le camp.

Hugues Cotteret était entré dans la carrière pour prendre ses aises, pour séduire des garçons, pour dénouer dans le luxe les suffocations d'un enfant pauvre. Il n'avait jamais songé à sauver la France. Certes, il s'offrait parfois le plaisir d'un geste de pur patriotisme, mais cette intransigeance devenait rapidement floconneuse. Plutôt céder que de recevoir le blâme des Américains, de la Chine ou même du Lichtenstein.

Aujourd'hui ses poumons pesaient lourd, ses côtes étaient comme des clapets soudés. Il étouffait. Hugues devait défendre sa position de chef d'État et sa réputation, et il lui fallait agir dans le secret. Or, il savait que tout finit par être divulgué sauf, bien sûr, si la police ou les Services spéciaux sont parties prenantes. Alors, le crime se consume. Tel n'était pas le cas, il était seul, face à un Premier ministre qui exigeait la cérémonie de sa déconfiture…

« Putain, je suis mal barré ! » se dit-il.

Tandis qu'un parlementaire attendait vainement de pouvoir s'entretenir avec lui au téléphone, Hugues poursuivait sa méditation. Les émotions lui venaient brutalement. Il se revoyait jeune député, il songeait à ses campagnes, ses débandades et ses reconquêtes. Il songeait à ceux qui l'avaient soutenu, leur empressement à servir son ambition.

Hugues Cotteret se rendit compte que s'il avait toujours méprisé Lequint, il avait du mal à détester autant qu'il le souhaitait Sepp Kowaltchuk, le plus solide de ses amis, celui pour qui la parole donnée demeurait solennelle. Au fond, il admirait son outrance. Ce talent de s'en tenir à des règles simples. Le président se souvint d'un ancien rival de Sepp, Dado Lezzanu, retrouvé quinze ans auparavant sur un parking, les orbites plâtrées et aveugle à jamais.

– Il avait un regard de balance, avait confié d'une voix tranquille Sepp au président.

Kowaltchuk donnait l'impression de traverser la vie sur un affût de canon. Il fallait se méfier.

Le président lâcha son stylo pour, de l'auriculaire, effleurer une nectarine dans une coupe à fruits. Avait-il mal agi vis-à-vis de Sepp Kowaltchuk ? Il eut souhaité en parler avec un proche mais Georges de La Pierce détestait ce que Sepp représentait. Quant à son épouse Edwige, son savoir-vivre l'éloignait, précisément, de la vie.

Hugues quitta son fauteuil. Il avait dans la tête l'écho amplifié de ses battements de cœur.

Le président songeait maintenant à ce Boidest dont La Pierce lui avait assuré qu'il les débarrasserait de Sepp Kowaltchuk. Un néonazi est toujours le bienvenu. Le répulsif idéal. On ne fera jamais mieux. L'idée de La Pierce de l'utiliser n'était pas sotte. Quant à la mort de Lequint, le président en attendait une certaine tranquillité d'esprit. La Pierce lui avait caché en être l'initiateur mais le président, pragmatique, se fichait de définir la raison de ce délicieux trépas.

« Sepp et lui ont dû se bouffer le nez à propos de l'argent qu'ils nous réclament » avait considéré La Pierce devant le président. Avant d'ajouter : « Face à un arsouille comme Sepp, Lequint ne pesait rien. »

*

Beretta le clément, Beretta le miséricordieux, était caché sous le siège de la Mercedes. De savoir son pistolet bien au chaud fit sourire Kowaltchuk. Il restait sans crainte devant les fouilles, lors des contrôles de la force publique. Un autocollant sur lequel étaient inscrits les trois mots « Soutenez VOTRE police » apparaissait sur la vitre arrière de la voiture et, majestueux, il cotisait à une association qui prenait en charge les orphelins de la gendarmerie. Sa carte de membre actif restait placée de telle façon qu'en ouvrant son portefeuille elle saute aux yeux de l'importun qui lui aurait demandé ses papiers d'identité.

Après avoir quitté son bureau, Kowaltchuk avait voulu se changer les idées à Paris. Dans une discothèque de la rue de Rivoli, tanière lambrissée où l'odeur de la cigarette se heurtait à celle du malt caramélisé des meilleures bières, il avait trinqué avec quelques amis. Peace et War, les disques-jockeys, abandonnèrent leurs platines pour le saluer.

On le vit baiser la main d'une actrice célèbre. Avec une rétine de guetteur, Sepp mesura le poids de silicone grâce auquel l'immense comédienne conservait une belle intégrité artistique.

– T'es pas encore mort toi ? saluait-il les voyous.

En sortant, il regarda sur sa gauche et sa droite. La rue était calme sous la bruine. Sepp n'était pas à l'abri d'une balle dans la nuque. Il imagina la ligne claire du projectile.

Les démons de Sepp lui chuchotaient de se montrer. Après tout, il avait rang de cardinal dans la sainte Église de l'arnaque et toute dignité doit être constatée. Sepp marcha vers sa voiture. Il tenait la tête droite. Un siècle peut passer, il y aura toujours un jeune homme pour vous tuer.

Sepp revint vers sa chère banlieue. Au Bunker, une discothèque, il rencontra le commissaire de police de la ville de Montcennes, où se trouvait l'Union des Halles.

Ils burent quelques Augustijn, une bière d'abbaye qui désaltéra le flic. Scarlatte affichait les paupières lourdes d'un chroniqueur judiciaire. Tel un pneu sous-gonflé, ses joues grasses se fripaient sur son double menton. Bien sûr, Scarlatte savait qui était Sepp, mais le respect des normes ne le poussait pas jusqu'au sectarisme. Ficelle, il connaissait l'influence de Kowaltchuk dans le département. Voilà des années qu'ils faisaient ami-ami. Sepp prêtait de l'argent à quelques-uns de ses subordonnés et le Bunker, que possédait Sepp, tenait bar ouvert aux officiers de police. L'adjoint de Scarlatte y avait même rencontré celle qui était devenue sa femme. À l'époque, elle y officiait comme effeuilleuse. Ceci créait des liens.

– Vous allez bien ? demanda Scarlatte.

– J'essaie.

Le flic eut un claquement de langue.

– Pas gai comme programme…

Tous deux, en guise de mise en bouche, se demandèrent comment tarir la sève des bandes de quartier, cette marée montante qui laissait poindre des dizaines de petits tueurs. Bois-Colombes, La Garenne, le quartier de La Défense étaient devenus des coupe-gorge… En dépit d'un contrat intercommunal de sécurité, ces gamins régalaient la police de coups de fusils. Or, depuis que les CRS se voyaient tirés à la volée, le ministre, le préfet, le conseil général renforçaient leur présence sur le territoire de Kowaltchuk. Un tel déplacement lui était défavorable. Il en était préoccupé. Kowaltchuk souhaitait un règlement plus local de l'insécurité. Sepp promit de doubler ses dons à la caisse noire du commissariat. Scarlatte ne joua pas les preux et accepta.

– Vous le savez bien, au fond, on joue dans la même équipe, dit Sepp.

– Je n'ai jamais nié que ponctuellement nos intérêts, c'est vrai, restent assez proches.

– Côté flingue, ça palpite… constata Sepp.

– Hélas.

– On aura bientôt la sirène de police comme hymne national.

– N'exagérons rien…

– Les politicards ne veulent pas comprendre… Je n'ai jamais rencontré un seul ministre qui loge en banlieue. Ils descendent deux fois par an de leur carrosse, ils inaugurent le terrain de basket le chrono à la main, et pied au plancher ils retournent boulevard Saint-Germain, dit Sepp.

– Des tartuffes…

– C'est pas en distribuant des ballons qu'on arrivera à la calmer la banlieue. C'est pas non plus en la transformant en musée du Barbelé, ajouta Sepp.

– Il faudra deux ou trois générations.

– Et cinq mille morts.

– Allons, essayez de positiver Sepp !

– En attendant, vous devez éloigner les CRS et la gendarmerie mobile. Je compte sur vous.

– Je vais voir ce que je peux faire.

– J'ai un autre service à vous demander, dit Sepp.

– Oui ?

Devant Sepp, Scarlatte ne parvenait jamais à sourire. Ni ses dents ni sa langue ne venaient au grand jour.

– J'aimerais savoir à qui appartient une Volkswagen dont voici le numéro.

Kowaltchuk sortit un bout de papier de sa veste.

Côté sentiment, Scarlatte était en panne sèche. Il saisit calmement la feuille.

– Le temps de reprendre une pinte et on le saura...

Pendant que Sepp commandait une bière, Scarlatte décrocha son portable et appela la préfecture de police.

À présent, Sepp Kowaltchuk conduisait. Il venait d'apprendre que la Volkswagen appartenait à une entreprise d'investigation dont le personnel se composait en tout et pour tout de Samuel Costes et David Bernstein. Il n'avait jamais entendu parler d'eux. Pourquoi ces types s'intéressaient-ils à lui ?

Les noirs bleutés de cette nuit pluvieuse le gênaient. Ses yeux le picotaient. Durant des mois, en prison, il avait fixé l'ampoule du plafond. Les heures passaient plus facilement. Cette petite lumière fut sa Madone. Mais sa vue avait baissé.

Sepp songeait au président de la République. Amitié, un mot entre les lettres desquelles Sepp se sentait bien.

Même si la triche n'est pas une science exacte, Kowaltchuk faisait confiance à Hugues pour garder le pouvoir et il comptait le soutenir. Et puis, Sepp ne pouvait fonder d'espoir sur Daubern, le candidat de gauche, qui n'avait jamais marché main dans la main avec le Milieu. Si son gouvernement comptait une solide équipe d'escrocs en col blanc, le Premier ministre restait sans vice. Il ne jouait pas aux courses, il ne touchait pas de dessous de table, il ne se droguait pas, il ne caressait ni les nymphettes ni les garçons. Bref, une ordure !

*

Après avoir photographié depuis les toits Sepp Kowaltchuk alors qu'il goûtait les joies d'un câlin avec Daniel Spassy, Costes et Bernstein firent une halte au Vélocipède, un bistrot du boulevard de Sébastopol. Transi, Costes commanda un chocolat, alors que Bernstein hésita longuement entre un Pepsi et un Coca. Sur les choix fondamentaux de l'existence, il demeurait circonspect.

– Un peu plus et je me payais un début de tuberculose, grommela Costes en éternuant.

– Moi, j'adore me balader là-haut. On voit Paris, c'est beau.

Costes jugea que son associé disposait des meilleures qualifications pour devenir une personnalité du monde esquimau. Cet homme ne souffrait jamais du froid et il était capable de construire un igloo d'un doigt et sans moufles.

– Je suis quand même sidéré..., chuchota Bernstein tout en jetant un regard latéral à travers la salle afin de s'assurer que l'adolescente qui se penchait pour s'asseoir portait bien un soutien-gorge en tulle brodé.

– Qu'est-ce qui t'émeut ?

– Daniel Spassy pédé !

– Pour un cinéphile de ta qualité, j'imagine la déception...

– Sale époque ! couina Bernstein.

– Je redoute l'instant où tu apprendras que ta maman est un transsexuel belge.

– Non, mais écoute ! Spassy, c'est pas une minette. Un mec jamais doublé dans les scènes dangereuses ! Un type qui boxe, un champion de bushido...

– Quand tu seras adulte Bernstein, tu constateras que, d'une manière générale, l'Homo sapiens est surévalué.

– À ce point ?

– Moi, ce qui me chagrine c'est qu'un mafieux de l'envergure de Kowaltchuk fricote dans les bras d'un acteur, reprit Costes.

– Ça aussi, c'est révoltant.

– D'autant que c'est à ses truands que l'on juge une civilisation ! s'emporta Costes.

– À l'allure où ça se dégrade, ils finiront par braquer des bijouteries en string rose !

Bernstein, les paumes levées vers le ciel, reprit sa lamentation.

– Daniel Spassy !... Je croyais qu'il avait tromboné Léa Sweet, la top model, et aussi cette actrice américaine... Julia Machin... la malpropre avec des grosses lèvres.

– C'est un souverainiste. Il sodomise français.

– Je suis frappé par l'horreur ! Je l'aime bien moi ce type. Savoir qu'il se paie des voltiges avec Sepp…

Costes leva la tête dans un mouvement d'interrogation.

– Qu'est-ce qu'on fait maintenant ? s'inquiéta Bernstein.

Il caressait le chaton de sa chevalière achetée aux puces de Vanves.

– J'ai rendez-vous dans deux heures avec notre client. Quand il verra les photos de Sepp et de Spassy en train de jouer au papa et à la maman, il nous fera savoir qu'on a bossé comme des dieux. On touchera notre fric et basta !

– C'est où le rancart ?

– Il va me le faire savoir, sur mon portable.

*

Sepp Kowaltchuk ne supportait pas d'ignorer la raison pour laquelle Costes et Bernstein le suivaient. Il avait décidé de le leur demander. À sa manière.

– Les voilà, dit Sepp.

Costes et Bernstein sortaient du Vélocipède. Ils passèrent devant une crêperie et longèrent la supérette.

– Je reste dans la camionnette sinon ils vont me reconnaître. Et surtout, pas de zèle. Il ne s'agit pas de les nettoyer… dit Sepp.

Sepp avait sollicité l'aide de trois repris de justice de ses amis. L'enfer refusant du monde, ils venaient de bénéficier d'une libération anticipée. Sepp voulait tenir son équipe habituelle à l'écart de cette affaire.

Sortant de geôle, Fuentes, Céloni et Samir partageaient un besoin urgent d'argent. Ils présentaient aussi l'avantage de ne pas ressembler à des malfrats. Le beau sourire de Fuentes filtrait sa violence. Céloni, qui avait pris une part glorieuse à l'attaque de cinq fourgons blindés, ne traitait jamais par le dédain les tenues bourgeoises. Il portait même une cravate. Céloni avait une tête de chanoine revenu avec succès à la vie civile. Quant à Samir, c'était un Beur tel qu'on les aime. Poli et approbateur. Leur placidité aimable avait fait merveille devant plusieurs juges d'instruction.

– On y va, dit Samir.

Il était bien coiffé et sa mine penchée lui donnait l'allure d'un scribouillard.

Les trois voyous s'approchèrent de Costes et Bernstein.

– Police !

Ils saluèrent Costes et Bernstein et se présentèrent. Leur courtoisie sentait bon le respect humain. Avec l'intention de rassurer, les affranchis montrèrent leur carte tricolore.

– Oui ? fit Bernstein.

– Messieurs, pourriez-vous nous accompagner... proposa Fuentes.

– À quel propos ? demanda Costes.

– Oh... c'est juste parce que vous avez été signalés plusieurs fois à l'intérieur de l'Union des Halles. Il y a eu des vols... dit Samir, du ton le plus débonnaire.

– On en a pour une heure à peine, précisa Céloni dont la légèreté d'humeur était méritoire.

– Bon, dit Costes.

Bernstein lui fit un signe d'assentiment.

Plutôt que de les entourer, les faux flics ouvrirent le chemin, témoignage d'une innocence supposée.

– Qu'est-ce qui a été volé ? demanda Bernstein.

Céloni eut une grimace accommodante.

– Ça dure depuis des années...

– J'ai... lu que le président de l'Union des Halles venait d'être... de mourir, fit Costes.

– Ouais. Ça, c'est trop gros pour nous. On n'est pas sur l'enquête.

Le feu passa au vert. Fuentes traversa le premier. Il portait haut un nez aquilin. Fuentes mesurait un mètre quatre-vingt-douze.

Devant la camionnette, Céloni s'assura que le trottoir était désert.

Il montra son Walther.

– Entrez, on vous a gardé les meilleures places !

Bernstein voulut fuir. Fuentes l'arrêta d'un coup de pied dans le tibia.

– Pas de vagues ! dit Samir.

Lui aussi était armé. Un Taurus dont le barillet était un fort en gueule.

Costes fit un pas de côté. Il reçut le guidon du Taurus sur l'oreille.

– Grimpe ! ordonna Céloni.

La porte coulissante était ouverte. On les poussa à l'intérieur. Costes et Bernstein découvrirent Sepp Kowaltchuk. Il tenait un 12 à canons sciés.

Fuentes et Samir leur passèrent les menottes.

– Vous êtes qui ? demanda Costes.

Son cœur résonnait comme un grelot.

Céloni montra un rasoir.

– Calme, ou je te fais des joues à franges...

Céloni leur entoura les yeux d'un bandage blanc. Costes et Bernstein furent allongés sur le sol de la camionnette. Bernstein se débattit durant une dizaine de secondes. Costes ne bougea pas. Il s'en fichait de mourir. Ils roulèrent durant près d'une heure. Plus personne ne prononça une parole.

Ils s'arrêtèrent dans un petit bois. Le bandage leur fut ôté.

– Enlevez chaussures et chaussettes, dit Samir.

Il faisait froid. Les pierres piquaient la plante douce de leurs pieds. Ils boitillaient.

On les dirigea derrière un bouquet d'arbres.

Une tranchée profonde avait été creusée.

– Descendez au salon, dit Fuentes en riant.

– Mais ?… fit Costes.

– Je veux être sincère avec toi : nous, on est favorable à la peine de mort, ricana Céloni.

Bernstein refusa d'obéir. Samir l'y poussa. Il tomba sur les genoux. Costes le rejoignit.

– Tu t'attendais à quoi ? Une tombe avec des doubles rideaux ? demanda Céloni à Bernstein.

Sepp, pour la première fois, s'adressa à eux.

– Écoutez les gars, je ne vais pas me coller une hernie à vous poser trois cents questions. Vu ?

Costes hocha la tête.

Sepp prit une motte et la jeta tranquillement sur eux.

– C'est simple : pour qui vous travaillez ?

Quelques secondes passèrent.

– Faites les paresseux et on vous enterre vivants, gronda Sepp.

Bernstein lui expliqua qu'ils ignoraient tout de leur client.

Kowalchuk eut une moue.

– Dites, si vous voulez profiter de la vie : baiser, manger des gaufres, il va falloir me parler plus sérieusement.

– On ne sait pas qui nous paie, répéta Bernstein.

Fuentes lui lança une pierre qui lui toucha le ventre.

– Merde ! On ne sait rien ! hurla Bernstein.

Costes raconta comment leur commanditaire était entré en relation avec eux.

– C'est la vérité, ajouta Costes.

– Sepp, il veut te bidonner, postillonna Samir.

Kowaltchuk dissimula sous un air distant son hésitation.

– Laisse-moi le dérouiller, demanda Fuentes.

Kowaltchuk se souvint d'un raffineur d'héroïne inutilement torturé quelques années plus tôt.

Céloni montra son Walther à Costes.

– Méfie-toi, il a envie de mordre !

– Flinguez-moi ! C'est l'heure de ma sieste, fit Costes.

Céloni les mit en joue.

Costes ferma les yeux. Bernstein détourna la tête.

– Laisse… dit Sepp à Céloni.

Sepp retourna vers la camionnette. Les extracteurs du 12 libérèrent les deux balles. Céloni ouvrit sa braguette et pissa sur Costes et Bernstein.

Samir lança dans la tranchée les clés des menottes.

Palais de l'Élysée

Avant son déjeuner avec le bureau de l'Assemblée nationale, Hugues Cotteret devait bûcher un sujet à jamais délicat, celui des relations franco-algériennes. La tête entre ses mains, son col de chemise à demi ouvert, il semblait peiner, l'œil papillonnant. S'il aimait le jeu politique, Hugues Cotteret ne s'était pas fait une réputation d'homme de dossiers. Il éprouvait quelque mal à se concentrer plus d'une trentaine de minutes et pariait sur son talent à deviner les traits profonds, et surtout les faiblesses, des uns et des autres pour mener sa barque. À l'ordinaire, il préférait entendre les spécialistes lui commenter leurs recommandations plutôt que de lire des notes ennuyeuses. Mais les gens du Quai d'Orsay se montraient si fats, sous couvert de raffinement, que le président les fuyait. Sans compter qu'un brouillard naviguait entre les lignes de leurs documents de synthèse. Le style des rédacteurs empruntait trop, aux yeux de Cotteret, à celui des sociologues.

Après un quart d'heure durant lequel Cotteret avait tenté de repérer les points saillants des divers rapports sous ses yeux, l'envie lui prit de se lever et d'aller bavarder avec la dizaine de jeunes filles qui appartenaient à l'officieux département « Sondages », au bout du couloir. L'admiration qu'elles lui portaient le mettait aux anges. Il ne lui déplaisait pas de converser de théâtre de boulevard ou de cinéma. Le confinement dans son bureau ajoutait à son angoisse.

Cotteret voulut rejoindre ces demoiselles tout en évitant La Pierce qu'un indiscutable désordre de l'esprit poussait à ne s'intéresser qu'à son travail. Georges n'aimait ni les films américains, dont raffolait le président, ni les sitcoms à la télévision. Il avait d'impardonnables lacunes quant aux techniques d'attaque des footballeurs brésiliens. Son teint se mazoutait si le président évoquait l'escalade de l'Aubisque au plus chaud du Tour de France et il était incapable d'entrer dans cette bataille qui consistait à défendre, coûte que coûte, les athlètes contre des accusations de dopage.

Le président ouvrit la porte avec une précaution de cambrioleur. Il pencha la tête dans l'embrasure. Le couloir était vide. Soulagé, il marcha alors d'un pas martial vers les voix de jeunes filles.

– Bonjour monsieur le président, dirent-elles en chœur lorsqu'il les surprit.

Son cœur sautillait de joie à chaque fois qu'il entendait la formule. Il s'était tant battu pour la mériter.

– Ça va ?

– Oui, monsieur le président.

Le trouble se percha sur le visage de plusieurs d'entre elles.

– Alors, quoi de neuf ?

C'est ainsi qu'il lançait la conversation. Aucune n'osa évoquer la hausse de popularité du Premier ministre.

Cotteret s'intéressa à deux brunettes qu'il ne connaissait pas. Toute nouveauté lui était attrayante.

L'une d'entre elles, gracile dans sa jupe bleue cendrée, se montra pétulante. Elle favorisa le président de ses vues quant aux jeunes acteurs d'Hollywood dont il fallait attendre des merveilles.

Cotteret plaisanta, il se servit du café puis, les mains dans les poches, tint des propos goguenards qui les ravirent.

Cinq minutes d'un babillage complice s'écoulèrent.

– Monsieur le président ?

C'était la voix, tout sucre et tout miel, de Georges de La Pierce qui répandait si naturellement la terreur.

– Oui, fit Cotteret qui ne voulut pas se retourner.

– Pardonnez-moi, mais, pourrais-je vous entretenir d'un certain problème ?

– J'arrive !

Et Hugues Cotteret poursuivit quelques instants sa conversation. Il devina le froncement de sourcils de La Pierce à l'égard des demoiselles qui se raidirent.

Cotteret et La Pierce se retrouvèrent peu de temps après dans le bureau présidentiel.

– Sympas les deux stagiaires. Mignonnes en plus. Tu sais qui en croque ?

La Pierce eut une moue de contrariété.

– J'ai encore reçu de France Revanche quelques pages sur nos rapports avec VollensDeiger, souffla-t-il.

– Merde !

– Il va falloir payer très rapidement. Sinon, ils l'envoient à la presse.

– Qui « ils » ?

– Maintenant que Lequint est passé sous sa Rover, il ne reste que Sepp.

– Le scénario noir, résuma le président.

– Oui.

– À l'inverse de Lequint, Sepp n'a peur de personne.

Georges de La Pierce restait dubitatif.

– Sepp n'est jamais qu'un malfrat.

– Et alors ?

– Un voyou mort… est un voyou réinséré.

Le président médita durant une minute. Il attendait

beaucoup de la férocité de La Pierce. Il semblait clair que l'indécence de Sepp Kowaltchuk trouverait son domicile à la morgue. Cotteret se souvint avoir lu un jour, dans *USA Today*, que l'espérance de vie des truands ne dépassait pas trente-huit ans. Sepp, qui vivait à la jointure de la politique et du banditisme, ne pouvait échapper à des statistiques aussi rassurantes.

– Je pense que Sepp tient sa bande de fripouilles à l'écart de ce chantage. Je le connais, il est maladivement secret, dit Cotteret.

– S'il était rappelé à Dieu, l'affaire n'existerait donc plus.

La Pierce passa un doigt sur les filets bruns du fauteuil.

– À toi de juger… murmura, équivoque, le président.

– Au sujet de Lequint, la police enquête très sérieusement à l'Union des Halles, ajouta La Pierce. Trente flics à peu près selon mes renseignements.

Le président appela ensuite, sur leur ligne privée, sa femme Edwige.

– Tu viens déjeuner ?

Elle fut heureuse de partager quelques instants avec lui.

Sa gêne devant l'amoralité conquérante relevée depuis toujours chez son mari n'empêchait pas Edwige Cotteret de le regarder avec vénération. Même si le président s'accrochait à de vilaines habitudes et, de loin en loin, s'engageait dans une amitié corrompue avec des jeunes gens qu'elle tenait à identifier comme des « déséquilibrés ». (La bouche d'Edwige avait beau se tortiller, elle ne savait prononcer des mots tels « homosexuel », « tante » ou « pédéraste ».)

Le président de la République déjeunait rarement en tête à tête avec Edwige dont les rides sombres montraient que sa charge comportait plus de devoirs que de plaisirs. S'il était libre de tout repas officiel, il « cassait la graine », comme il disait, à midi sonnant. Si Edwige manquait d'appétit avant treize heures, elle se pliait néanmoins au désir du président.

Dès le début de la carrière politique de son mari, elle s'était offerte à ce supplice qu'est la position de femme d'élu. Edwige savait qu'elle n'avait pas le choix, Hugues Cotteret était l'homme de sa vie. Et la chose publique restait le champ de bataille du président : son paradis lorsque tout allait bien, l'enfer si le fanion de ses ennemis flottait trop haut.

– Je n'ai rien d'autre à te proposer que de devenir président de la République, lui avait-il asséné le soir où il l'avait demandée en mariage, un samedi d'été, après une réception à la Maison de l'Amérique latine.

Il l'avait embrassée contre un platane. Elle avait feint de s'amuser de sa présomption. Pourtant, alors qu'il n'avait que vingt-cinq ans, elle fut convaincue qu'il se hisserait jusqu'à l'Élysée. Cotteret montrait une puissance physique, une si totale absence de ce qu'il appelait des « états d'âme », qu'elle n'imagina pas qu'il pût échouer. Excepté cet épisode où, avec un pianiste de jazz rencontré une heure avant, elle avait connu le frisson de se prendre pour une catin sur une plage de Juan-les-Pins, les sept amants qu'elle avait eus s'étaient montrés dénués de cette ardeur qui caractérisait Hugues. Leur ambition reposait sur des embuscades de salon. Ces jeunes gens mettaient leur intelligence à l'appui de petitesses alors que, lorsqu'il briguait, Hugues risquait tout. Déjà, pour se faire remarquer, à l'époque où il n'était qu'un jeune conseiller technique au cabinet du ministre de l'Intérieur, n'avait-il pas été jusqu'à essuyer plusieurs coups de feu avec des nationalistes corses, lors de négociations secrètes dans une bergerie sur les hauteurs de Sisco ?

Elle observait ce tintement de la fourchette et du couteau qui caractérisait le président. « Tu manges comme un porc ! » lui reprochait-elle souvent.

Cotteret venait d'engloutir trois plats avec une bruyante gloutonnerie. Alors que le sommelier s'en était tenu à une peureuse impartialité, il s'était plu à mélanger bière allemande, romanée-conti 1988 et jus de papaye. Edwige, pour sa part, en était toujours au hors-d'œuvre. Son museau étroit de chevrette ne se prêtait pas aux déglutitions hardies.

Après un vigoureux coup de serviette sur sa bouche, le président de la République se leva de table pour marcher de long en large. Les organes d'Hugues étaient conformés de telle façon qu'il lui était interdit de musarder. Le pas de charge restait son allure naturelle.

Edwige Cotteret fit signe au personnel de les laisser seuls. Le président était tout à son sujet. Les muscles de son visage se tendirent.

– Kowaltchuk appartient à la pègre. Ces gens-là te lâchent un chargeur comme toi tu te mets du vernis à ongles, précisa-t-il en attrapant un fauteuil qu'il bouscula.

Edwige, agacée par l'outrance de ce propos, fit, à dessein, teinter sa bague, lourde d'un rubis de vingt carats, contre son assiette.

– Précisément, je ne comprends pas que tu aies pu avoir comme ami intime quelqu'un comme lui…

– Chérie, tu es née à Neuilly, tremplin idéal pour ne rien voir de la réalité.

– Allons !

– Si ! Excuse-moi, mais dès le berceau qui t'a fait des risettes ? Des grands patrons, le secrétaire perpétuel de l'Académie française, une tripotée de diplomates, bref, des gens d'un certain monde. Moi mes parents, tu le sais bien, étaient des artisans bouffés par les impôts. Le manque de fric, c'est l'infirmité absolue… Alors Sepp, fils d'immigré sans un rond, je sais ce qu'il a pu ressentir…

– Ça n'était pas une raison pour fréquenter cet individu…

– Edwige, évite de tomber en syncope à chaque fois que je te raconte quelque chose…

– Il n'empêche, on doit s'interdire de croiser des personnages de cet acabit.

Cotteret explosa :

– Mais Sepp, j'aurais été comme lui si j'étais vraiment né dans la rue ! Figure-toi qu'entre un homme politique et un mafieux, il n'y a qu'une différence d'adresse ! Ou tes parents végètent en banlieue et, un jour ou l'autre, tu deviens grognon et tu flingues, ou ils habitent les beaux quartiers et, chaque matin, tu sautes gaiement dans tes Berluti pour courir à l'ENA.

– C'est un cliché Hugues.

– Pas du tout. J'étais bon élève, donc les profs m'ont rattrapé par la peau des fesses. Sepp, lui, a quitté l'école à quinze ans.

– Il sait beaucoup de choses sur toi ?

– Pas mal.

– Est-il au courant que tu me trompes avec des...

– Des mecs ? Et comment !

– Chut !

Elle eut un mouvement circulaire instinctif. Pour Edwige, les friponneries n'étaient tolérables que susurrées.

Le président poursuivit d'une voix plus basse.

– Je suis rincé si Sepp refile à un journaleux le fait qu'on ait laissé s'empoisonner les dizaines de milliers de types qui transpirent comme des cons dans les bananeraies.

– Tu es certain que c'est lui qui est derrière ces messages de « France Revanche » ? insista Edwige, consciente des facilités de son mari à verser dans le délire de la persécution.

– Évidemment. Avec Lequint. Ils travaillaient main dans la main à l'Union des Halles. Un couple idéal. Sans Sepp, Lequint avait la virilité d'une merguez. Mais, d'un autre côté, Sepp privé de Lequint n'aurait jamais imaginé de s'attaquer à l'Élysée. Les gangsters visent juste, mais pas si haut...

– Alors, il faut payer.

– Je sais. À moins de le...

– Qu'est-ce que tu veux dire ? fit Edwige dont la morale restait belliqueuse.

– Rien.

– Ne fais pas de bêtises Hugues. Tu es président de la

République. Tu n'es plus un jeune homme prêt à tout...

– Écoute, un type comme Sepp peut très bien se prendre bêtement une benne ou un échafaudage dans les narines... Il ne faut pas avoir de scrupules.

– Arrête !

– Le bain de sang, c'est leur jacuzzi à eux. On ne doit pas dramatiser.

Elle se leva brusquement.

– Hugues, je n'aime ni ce vocabulaire grotesque ni ce à quoi tu penses.

– Je me défoule, excuse-moi. Je suis très tendu.

– Ne passe pas tes nerfs sur moi.

– D'accord.

– Et puis, je voudrais que tu gardes quelque chose d'important à l'esprit.

– Oui ?

– Ton éventuelle place dans l'Histoire est une chose. Le déshonneur familial en est une autre. Beaucoup plus importante.

– Ma bisexualité ?

– Oui. Et les méthodes ridicules que tu m'exposes pour te débarrasser de ce Sepp...

On frappa à la porte. Dubelot, le responsable financier de la fondation dont Edwige s'était donné la charge, passa la tête. Avec ses dents jaunes, il avait tout d'un herbivore.

– On reparlera de tout ça, conclut Hugues.

Edwige se leva et s'approcha de lui. Avec amour et indulgence, elle posa la main sur son avant-bras.

– Tu as de la chance d'avoir une femme comme moi.

– Je sais.

Il lui embrassa la paume de la main. Edwige se dirigea vers Dubelot qui s'inclina alors qu'elle passait la porte.

Le président s'assura que personne ne le regardait. Il se baissa vers son chien.

– Et toi Dicky, tu m'aimes ?

L'animal, économe de ses sentiments, ne lui lécha qu'une oreille.

*

Georges de La Pierce constatait qu'il n'avait pas su arracher le président au badinage. La liaison de Cotteret avec Daniel Spassy le tourmentait. Elle risquait de leur faire perdre l'élection dans la mesure où, à demi-mot, cette incartade serait, un jour ou l'autre, révélée par un échotier. La Pierce, trop cassant et inapte à la démagogie, savait que sa carrière personnelle demeurait liée à la réussite d'Hugues Cotteret. Le suffrage des Français restait interdit à La Pierce. On le décrivait implacable. Il n'avait pas la manière pour séduire un électorat qu'il méprisait. Georges était détesté jusqu'à l'Élysée où sa fonction tenait de la prestidigitation. La femme du président, elle-même, restait la moins portée à le soutenir. Elle ne l'avait jamais mis au pinacle et, à présent, le qualifiait de fanatique. Par une indiscrétion, La Pierce avait appris qu'Edwige Cotteret poussait son mari à le faire nommer ambassadeur au Honduras où le poste était libre. Foutue garce !

La Pierce considérait qu'Edwige, si elle était versée dans le problème des espèces menacées, et contribuait à l'indispensable sauvetage du puma des Everglades, restait de mauvais conseil pour son mari. Défaut premier, elle conspirait pour écarter La Pierce. Second travers, Edwige avait une conception rhumatisante de la politique. Sa prudence prenait le relais de l'idéalisme lorsqu'elle prônait les bonnes manières avec les sociaux-démocrates ou l'extrême gauche. Georges considérait qu'elle dessinait aux yeux du pays un portrait affadissant d'Hugues Cotteret. Or la droite, qui courait de ratages en gâchis, attendait un homme fort.

Georges de La Pierce apparaissait peu qualifié pour les demi-mesures. Dans sa vie, le premier cap tourné avait été celui de la sagesse. Son orgueil exigeait la chevauchée. Si Cotteret venait à échouer, la carrière de Georges s'achevait. Cette hantise décidait maintenant de la conduite du conseiller du président. La France avait mille ans. Un pays qui avait trop reçu le poison de la repentance et devait être poussé à coups de bottes vers l'avenir. La nation avait besoin de guerriers tel Georges de La Pierce.

C'est en buvant un lait-grenadine que La Pierce décida de faire assassiner Daniel Spassy. Il était temps d'ouvrir la beauté du ciel à l'âme du célèbre acteur. L'homosexualité pouvait se trouver dans le camp de la gauche. Mais pas à droite. Officiellement en tout cas. Il considéra ce meurtre avec la tranquillité d'esprit qu'il eût mis à désinfecter la literie du président. Spassy devenait pour lui une sorte d'acarien.

Le président venait de vomir. Son tube digestif avait la puissance d'un tuyau d'arrosage pour grand jardin. Il avait souillé sa veste ainsi que l'encadrement en marbre du lavabo.

Sa cravate mouillée d'une bile sombre pendouillait. Le président haletait, crachait, toussait, avec de longs regards pour les photographies abandonnées sur son fauteuil.

Les clichés, pris par Costes et Bernstein, et que lui avait remis sans un mot La Pierce, montraient Sepp, le malfrat, et Daniel Spassy, la star, dans des positions qui, s'il y avait une justice en ce bas monde, auraient dû rester le privilège des présidents. C'est du moins ce que pensait Hugues Cotteret. Rien ne lui était épargné. L'érection chatoyante, ou en ombre chinoise, de Sepp, selon les angles de prise de vue, était un attentat non plus à la pudeur mais à la République. Cette verge arrogante méritait la guillotine, la chaise électrique et la pendaison lente.

– Il bande comme un taureau l'ordure !

Le président hurla durant une dizaine de secondes, ce qui était dans sa manière lorsqu'un gros chagrin faisait obstacle.

– Deux putes ! résuma-t-il ensuite alors qu'il défonçait à coups de pied un secrétaire en acajou, propriété du Mobilier national.

Il était coléreux et s'en prit à un tapis à la douce polychromie offert par le ministre des Affaires étrangères d'Ouzbékistan. Il tenta de le déchirer et fut près de le mordre.

Le président hoqueta et tourna une fois encore les yeux vers les photographies.

– C'est pas juste merde !

Les mines de Daniel Spassy alors que Sepp l'honorait sur un coin de lit, les braiments imaginés par le président, avaient de quoi bouleverser.

De la bave, des crachats, se mêlaient sur les bras d'Hugues Cotteret...

Les événements du Maroc, il les avait presque oubliés. Il importait peu que la résidence du roi, à Ifrane, fut incendiée. Les fusillades au cœur de Salé, la banlieue misérable de Rabat, se dissolvaient à l'arrière de sa mémoire, là-bas, très loin...

Le son des phalanges de La Pierce qui frappait à la porte le fit tressaillir.

– Qui c'est ? demanda le président dans ce français soudain enfantin qui traduisait son désespoir.

– Georges.

– Entre ! hoqueta-t-il.

La Pierce apparut.

– Tu as besoin de quelque chose ? demanda La Pierce d'une voix ignoblement calme.

– Excuse-moi, je suis lamentable.

– Tu es tout simplement malheureux...

– Je suis... je suis... écœuré, sanglota le président. T'as vu ?... Le pire c'est le regard de Daniel quand Sepp était en train de le mettre ! Il a pris son pied le salaud !

– C'est le moins qu'on puisse dire.

– C'est quand même des dégueulasses. Ils forniquent et en plus ils essaient de me scier à la base. Des monstres, non ?

– Bien sûr.

– Sepp veut la guerre totale ! constata Hugues Cotteret. Il me fait chanter avec l'affaire VollensDeiger et en plus, il m'humilie. Sauter mon amant et m'envoyer les photos, c'est insensé ! Je rêve ou quoi ? On est où là ? En France ou au Mexique ?

– Il veut te déstabiliser. Et je constate qu'il y parvient.

– Il faut qu'on en parle toi et moi. Malheureusement, j'ai mon voyage en Lituanie à préparer. Complètement inutile d'ailleurs... Et puis ce comité sur la francophonie...

– Tu dois recevoir aussi Sid Bamberger, le journaliste de *Newsweek*.

– Oui, je sais.

– Tout de suite après alors ?

– D'accord.

Studios de la Plaine Saint-Denis

Daniel Spassy contempla le décor qui venait d'être achevé sur le plateau 101 des studios. Les éclairagistes procédaient à des essais afin qu'une boîte de nuit fût parfaitement reconstituée. Avec attention, le chef machiniste vérifiait le bon équilibre de la caméra tandis que l'assistant metteur en scène, un jeune prétentieux, moissonnait le mépris général.

Un accessoiriste postillonnait. On l'entendait maudire un jeune homme aux mèches lavande dont l'oreille droite s'ornait d'une fausse perle. Quatre menuisiers, le marteau à la ceinture et des clous entre les lèvres, attendaient impatiemment des livraisons de planchettes. Assis sur le fauteuil pliant à son nom, Daniel tenait le script à la main, il relisait ses répliques avec la certitude que leur banalité avait imposé des heures de palabres aux auteurs du scénario. Le public potentiel du film attendait cascades et combats stylisés, aussi le dialogue se résumait-il à quelques platitudes.

– Dieu que c'est bête, murmura-t-il.

Milou Taffite, son agent, souffrait d'un tour de reins. Il s'était blotti sous un châle. La douleur lui donnait l'allure d'une vieille dame penchée sur des bocaux de confiture. Daniel l'aimait bien, c'était un ami de bon conseil, amaigri par la drogue. Milou avait une taille de jeûneur, il ne se nourrissait plus que d'anxiolytiques et, dans la volonté de Dieu, son corps malade devait se situer quelque part entre la salle des urgences et le funérarium. Milou était condamné.

Bill Hehn, le metteur en scène américain, bataillait contre le directeur de la production tout en crachant des grains d'anis. Il avait fait ses armes en Asie et se voulait le prince des films d'action. Bill digressait volontiers sur les vertus et la grandeur du kung-fu. Peintre de la violence, il s'affirmait l'égal de Delacroix quand ça n'était pas de Miskînâ, artiste de l'Inde moghole dont nul n'avait entendu parler. Bill Hehn voyait comme un défi de savoir terroriser les comédiens, négocier avec les grands studios et faire montre d'une esthétique jalousée.

– Où est l'habilleuse ? hurla-t-il.

Depuis qu'il avait posé le pied à l'aéroport de Roissy, Bill Hehn s'affublait d'un béret basque et de curieux pantalons de zouave pontifical qui semblaient lui apparaître comme le meilleur du raffinement européen. Sa mâchoire en forme d'estuaire, ses lèvres plus minces qu'un billet d'avion, ses yeux couleur mégot de cigare, chacun en avait peur dans l'équipe. Bill était haï. Ce qui n'empêchait jamais les acteurs de vanter son « adorable gentillesse » lors de la campagne de lancement de ses films.

– On shoot dans cinq minoutes ! aboya Hehn.

Betty Nutter, le premier rôle féminin, subissait les centaines de coups de peigne de sa coiffeuse personnelle, une fausse rousse au nez grumeleux, venue tout exprès de Los Angeles. Daniel remarqua les reflets de sa robe et ses demi-bottes à sangles. Quant à Nigel Borden, vieux cheval de retour, cependant de loin le meilleur comédien du film, il dormait sur sa chaise. Le ténébreux quinquagénaire semblait très épris de son oreiller tant il le tenait serré contre sa tempe droite. Il entretenait une relation nébuleuse avec le cinéma. Nigel, ancien cascadeur, avait tourné dans cent trente séries B dont sa mémoire, bien fermée, ne se souvenait jamais.

– Tout le monde elle est prête ? demanda Bill Hehn.

Sa francophilie n'abordait pas jusqu'à la grammaire.

L'esprit de Daniel Spassy jouait avec des bribes d'images. Il songeait à Hugues Cotteret, l'un de ces hommes dont on comprend un jour qu'ils font mine de conquérir alors qu'ils prennent la fuite. Daniel, plus facilement gouverné par sa sensibilité que par son intelligence, analysait comme il le pouvait le caractère du président. Puis le beige clair du maquillage de Betty retint le regard de Daniel. Bill Hehn lui fit signe. Il se leva en se touchant l'estomac. Maintenant qu'il craignait une rupture avec Cotteret, ses entrailles se déchiraient. Comme si une tempête d'éclats de verre tourbillonnait entre ses côtes.

– Tou es prête ? répéta le réalisateur.

– Oui, fit distraitement Daniel.

Betty interprétait une jeune mariée qui tombe amoureuse d'un tueur à gages et se donne à lui le lendemain des noces.

Cinq prises seulement furent nécessaires au tournage de la scène dans laquelle il devait faire l'amour à Betty Nutter. Daniel redoutait ce contentement de professionnalisme lorsqu'elle lui enfournait une langue aux rondeurs de truffe jusqu'au fond de la gorge. Il se sentit venir une vocation d'étrangleur à l'instant où elle lui lécha la nuque pour bien marquer sa passion.

Betty fit alterner grimaces et halètements afin de souligner la magnificence de ses abandons. Sa sensualité tenait davantage à la masse moléculaire de ses seins qu'à son talent. Elle eut, ensuite, des alanguissements coupés de petits cris. Les talons de ses demi-bottes griffèrent les jambes de Daniel. Dans ce corps à corps il fit ce qu'il put pour ne penser à rien.

– Tu étais formidable ! jugea-t-elle alors que Daniel, las de la pétrir, rejoignait son fauteuil.

– Merci, répondit-il tristement.

Deux minutes plus tard, Milou lui tendit son portable.

– Quelqu'un pour toi… annonça-t-il dans un toussotement.

C'était Hugues Cotteret qui lui demandait s'il pouvait rapidement le rencontrer. Pour une fois, la voix du président lui parut hésitante. Daniel lui indiqua que, pour le rôle qu'il tenait, le tournage était suspendu durant quelques heures et il lui proposa de le rejoindre aussitôt à son atelier.

*

Pour Sepp Kowaltchuk, la mort de Patrick Lequint, telle que les journaux télévisés et la presse écrite l'avaient rapportée, restait mal définie. Affaire de mœurs, vengeance d'un prestataire écarté de l'Union des Halles ? Les journalistes émettaient des hypothèses et la police gardait le silence. Il releva même une proposition théorique, celle d'un quotidien du soir, selon laquelle Lequint se serait tout bonnement suicidé grâce à un bricolage qui lui aurait permis d'appuyer sur la pédale d'accélérateur sans se trouver à l'intérieur de la Rover.

Si Sepp s'interrogeait sur le successeur de Lequint, puisque sa situation à l'Union des Halles en dépendait, il estimait indispensable de garder Costes et Bernstein à l'œil. Aussi Sepp les suivit-il lorsqu'ils empruntèrent la nationale 118 et traversèrent une partie du bois de Meudon qu'ils quittèrent à la sortie n° 3, à l'angle d'une entreprise d'aéronautique.

Costes et Bernstein en restaient aux instructions aussi précises que brèves reçues à leur bureau : une chambre avait été retenue au nom de M. et Mme Dupont à l'hôtel Holiday Inn de Vélizy, à proximité du centre commercial. Ils devaient s'y rendre pour toucher une nouvelle somme d'argent destinée à la poursuite de leur enquête.

Costes trouva une place où garer la Volkswagen. Un gazon jauni ceinturait l'hôtel. Trois cents mètres derrière, Sepp roulait dans un break qu'il rangea devant les fenêtres des cuisines.

– Le type qui nous paie, tu crois qu'il nous observe ? demanda Bernstein.

– Sûrement pas. Il n'a rien à apprendre de nous.

– Et Sepp ?

– Il est juste derrière. Ne te retourne pas.

Malgré l'heure, de solides bâfreurs occupaient les tables du restaurant. L'employé, à la réception, ne parut pas s'étonner du peu de complémentarité de leur couple.

– C'est la 225, deuxième étage, précisa-t-il d'une voix qui voulait leur être agréable.

On venait de lui attribuer la dignité de « meilleur employé de la semaine » et sa photo encadrée était accrochée au-dessus du comptoir.

La chambre était lumineuse et Bernstein apprécia le vert émeraude du revêtement mural.

C'est Costes qui ouvrit la serviette en fibre de bois vulcanisé posée sur l'une des tablettes du placard. Des dollars en coupures de dix et quelques mots les félicitaient des photographies prises sur le toit. On leur donnait la consigne de poursuivre la filature de Sepp Kowaltchuk… et de Daniel Spassy.

– Ça devient compliqué si on doit encore s'occuper de Kowaltchuk, résuma Costes. La descente au tombeau, j'ai détesté.

– Sepp aurait pu nous tuer, il ne l'a pas fait. Il s'est rendu compte que nous ne savons rien de notre aimable clientèle. Ni qui elle est, ni ses buts. Nada !

Bernstein picora du doigt les billets. Il les passa ensuite sur ses lèvres.

– On n'a jamais rien dessiné de plus émouvant… dit-il les yeux embués d'amour.

– Et le directeur de la Bank of America qui les signe est ton écrivain favori…

Costes se dirigea vers la porte.

– On s'en va.

Après avoir montré à la réception que les couples modernes atteignent à l'extase en moins d'un quart d'heure, ils quittèrent l'hôtel.

Le retour vers Paris fut rapide. Les banlieusards avaient effectué leurs achats de Noël en bon ordre.

Sepp Kowaltchuk restait à distance. Il s'interrogeait sur le séjour de Costes et Bernstein dans cet hôtel.

Ils passèrent chez un glacier. Bernstein persuada son associé de l'urgence de se gaver de sucreries. Bernstein restait un partisan obstiné des caries dentaires.

– Je t'offre deux énormes glaces, lui dit-il.

– Pourquoi deux ? demanda Samuel.

– Tu as une double personnalité et je ne veux pas faire de jaloux entre celui qui joue les durs avec les clients et l'extra-mou avec sa nana.

– Je ne suis pas mou. J'aime Mahaut. Nuance.

Leur glace à la main, ils s'installèrent devant le domicile de Daniel Spassy.

– C'est un accro de la quéquette ! avait jugé Bernstein.

Durant une dizaine de minutes, debout et l'un à côté de l'autre, ils léchèrent, dans le recueillement qui convenait, leurs friandises. Bernstein, dont les lapements s'étaient fait une réputation, multipliait les grands mouvements du menton et sa langue titillait circulairement la couche de chocolat. Costes, comme s'il ne se trouvait pas en situation régulière, suçotait plus discrètement l'objet de leur gourmandise.

– C'est à hurler de joie, non ? demanda Bernstein.

– Presque.

L'intérêt montré par les passants devant le spectacle d'une telle avidité leur fit conclure qu'ils risquaient de se faire remarquer d'un visiteur éventuel de Daniel. Ils retournèrent dans la voiture. Les doigts poisseux, Costes se lança dans la lecture d'un numéro, vieux de deux ans, du *Monde*, laissé en boule derrière son siège. Prendre connaissance d'articles aussi anciens accentuait ce caractère de fatalité qu'il relevait dans chaque journée.

Plus tard, Costes somnola. Des images s'interposèrent, il rêva qu'il parvenait à reconquérir Mahaut. Hélas, Bernstein osa lui secouer brutalement l'épaule.

– C'est lui !

Tout réveil impose des confrontations inhumaines. Costes se frotta les yeux.

– Qui ?

– Minus !

– Hein ?

– Le président de la République !

– Qu'est-ce qu'il a encore fait ?

– Il vient d'entrer chez Daniel Spassy. Parole !

– Écoute. Tu votes à gauche, et j'y vois le prélude à la maladie d'Alzheimer. Mais là, tu prends de l'avance !

– T'analyses mal Samuel. C'est bizarre que tu ne saches pas quand je plaisante et quand je dis la vérité. Au bout de dix ans de boulot en commun.

– Admettons, j'ai des lacunes.

– C'est Minus. Il s'est pointé en blouson avec une casquette et des lunettes noires. Mais je l'ai reconnu. Regarde, là...

– La petite Fiat ?

– Oui. C'est lui qui la conduisait, incognito, ajouta Bernstein en faisant claquer ses doigts.

– Au moins il ne s'endette pas pour une voiture...

– Il est rapiat. Pourtant, avec tout ce qu'il me pompe comme impôts...

Costes fronça les sourcils.

– Ce ne serait pas plutôt un chouïa de démence qui te chahuterait Bernstein ?

– Arrête ! fit l'autre avec un haut-le-cœur.

– Statutairement, le président se trimbale avec une dizaine de gorilles.

– Justement.

– Quoi ?

– Il s'offre une heure d'anarchie pure. C'est beau !

– Bernstein, tu vas finir dans l'ambiance chaleureuse des camisoles de force.

– Absolument pas. On peut-être blennorragique de corps et sain d'esprit mon petit vieux !

Costes l'observa calmement.

– T'as des chiffres là-dessus ?

Bernstein revint à ce qui le préoccupait.

– À mon avis, si le président joue les furtifs c'est qu'il va au coït.

– Illusion...

– Si ! Minus galope vers les draps de Spassy..., insinua Bernstein.

– À t'entendre, un gangster, Sepp Kowaltchuk, et le président de la République française, l'une des plus chic du monde, se réchaufferaient dans le même lot ?

– Possible.

– Pauvre président ; il ne serait même pas l'unique amour d'un acteur.

– Il le savoure en copropriété.

– C'est stupide !

– Même Napoléon partageait. Regarde, Joséphine…

Costes eut une quinte de toux.

– Vidange tes synapses ! dit-il en désignant le front de son associé.

Bernstein, à bout de patience, donna un coup de poing sur le tableau de bord.

– Attends, et tu verras qui sortira de l'immeuble. Minus !

– Tu vois des pédés partout Bernstein. Demande un psy au père Noël.

– J'en ai déjà eu un.

– Alors ?

– Il m'a regardé la tête.

– Et ?…

– Il a dit que le secteur était calme.

Costes soupira.

– Je te prierai, par ailleurs, de ne pas appeler le président « Minus ». Ça fait mesquin !

*

Une heure plus tard, Costes et Bernstein filaient le président de la République, amusement que n'encourage aucun manuel d'instruction civique.

Le président conduisait avec une brusquerie dédaigneuse. Il semblait mal distinguer le feu rouge du vert.

– Il ne nous a pas repérés, estima Bernstein.

– Non.

– Quand on sort d'une bonne baise, on plane, c'est humain.

Costes et Bernstein abandonnèrent la Fiat rue du Cirque, proche du palais de l'Élysée. Ils virent Cotteret prendre un ticket à l'horodateur.

– Tu crois qu'il a le tarif résident ? plaisanta Bernstein.

– Crois-moi, il est encore là pour des années.

Costes et Bernstein abandonnèrent le président de la République à ses tâches du jour. Tout en avalant une aspirine, car il souffrait d'élancements dans les articulations, Samuel bifurqua vers l'ouest, dans la direction des cinquante mètres carrés qui constituaient leur bureau, au plus venteux d'un centre d'affaires d'Issy-les-Moulineaux.

– On est entouré de folles ! s'exclama alors Bernstein avec un éternuement de désespoir.

Samuel clignait des paupières.

– On tient un truc. Que le président et Sepp partagent Daniel Spassy, ça se monnaie... il y a des tas de journaux qui seraient contents de publier ça... souligna Bernstein.

– Pas dans ce pays.

– Il a sa méthode Minus, reprit Bernstein. Du boulot le matin, déjeuner officiel, trois bricoles après le café et caresses fiévreuses en fin d'après-midi. Et en plus il est marié ! Il a vraiment la zézette à géométrie variable.

– L'ambiance est frivole, tu le sais bien...

Ils restèrent silencieux durant une minute. Costes se moucha.

– On pourrait se faire des thunes, reprit Bernstein.

– Il suffirait de se mitonner un dossier de presse sur les frasques présidentielles, je sais…

– Il a quand même la bouche accueillante Daniel Spassy, souligna Bernstein de son ton le plus sévère.

Costes haussa les épaules.

– Encore une fois, rien ne prouve que le président soit l'amant de Daniel.

– À force de jouer les sucrés tu nous feras du diabète…

– Le président est allé chez Daniel. Et alors ?

– Mon pauvre vieux, pour la candeur, t'es proche de l'excellence.

Sepp Kowaltchuk gardait les mains posées sur le volant. À cet instant, il offrait toute son énergie à la fureur de ne rien comprendre. Il avait, lui aussi, reconnu le président de la République au sortir de l'immeuble de Daniel Spassy. Mais qui payait Costes et Bernstein pour enquêter à la fois sur Cotteret, Daniel Spassy et lui-même ?

Palais de l'Élysée

Le président Cotteret avait déjoué mille pièges dans sa carrière, cependant, il n'avait jamais eu à combattre front à front la pègre. Se défaire d'un ministre, manquer à une promesse électorale, écarter un rival, redessiner une circonscription ne demandent guère de courage physique. Cette fois, il trouvait devant lui un criminel. Ne fallait-il pas user de méthodes mieux adaptées ? Nul n'a jamais coincé un tigre avec un dé à coudre. Et après tout, c'eût été une indignité que de laisser à un brigand le loisir de bousculer le chef de l'État.

« Je suis président, merde ! » se rassura Cotteret. Et il se sourit amoureusement dans le rétroviseur de la voiture qui le menait à une inauguration dans les salons de l'Institut du monde arabe.

La morale, Cotteret s'en arrangeait. L'éthique était un mot d'usage trop courant pour ne pas devenir commun. Mais la désertion de Sepp le blessait dans la mesure où celui-ci avait quitté cette phalange sacrée des copains. Les vieux de la vieille. Ils n'étaient que cinq ou six à détenir une place d'habitué dans le cœur du président.

L'infidélité de Sepp était d'autant plus blessante qu'elle mettait en question les dons de séducteur de Cotteret. Toute trahison dérangeait cet ego de granit sur lequel il avait bâti son existence. Quant au retournement de Daniel Spassy, il ne le comprenait pas. Daniel qui l'aimait. Daniel qui lui écrivait au Petit havre une lettre par jour. Spassy devenait-il fou ? La drogue ? Milou, l'agent de Daniel, était son fournisseur depuis plusieurs années. Cotteret décida de le faire coffrer par la police.

Hugues Cotteret réfléchissait. Hélas, on l'appela sur son portable. Son assistante voulut lui transmettre un appel du Premier ministre de Grande-Bretagne, un homme dont les raisonnements d'insulaire se développaient entre des chuintements oxfordiens. Cotteret avait toujours beaucoup de mal à le comprendre, ce que les bulletins officiels traduisaient par une « parfaite identité de vues ».

– Allô, Jess ?

L'Anglais souhaitait avoir son sentiment à propos de la fusion de deux entreprises dites « stratégiques ». Des firmes, l'une française, l'autre britannique, actives dans le domaine chéri de la robotique à usage militaire.

– Heu… il ne faut rien précipiter, dit Cotteret.

Il ne parvenait pas à se concentrer, son esprit passait du corps de Daniel, de son sexe, de ses cuisses, à Jess Thomson.

– Yes, yes, yes… répéta Cotteret.

Il lâchait ce mot à l'aveuglette, pour gagner quelques secondes et tenter de reprendre le fil du raisonnement de l'Anglais.

L'Union des Halles

Agacé, Sepp Kowaltchuk releva les salissures qui assombrissaient la moquette en sisal nacré. Les marques sur le tapis lui étaient insupportables.

Il marcha, en toussant, vers la fenêtre et aperçut un rat qui filait vers des conduits de fumée. Il se régalait de déchets, sans doute dénichés dans les effluents d'abattoirs de volaille. Jadis, Sepp avait élevé un rongeur dans le quartier d'isolement des Baumettes, la seule prison chère à son cœur. Celle où les gardiens se faisaient un devoir d'apprécier comme un compte épargne l'argent que leur donnait les caïds. Il se souvint de ses petits cris lorsque l'animal trépignait pour obtenir un peu de soupe.

La porte s'ouvrit.

Cinq hommes entrèrent, gaillards.

Sepp réunissait ses plus proches collaborateurs. Leur expérience en matière de vie carcérale dépassait le demi-siècle. Le mitard avait été leur lycée technique. Ils étaient, comme lui, des fils d'immigrés qui, par le hasard des routes, se retrouvaient Français, nationalité dont ils pensaient qu'elle devait être libre de toute taxe.

Les voyous qui le secondaient partageaient avec Sepp certaines analyses, telles que la domination des forts sur les faibles comme ordre éternel du monde. Mais ils n'avaient pas, comme lui, le souci maniaque de la propreté. Ils ne s'habillaient pas non plus avec cette sobriété à laquelle Sepp ne s'autorisait jamais d'entorse. Eux, préféraient les manteaux de cuir et les vêtements à la mode.

JJ accrocha son trois-quarts aux rayonnages d'archives. Négligeant le portemanteau, Saïd lança sa casquette de base-ball sur un caisson mobile. Il fit tinter l'imprimante. Les autres choisirent un montant en acier.

Gros Tas s'installa devant le distributeur de boissons chaudes. Sa peau de saurien se mariait difficilement avec sa chemise rose.

– Café sucré ? Café non sucré ? Café au lait ? Cacao ? Thé citron ? Cappuccino ?

Personne ne lui répondit.

Ils s'assirent. Excepté Ngo qui disait que le plastique des chaises collait aux fesses. La réunion commença.

Devant ses hommes, et tout en jouant avec les glissières d'un meuble de classement, Sepp évoqua la disparition de

Patrick Lequint. Son successeur n'était pas encore désigné. Toute la question était de savoir s'il serait un type bien, c'est-à-dire corruptible. Heureusement, Sepp disposait de suffisamment d'informateurs qui, comme des lignes flottantes, allaient enserrer le futur patron de la centrale d'achat.

Hanté par les écoutes clandestines de la police, Sepp s'exprimait dans une langue allégorique où chacune des personnes citées se trouvait dotée d'un surnom. Ainsi, pour Lequint, c'était Pipou. Hormis ce choix dialectique, il régnait, au cours de ces réunions, le même formalisme qu'au Comité de direction des multinationales les plus policées. Saïd, Léo, Gros Tas, Ngo et JJ avaient fait le choix élevé du rigorisme.

– Maintenant, quelques informations…

Sepp, pointilleux, tenait une comptabilité qui s'étageait depuis les dessous-de-table à verser à trois officiers de la brigade anticriminalité jusqu'aux rentrées d'argent venues tant du racket et de la drogue que des restaurants ou échoppes gérés dans la plus admirable légalité. C'est avec les doigts qu'il évoquait le chiffre précis des sommes dont il était question.

– Et ton lancement de produit, ça a marché ? demanda ensuite Kowaltchuk à Saïd.

Ce dernier, avec une verve jalousée, sut rendre compte de la bonne réception de deux cents kilos de stupéfiants. Saïd se disait pépiniériste, mais son amour de la flore se limitait à l'herbe colombienne.

– Et toi, Léo ?

Léo, plus sobre, car il souffrait d'une inflammation de la valve cardiaque, s'étendit sur la vente de vaches folles à Haïti. Il avait des yeux d'archiviste, s'exprimait d'une petite voix qui se la coulait douce. Sepp appréciait ses qualités d'analyste financier.

Gros Tas, perpétuellement essoufflé par son excès de poids, mentionna son nouvel accord avec un Noir. Ensemble, ils organisaient des combats de coq dans les quartiers antillais.

À l'heure présente, ses gallinacés se remplumaient, nourris d'amphétamines.

Mais ce jour-là, la désolation vint d'un tout autre sujet. Sepp leur fit comprendre que l'Élysée avait mis son bon cœur en veilleuse. Il évoqua le rejet subi lors du repas des anciens du 2e REP.

– Guignol nous jette ! résuma-t-il.

Tous firent silence durant quinze secondes, le pouls battant.

– Définitif ? s'enquit enfin JJ.

– Sûrement.

JJ tapota avec nervosité sa pomme d'Adam. Il avait un cou dans les tons banane flambée.

– Explique, fit Ngo.

Sepp mentionna sa rapide conversation avec le président lors de la réunion des anciens légionnaires. Il y ajouta un commentaire de défiance.

– Pourtant... on le tient par la grappe... rappela Gros Tas.

– Tout l'argent qu'on lui a ristourné pour ses putains de campagne ?

– Oui.

– On peut le casser net avec ça, releva Saïd.

Sepp ne répondit pas.

– Écoute, on ne va quand même pas se faire jobarder par un simple président de la République, chuchota Ngo à l'oreille de Sepp.

– On le vire à la page nécro du *Figaro* et basta ! souffla Saïd.

Sepp eut une moue de détresse.

– Il y a au moins deux cents gorilles dans son squat, rappela-t-il, dans un raccourci relatif aux services de sécurité qui séparaient l'Élysée du reste de la nation.

– Et alors ? Le fusil à lunette c'est pas fait pour tirer les pucerons ! riposta Ngo.

Pour se faire entendre des élus, Ngo préférait le gros calibre au bulletin de vote.

– J'ai zoné souvent à l'Élysée. Bien gardé le claque ! susurra Sepp.

– Et surtout, c'est risquer de se tapisser perpète à Fleury-Mérogis.

– Il faut voir… conclut Léo.

*

Chez Jean-Louis, restaurant de la porte de Saint-Cloud, Costes, enclin à l'idolâtrie, s'inclina devant une bouteille de Château Pétrus 1970. Ennemi du tanin, Bernstein avait déjà en main son Coca. Il observait une fille en jupe trapèze.

– Mon vieux, je vais finir par comprendre ceux qui étourdissent les communiantes dans des bacs à sable.

Chaviré, il demanda quelques glaçons. Son sexe et celui de Costes n'appartenaient pas au même monde. Le sien restait un explorateur. Le pénis de son associé le rattachait à un mode d'expression plus intimiste.

Bernstein s'étira avec un bâillement qui interloqua sa voisine.

Il caressa avec passion sa bouteille.

– Costes, tu sais que j'ai des dettes. Et puis, il y a la petite ferme que je retape en Provence... j'ai besoin de soleil !

– Et alors ?

– Pardonne-moi de revenir là-dessus, mais, franchement, je trouve que, si on était futés, on se débrouillerait pour les vendre cher ces saletés de photos. Pourquoi en laisser l'exclusivité à notre client ?

– Tu vas te taper de vilaines cloques à t'attaquer au président.

– Foutaises !

– Ça va être bronzette au chalumeau si tu t'obstines...

– Tu dérailles, jugea Bernstein.

Costes desserra son col de chemise.

– Aucun journal n'en voudra des photos. Au rayon menterie, on reste la première puissance mondiale. Et on n'est pas prêt de céder notre place.

– T'es un dégonflé.

– Tu l'as dit, je suis prudent.

L'Union des Halles

Le miaulement huileux du matou qui, chaque hiver, trouvait refuge au secrétariat de la direction générale, fit baisser la tête de Lucile Florange.

On frappa à la porte.

– Entrez !

Sepp Kowaltchuk portait un blazer bleu marine et un pantalon gris.

– Je vous dérange ?

Elle lui fit signe que non.

– Je venais vous présenter mes condoléances... au sujet, bien sûr, de notre ami Lequint...

Lucile trouvait Sepp très beau lorsqu'il se donnait pour tâche d'être bien élevé.

– Au fond, vous étiez un peu de sa famille...

– D'une certaine manière, admit-elle.

Sepp hocha la tête.

– Je l'aimais bien, dit-elle.

– Moi aussi. On était très différents mais, nous deux, ça tournait rond...

– Je sais.

– Et le boulot, difficile ? demanda Sepp.

– Les flics ont débarqué. Vous n'imaginez pas tout ce qu'ils veulent savoir. Ils fouillent dans les archives et ils ont amené une équipe d'informaticiens.

– Vous les supportez ?

– Ils se croient tout permis. Je ne soupçonnais pas que les détails les intéressaient autant...

– Ils sont besogneux. C'est leur qualité.

– Oui... Après tout, j'étais son assistante.

– Bien sûr.

– Et vous, en tant que responsable de la sécurité, j'imagine qu'ils sont sur votre dos ?

– Ça va...

Il cacha à Lucile avoir été interrogé durant huit heures. L'angoisse semblait être une pièce manquante dans la personnalité de Sepp.

– Vous voulez un café ? proposa Lucile.

– Non merci. Dites...

– Oui ?

– Je vous propose, pour les jours qui viennent, de faire discrètement le point en commun. Vous et moi, on a intérêt à ne pas être trop loin de ce qui se prépare...

– À quel propos ?

– J'aimerais savoir qui a assassiné Lequint. Et puis... si l'un de nous apprend qui va le remplacer... Autant être au courant.

– Oui.

Sepp était économe de sa salive.

– À bientôt, dit-il.

*

Le vingt-quatre décembre est la journée rêvée pour se tirer une balle dans la bouche. Costes détestait le foie gras, la messe de minuit et les flonflons. Il ne respectait pas non plus sabbat et, durant le ramadan, Samuel dévorait cent grammes de Nutella qui, transformés par de puissants sucs gastriques, l'alourdissaient de deux kilos supplémentaires.

Samuel marchait depuis une heure. Il longeait la Seine, entre les ponts de Billancourt et de Suresnes. Il essayait de semer, cahin-caha, les dix mille souvenirs qu'il gardait de Mahaut. Il tentait d'en réduire chaque image. Samuel ne connaissait que la déambulation pour s'étourdir d'oxygène et étouffer la douleur.

Un vent sale étalait les herbes sur les berges du fleuve. Des mouettes, chichiteuses, touchaient du bec des poissons morts. Son chagrin n'était escorté que par la vaguelette dessinée du bout du nez par un castor le long d'une barge. Animal parmi les animaux, Costes écoutait le son de ses talons sur le revêtement.

Son téléphone portable, dont la musiquette était ridicule, fit entendre quelques notes.

Il reconnut Bernstein.

– Alors tu t'amènes ? On a du boulot.

– J'arrive, le rassura Costes.

– T'es où ?

– Dans les bras d'une fille sublime…

– Mythomane en plus !

– Je prends la voiture et je serai chez toi dans dix minutes.

En conduisant, Costes s'adressa longuement à son volant. Il avait besoin de parler. Brillant, il exposa, en soufflant de la buée sur le pare-brise, pourquoi il n'aimerait jamais plus aucune femme.

Trois quarts d'heure plus tard, Costes et son associé pénétraient dans l'atelier de Daniel Spassy. Leur client voulait des renseignements complémentaires, il allait en avoir !

Les raidisseurs, le bras à glissière, la serrure au fonctionnement combiné mécanique et électronique ne pouvaient résister qu'à des voleurs au petit pied. Les poches du blouson de Bernstein et un vieux cageot recouvert d'une toile plastifiée contenaient le matériel indispensable. Ils avaient attendu que le gardien de l'immeuble file au marché pour monter à pied jusqu'à la porte blindée derrière laquelle Spassy cherchait la sécurité.

– Vas-y, dit Samuel.

Bernstein entra le premier chez l'acteur. Il eut un geste de dépit lorsqu'il observa les dossiers de chaise en forme de dos masculins. Il s'étonna aussi des pieds de table qui rappelaient des jambes de danseur.

– Tu ne savais pas qu'il collectionnait le mobilier érotique ? s'étonna Costes.

– Non.

– Il y a eu un article dans *Beaux Arts Magazine* l'année dernière.

– Pour les infos, je ne fais confiance qu'à l'*Équipe* et au *Chasseur Français.*

– Excuse-moi.

– Mais Fofolle a le sens de la décoration, il faut l'admettre... fit Bernstein.

– C'est pas le jour de visite. Dis-moi plutôt où on la pose ta minicaméra ?

Bernstein s'en alla jusqu'à la chambre du comédien. Il en revint immédiatement.

– Aucune chance là-dedans...

– Pas d'endroit où la planquer ? s'étonna Costes.

– Non, c'est zen tendance Casanova. Rien que des miroirs...

Bernstein leva les yeux jusqu'aux livres placés au dernier échelon de la bibliothèque.

– Ici, c'est mieux.

– Où ?

– Entre Miró et Hartung ou derrière Balthus et Klimt. Les livres d'art c'est l'idéal, personne ne les lit jamais.

– Tu veux un escabeau ?

– Ce serait bien.

Ils en dénichèrent un, équipé de cinq marches antidérapantes, dans une pièce qui jouxtait la cuisine et où Spassy conservait une boîte à outils, trois vases et des caisses de champagne.

La caméra, du volume d'un stylo, fut dissimulée en moins d'une minute.

– Je doute que la femme de ménage grimpe souvent là-haut. Regarde !

Bernstein exhiba le cadavre de plusieurs moustiques et les restes d'un papillon.

– Tu es un être admirable, convint Samuel.

Bernstein rangea l'escabeau avant de s'attendrir sur les chaussures de boxe à haute tige et les gants d'entraînement en cuir de buffle posés sur le guéridon.

– Je te l'avais dit qu'il pratiquait les sports de combat.

– Et alors ? fit Costes.

Bernstein leva les yeux vers la caméra.

– Un jour, je tournerai un vrai film.

L'Union des Halles

Les gouttes de pluie sautillaient sur les quais dénivelés du pavillon des viandes. Lucile Florange contourna les nouvelles machines, destinées à l'emballage sous film plastique, qui reposaient sur des cales en bois. Des housses pour les déchets gisaient plus loin, tassées comme les silhouettes de soldats au bivouac. Ses chaussures de daim prenaient l'eau et elle sentit l'humidité lui parcourir l'extrémité des pieds. Quant à son imperméable, il était imprégné des giclées froides qui rebondissaient sur ses épaules.

L'assistante de Lequint s'assura qu'aucun camion ne venait dans sa direction. Elle traversa la rue et aperçut une forme gesticulante derrière la vitre embuée d'une voiture. Il s'agissait de Costes qui, pour ne pas se mouiller, tentait d'ouvrir son parapluie à l'intérieur de la Volkswagen. Finalement, il jaillit de la voiture pour atterrir, à pieds joints, dans une grande flaque. Elle le vit tenter d'échapper aux quelques centimètres d'une eau sale qui atteignait l'empeigne de ses souliers.

– Vous allez où ? lui demanda-t-il, courbé en deux.

– Dans l'immeuble, en face, fit-elle sans s'arrêter.

– Venez, je vous accompagne.

– C'est gentil.

Elle marchait vite, le cou dressé. Le parapluie de Costes était de ceux conçus pour les golfeurs et la surface de toile en imposait.

– C'est le modèle réunion de famille ? demanda-t-elle.

Ils se dirigèrent vers la tour où se tenait l'administration générale.

Parvenu dans le hall, Costes s'ébroua.

– Vous travaillez ici ?

– Oui. Pas vous, visiblement.

– Pourquoi ?

– Vous n'avez pas le style.

– Je vous trouve très belle.

– Bien observé ! J'ai les cheveux trempés, je suis ruisselante, j'ai de la boue plein mes bas…

– On peut se revoir ?

– À la prochaine averse je vous fais signe. Promis !

Elle lui adressa un sourire et se dirigea vers les ascenseurs. Costes hocha longuement la tête.

Il retrouva son associé à une centaine de mètres de là. Bernstein l'observa avec compassion.

– Tu as l'air d'être tombé de cheval !

– Non, ça s'est bien passé.

– Vraiment ?

– Ça y est, j'ai le contact avec l'assistante de Lequint, dit Costes.

– Ah bon ? Alors, ne fais pas cette tête-là.

– Elle a accepté de me parler.

– Bien joué.

*

Le président Cotteret se trouvait assis devant une table en rondins de châtaignier. Son regard passait sur les photos dédicacées d'athlètes que Daniel Spassy avait récemment fait encadrer.

Spassy jouait avec une montre gousset.

Le président ôta sa casquette. Il avait posé ses lunettes à verres fumés devant sa chope de Pilsen. Lorsqu'il baissa les yeux, Cotteret nota le teint de Daniel dont la peau révélait toute émotion.

– Je sais que tu t'es remis avec Sepp, dit, calme, Cotteret.

– Pas du tout !

– Si.

– C'est faux. De toute façon, tu n'as pas à me faire suivre.

– Tu me prends pour un mari jaloux ou quoi ? Jamais

je ne m'abaisserai à ce genre de pratique, mentit le président.

Daniel faisait glisser, comme un liquide précieux, des pièces de monnaie de sa main droite à sa main gauche. Le ton hostile de Cotteret le bouleversait ; il ne parvenait pas à neutraliser sa déception, son sang brûlait.

– D'abord, ça me déçoit. Tu m'as dit, la dernière fois qu'on s'est vu, que tu ne couchais qu'avec moi.

– C'était vrai, répondit Daniel en se grattant un tibia.

– Ça ne l'est plus.

– Hugues, écoute. Tu ne m'as jamais laissé le temps de t'aimer. Je ne te vois qu'une heure par-ci une heure par-là. On ne partage rien sauf la baise, je te l'ai déjà dit.

– Tu me confirmes donc que tu t'envoies Sepp.

– Pas du tout !

– Je le sais de façon certaine.

– Mais qu'est-ce que tu racontes Hugues ? Et puis ne crie pas, je ne le supporte pas...

– Pardonne-moi mais il n'y a pas de carrière politique sans cordes vocales en acier, tu devrais savoir ça.

Le président se leva si brusquement que Daniel sursauta.

– Hugues, ça me fait du mal quand tu hurles.

– Sepp complote contre moi. Je ne peux pas te donner de détails, mais tu peux me croire...

Daniel eut un sourire ironique qui déplut au président.

– Tu plaisantes ?

– Non. Il essaie de me faire chanter. Impossible de t'en dire plus. Mais c'est sûr.

Daniel haussa les épaules et abandonna le sofa sur lequel il ne savait comment se tenir.

– Sepp ne fait pas de politique. Tu deviens parano Hugues.

– Il veut me descendre. Politiquement j'entends...

– Écoute, essaie d'être plus clair. De toute façon, moi non plus, je ne m'intéresse pas aux élections. D'ailleurs, tu ne sais même pas si je vote pour toi.

– Je ne suis plus à une déception près.

Un bouton de fièvre apparut sur la lèvre inférieure de Daniel. Il se sentait de plus en plus mal. Jamais il n'y avait eu de rapports de force entre Cotteret et lui.

Le président se rapprocha. Debout, il se pencha pour embrasser Daniel dans le cou.

– Pas aujourd'hui, murmura Daniel, crispé.

– J'ai envie de toi.

– Non.

– Si, viens !

– Non je te dis.

Le président se redressa. Lorsqu'il serrait les mâchoires, son front se pinçait et, ce qu'il pouvait suggérer d'intelligence disparaissait.

La pomme d'Adam du président battit une mesure étrange.

– Je crois que tu ferais mieux de partir, fit Daniel d'une voix étranglée.

– Tu me mets dehors ?

– Non, mais... quand tu me fais des scènes, je suis trop malheureux.

– Je ne te fais pas de scène. Je te mets en garde contre Sepp, voilà tout.

– Il est très gentil avec moi.

– Putain, je vais lui sabrer la bite à celui-là ! explosa Cotteret.

– Pardon ?

– Rien.

Pour ennoblir son départ, le président marcha d'un pas tranquille vers la porte. Mais aussitôt après, il chercha vainement où donner quelques coups de pied. Hugues Cotteret excellait dans l'affirmation de son impulsivité.

Quant à Daniel, il fit ce que le chagrin lui chuchotait depuis toujours : une ligne de cocaïne, deux tasses de café et un interminable sanglot.

*

Lucile Florange raccrocha. Elle venait de subir une conversation téléphonique de dix minutes avec une société de cartonnage soucieuse d'être retenue pour un appel d'offres. Elle se leva pour se pencher par la fenêtre. Les murs tremblaient à cause des chariots élévateurs sous les auvents d'approvisionnement.

Dans un bureau proche, une équipe d'enquêteurs cherchait sa pitance dans les meubles de classement. Une autre s'était attelée au coffre de Lequint. La troisième fouinait entre les montants des rayonnages d'archives. Les doigts fermés sur des lettres, ils passaient de temps en temps la tête afin d'obtenir une précision sur les relations de Lequint avec tel ou tel courtier ou grossiste.

Parmi ces flics, un jeune lieutenant lui faisait la cour. La prunelle ténébreuse, il jouait les romantiques. Pâle, son visage paraissait taillé dans la craie. Ils avaient bavardé durant l'heure de déjeuner. Elle fit mine d'être impressionnée. Elle le mit en appétit avec quelques sourires canailles…

Il lui posa néanmoins de nouvelles questions. Lucile comprit que Sepp Kowaltchuk était considéré comme le commanditaire possible du meurtre de Lequint.

– Mon prénom c'est Guillaume, dit le flic.

– Oui lieutenant.

– Je vous trouve plus intéressante que les autres.

– Ah bon ?

– Vraiment !

– Moi je vous juge plutôt séduisant.

Elle leur faisait toujours le coup de les provoquer.

– Ça fait plaisir de rencontrer quelqu'un comme vous. En général, les gens sont tendus dès qu'on débarque…

– Je les comprends…

Autant lui faire croire qu'elle le jugeait différent de la dizaine de spécialistes de la Criminelle qui encombraient les bureaux.

Le lieutenant la quitta au retour du capitaine, un grand type aux cheveux gras et à la figure aussi avenante qu'une barre de laiton. Lucile rangea quelques dossiers et fila vers les locaux de MutualPro. Elle aimait bien Sepp Kowaltchuk et ne pouvait croire qu'il avait fait assassiner Lequint.

Lucile croisa plusieurs vigiles qui sortaient de chez Kowaltchuk. L'assistante de Sepp la fit patienter. Sepp avait un entretien avec le directeur général d'une société de transport. Les deux femmes s'entendaient bien. Elles étaient célibataires et les mâles disposaient d'un permis de séjour de plus en plus limité dans leurs vies respectives. En partageant du jus d'orange, elles se moquèrent de quelques personnalités masculines de l'Union des Halles.

Sepp Kowaltchuk ouvrit la porte.

– Lucile, entrez !

Elle était sensible à sa silhouette de guerrier. Mais il n'était pas simplement un type capable de batailler. Les autres avaient un cœur de Lilliputien. Lui était généreux. Ils firent le point sur l'aide à développer en faveur de Tziganes installés depuis peu sur les emplacements destinés aux futurs ouvrages d'assainissement.

– J'ai bavardé avec un jeune flic, dit ensuite Lucile Florange.

– Oui ?

– Sympathique.

– Il vous plaît ?

– Non. Quoique... sur une île déserte, plaisanta-t-elle.

– Prenez sa carte, on ne sait jamais. Avec la fonte des glaces, ça pourrait devenir rapidement une île ici...

– Sepp, ils vous suspectent ! dit-elle brutalement.

– J'espère bien !

Elle fut surprise de sa réponse.

– Vraiment ?

– Avec mon passé, le contraire serait scandaleux.

– Et... ça ne vous ennuie pas ?

– Les poulets et moi, c'est à qui chatouillera le mieux l'autre...

Elle s'abandonna à une longue respiration.

– Je vous crois totalement innocent de tout ça...

– Tant mieux !

Ils parlèrent d'autre chose.

*

Les fondations élastiques du bâtiment qui abritait Sub-Version TV, chaîne thématique, proche de la gare Montparnasse, la délivraient des nuisances vibratoires du trafic ferroviaire. On n'y entendait jamais les centaines de trains qui s'élançaient vers la banlieue ou le grand Ouest. Même depuis les ascenseurs ou l'escalier de secours, nul ne pouvait surprendre le plus léger tremblement. La porte des studios semblait ne retenir que le silence.

Ce jour-là, on définissait le nouveau « héros positif » du prochain téléfilm coproduit par la chaîne.

Gilles Bel, le président, restait à l'affût derrière les bouffées d'un cigare.

Les représentants des actionnaires montraient une attention de sismologue au moindre frémissement de l'opinion. Toujours se soumettre à l'air du temps. Aux idées à la mode. La ligne stratégique de Sub-Version TV évoluait vite ; des émissions nouvelles étaient fébrilement conçues dans un climat de jalousie, que la cervelle à double-fond de Gilles Bel encensait ou détestait sans qu'on puisse le déterminer à l'avance.

À cette heure, Danny Lickstein occupait l'écran. Il montrait beaucoup d'aisance, comme à l'habitude. Certains blâmaient son débraillé cousu main par de grandes marques de vêtements. D'autres raillaient son éternelle barbe de quatre jours confiée à Pietro, artiste capillaire de l'avenue Montaigne. La dentition de Lickstein, qui aurait dû reposer dans une muselière, ne plaisait pas non plus à tout un chacun. On avait souvent l'impression qu'il allait vous planter ses canines dans la joue.

L'émission « Hardypetit ! », qu'il animait, et dont il était le producteur, la vedette, mais aussi le directeur artistique et l'agent, avec ce qu'il fallait de faussement désintéressé, connaissait un beau succès. Quinze jours auparavant, Lickstein avait dénoncé les chanteurs et les sportifs domiciliés dans des paradis fiscaux. Il s'était finement amusé de ce que leurs millions d'admirateurs compensaient sottement, par leurs impôts, le manque à gagner dont souffrait le ministère des Finances. Plus récemment, il s'était plu à montrer la photographie du babyfoot en or commandé par le sultan de Brunei à un bijoutier de la place Vendôme. Lickstein, dont les ricanements grêles semaient la frayeur, était un professionnel. Minute après minute, et comme on affile un couteau, sa voix se faisait de plus en plus tranchante.

– Dramatise en fin d'émission Coco ! lui avait une fois pour toutes commandé le directeur des programmes.

Alors que Lickstein regagnait son bureau, la jupe argentée, la blouse acacia et les seins tendus de Lina, l'une de ses trois assistantes, attirèrent son attention. Elle lui fit signe.

– Danny, il faudrait que tu rappelles d'urgence un certain Georges de La Pierce à l'Élysée. Il a une info pour toi.

– À propos de quoi ?

– Un truc sur la Guadeloupe... Je n'ai pas très bien compris.

Lickstein connaissait La Pierce. Il n'aimait ni ses lèvres en cul de dindon ni sa politesse hautaine. Mais Lickstein, en bisbille avec le fisc, voulait trouver de l'aide tant chez le Premier ministre, qu'il rencontrait dans ses dîners parisiens, que dans l'entourage du président. Peut-être était-ce l'occasion de s'assurer un allié.

Il téléphona sans attendre à La Pierce.

– Allô, bonjour, comment ça va ?

– Infiniment bien, fit La Pierce, étonné.

Il tenait Lickstein pour un dépravé.

– Vous m'avez appelé, je crois ?

– Non, je n'ai pas eu ce privilège. Pourquoi ?

– On m'a laissé un message disant que vous vouliez m'entretenir de quelque chose de grave à propos de la Guadeloupe...

Le cœur de Georges de La Pierce fut comme griffé d'une lame de rasoir.

– Non, fit-il calmement.

– Bon. Alors, ce doit être une erreur, fit Lickstein. Mon assistante est une gourde.

– Je le crains cher ami.

– Mille pardons...

– Mais je vous en prie... Nous vous verrons bientôt à l'Élysée j'espère. Vous savez que le président remettra la Légion d'honneur à l'un de vos amis... le directeur de Screen, si mes souvenirs sont exacts...

– Tout à fait. J'y serai...

Dès qu'il eut raccroché, Lickstein injuria Lina dont les grands cils brillèrent de deux larmes.

La Pierce rejoignit le président alors que ce dernier

tenait réunion avec l'état-major de sa campagne électorale.

Il lui fit un signe d'inquiétude.

Hugues Cotteret eut un débat intérieur d'un centième de seconde pour déterminer s'il acceptait l'entretien immédiat sollicité par La Pierce.

– Je m'absente quelques instants, trancha-t-il.

Le sourire à la lèvre, et après une tape affectueuse sur l'épaule de son voisin, il retrouva La Pierce.

– Tu connais Lickstein ? demanda Georges.

– Le gauchiste millionnaire ?...

– Oui.

– Et alors ?

– Il m'a appelé à propos de la Guadeloupe.

– Merde !

La Pierce expliqua que Sepp voulait probablement faire comprendre à l'Élysée qu'il n'était pas loin de transmettre une partie du dossier VollensDeiger à certains journalistes.

– Ça brûle, dit simplement le président.

– Oui.

– Propose-moi une contre-attaque. On se revoit après ma réunion, ajouta Cotteret.

La Pierce hocha la tête.

Hugues Cotteret retourna vers la grande salle. Il déploya ses talents de simulateur et sembla particulièrement enjoué en marchant vers la table en ébène.

– Rien d'important... murmura-t-il à son directeur de campagne.

Durant la demi-heure qui suivit, la peur aiguilla Cotteret vers une attitude de tranquillité. Les participants jugèrent le président très attentif. Pourtant, Hugues Cotteret n'écoutait plus ce qui se disait, son esprit retournait sous toutes les coutures le visage de Sepp Kowaltchuk.

« Il veut aller jusqu'au bout ce fils de pute », songeait-il.

*

La visite du président avait été un coup de gel sur le cœur de Daniel Spassy. Durant une trentaine de minutes, les côtes soulevées par les pleurs, le comédien s'interrogea. Était-il trop exigeant avec les hommes qu'il aimait ? Il gardait la certitude d'essayer de les comprendre mais ne considérait pas cette attention comme un encouragement à le brutaliser. La manière du président de la République de s'autoproclamer le centre du monde devenait insupportable.

Daniel quitta son lit. Il s'essuya les yeux à une pochette en soie. Il enfila un pantalon de satin léger. Il vérifia le rembourrage de mousse de ses gants d'entraînement. Comme il souffrait des métacarpes, Daniel entoura ses poings de bandes de coton. Spassy travailla ses enchaînements sur le sac de frappe. La boxe lui permettait de prendre le large. Chaque coup donné l'éloignait de lui-même. Plus tard, il prit une douche.

C'est une habilleuse de la production qui le prévint par téléphone de l'arrestation de Milou, son agent. Un lieutenant de police accompagné de deux ou trois collègues venaient de le cueillir chez lui.

– À ce qu'il paraît qu'ils auraient trouvé de l'héroïne dans sa chambre, précisa-t-elle.

– Vous en êtes certaine ?

– Oui Daniel.

À présent, l'appétit de destruction cédait devant la révolte. Le pouce et l'index réunis, Daniel Spassy tirait sur les fils de son polo en coton éponge. Il tenta de joindre le président au téléphone. Comment faire libérer Milou ? Daniel laissa un message au Petit havre et sur la boîte vocale du portable d'Hugues. À l'Élysée, il parvint à joindre Larissa Barek, l'assistante du président. Sur le ton de courtoisie fade adopté avec les importuns, elle lui indiqua que l'emploi du temps du chef de l'État lui interdisait toute conversation privée. Spassy l'injuria. Depuis qu'il était tombé amoureux du président, le fractionnement de la jalousie et de la haine ponctuait les journées de Daniel.

La sonnerie du téléphone le fit relever la tête. Il courut dans sa direction.

– Oui ? fit Daniel.

– Bonjour. Federal Express, annonça une voix claire.

– Je vous ouvre...

Daniel était déçu. Hugues ne l'appelait toujours pas.

Une minute plus tard, Boidest entra.

Daniel jugea intéressant le visage de Boidest. Chaque millimètre de chair paraissait tendu par des os prêts à percer. On sentait que sa férocité se posait en norme.

– Bonjour.

Boidest lui fit un signe de la tête.

À l'ordinaire, la gloire d'acteur de Spassy s'accompagnait d'une admiration naïve chez ceux qu'il rencontrait. Les gens se rapprochaient instinctivement de lui. On l'aimait et surtout, on le regardait. Un acteur célèbre réduit autrui à deux pupilles. L'indifférence du visiteur le surprit. Il omit de noter que celui-ci ne portait pas l'une de ces sacoches dans lesquelles les scénarios lui parvenaient.

– Je vous en prie… fit Daniel qui s'effaça pour le laisser entrer.

Boidest manquait de bienveillance à l'égard des homosexuels. Il prônait à leur égard un régime dissocié : coup de pied dans le bas-ventre et pal rouillé.

– Où est le pli ? demanda gentiment Spassy.

– Sepp m'a demandé de vous remettre ceci en main propre.

Il sortit un paquet de sa poche.

– Sepp ?

– Oui.

Daniel Spassy ouvrit une boîte en carton.

– Qu'est-ce que c'est ?

– Je ne sais pas.

Il se pencha vers une table et saisit un coupe-papier avec lequel il perça le carton.

Daniel découvrit des pilules blanches.

– Ecstasy ?

– Il semble…

– Vous connaissez bien Sepp ?

– Je suis juste un courrier, prétendit Boidest.

– Un quoi ?

– Quelqu'un qui livre à domicile…

– Vous voulez boire quelque chose ?

– Thé glacé, indiqua Boidest qui devenait maître des lieux.

Tandis que Daniel s'en allait vers la cuisine, Boidest

considéra les tableaux. Tous glorifiaient le corps des mâles. Spassy, pieds nus, revint sans bruit, une tasse à la main. Il observa Boidest.

– Vous aimez ?

– Je déteste.

– Au moins, vous êtes franc.

Boidest lui tournait le dos. Daniel entendit sa voix devenir plus forte.

– C'est amusant les tabous.

– Pardon ?

Boidest lui fit face et montra plusieurs tableaux.

– On peut peindre deux gamins qui s'enfilent, on peut défiler avec le portrait de Staline qui a congelé des millions de Russes au goulag… mais le portrait de Hitler, il a droit à la niche du chien.

– Heu… ça n'a rien à voir.

– Manipulation… chuchota Boidest.

Daniel ne chercha pas à se mettre dans l'esprit d'une joute verbale. Il était soulagé de bavarder avec cet inconnu qu'il ne reverrait jamais. La rage de ne pouvoir faire intervenir le président de la République en faveur de Milou lui écrasait le ventre et il était bon de se distraire.

– Vous vous intéressez à l'art ? Je veux dire, la peinture, la musique…

– Je bouquine comme un malade, c'est tout.

– Et la drogue, vous y touchez ?

– Jamais.

– Moi j'ai commencé au lycée. Ça ne date pas d'hier.

Boidest hocha la tête. Il prit un livre dans la bibliothèque peinte, à dessein, dans les tons papyrus.

– J'ai un ami qui vient de se faire piquer par les flics, confia Spassy.

– Oui ?

– J'essaie de le faire sortir. J'ai les relations qu'il faut mais...

– Ils le relâcheront s'il fait l'indic, assura Boidest.

– Vous croyez ?

– Ça fonctionne comme ça...

Daniel désigna un petit meuble sur lequel s'étageaient des centaines de disques compacts.

– Et la musique, vous êtes contre aussi ?

– Le Blues, ça me va.

– Uniquement ?

– Oui.

– Je vais vous faire écouter autre chose. Si vous avez une minute, bien sûr.

– Je n'ai rien à faire qu'à tuer le temps...

Boidest s'assit sur le sofa.

L'Union des Halles

Le fond argileux de la région retenait l'humidité et Samuel Costes grelottait. Ils roulèrent sous la passerelle haubanée qui reliait les entreprises de maintenance à l'usine de chauffage. Costes passa un doigt sur la pointe bleue de son menton avant de remonter son écharpe. Les services de gardiennage, avenue Archibald-Menziez, s'affairaient autour de leurs voitures. La brasserie des Blanchets était bondée. Des centaines de camions frigorifiques filaient en tous sens et les chauffeurs, grincheux, abusaient de leur avertisseur. Costes, un cure-dent entre les lèvres, tentait de résister à son envie d'appeler Mahaut et de lui proposer le mariage. Son associé, le cœur vadrouillard, songeait à deux jumelles avec lesquelles il espérait partager certaines félicités.

– Je t'ai parlé des sœurs Van den Leuw ? demanda-t-il, alors que Costes évitait, d'un coup de volant, des caillebotis dont les mailles disparaissaient sous la boue.

– Non.

– Superbes.

– Comme toutes tes copines !

– Je les ai en photo, tu veux jeter un œil ?

– Surtout pas.

– T'as tort. Elles habitent la vallée de Chevreuse. Elles ont une piscine chauffée. On pourrait faire plouf à quatre.

Costes cracha son cure-dent.

– Tu me laisseras devant le hall d'entrée, dit-il.

– Tu boudes ?

– J'ai simplement besoin de converser avec une femme. Et tu sais pourquoi ? Pour ne plus penser à Mahaut.

– C'est curatif ?

– Plutôt sacrificiel.

– Ne cherche pas à m'épater avec des grands mots... Mais... on peut savoir qui est l'élue ?

– L'assistante de Lequint.

– Si tu entames la deuxième phase de ton exercice de séduction, laisse-moi au bistrot.

– Bien.

– Tu espères vraiment apprendre quelque chose de cette fille ?

– On ne sait jamais.

– Depuis la mort de Lequint, elle doit être salement cuisinée par les condés. Les questions, elle ne les supporte plus, j'imagine.

– Probable, dit Costes. Mais avec elle, j'attaque par l'affectif. Enfin… j'essaie…

Bernstein sortit de la voiture d'un pas réglé par son inaltérable tranquillité d'esprit. Il se retourna pour faire un signe d'encouragement à Costes.

Lucile Florange apparut deux minutes plus tard dans un manteau jonquille. Lucile longea une barrière de chantier et disparut quelques secondes derrière un bardage en tôle.

Costes, rassuré qu'elle ne fût pas accompagnée, se porta avec lenteur à sa rencontre. Il ne savait que faire de ses mains et les glissa, comme frauduleusement, dans ses poches.

Elle le reconnut.

– Encore vous !

Lucile n'appartenait pas au vaste camp des effarouchées, elle aimait le désir des hommes.

– Je me suis trompée, vous travaillez dans le coin finalement ? s'informa-t-elle.

– Plus ou moins.

Audacieux, il l'invita à déjeuner.

– Aujourd'hui ?

– Oui.

– Vous ne seriez pas un peu monomaniaque ?

– J'ai simplement envie de vous entendre parler.

– Je devrais me méfier, non ?

Elle semblait fatiguée.

– Vous avez de la chance, j'ai besoin de me distraire, reprit-elle. En ce moment, c'est difficile au bureau.

– Oui, j'ai vu ça. La mort du président de l'Union des Halles...

– Mon patron, oui. Le pauvre...

– L'enquête avance ? demanda Costes.

– Je ne sais pas.

– Vous marchez toujours aussi vite ? demanda-t-il.

– Oui, j'ai hâte de retrouver ma cage.

– Bizarre.

– Vous faites quoi exactement ? demanda-t-elle.

– Une étude de marché.

Elle ne répondit pas.

– Alors, ce déjeuner ? insista Samuel Costes.

– Pourquoi pas demain ?

– C'est loin...

– Avec un peu de cran, vous tiendrez, affirma-t-elle.

– Où puis-je vous joindre ?

Elle désigna les hôtesses.

– Passez par le standard. Je m'appelle Lucile Florange. Et vous ?

– Costes.

– Pas de prénom ?

Elle n'attendit pas sa réponse ; déjà elle lui tournait le dos et se trouvait devant les ascenseurs.

Costes, surpris de la promptitude avec laquelle cette nouvelle rencontre s'était nouée, resta quelques secondes immobile.

Il retrouva son compère au bistrot le plus proche. Bernstein s'adonnait, avec les grognements du sanglier en rut, à la lecture d'un magazine de charme.

– Déjà ?

Costes hocha la tête.

– Tu l'as violée sauvagement ?

– Je déjeune peut-être avec elle.

– Pas mal !

Dans la voiture, Bernstein tenta d'effacer à l'aide d'un peu de Coca les taches de béchamel sur son polo.

– Où on va déjà ? demanda Costes.

– Chez Daniel Spassy, l'acteur le mieux payé d'Europe.

– Bien.

Bernstein l'observa.

– Ne me dis pas que tu penses encore à Mahaut !

– Non, non, je t'assure !

Pâle, Costes avait un air de famille avec certains cadavres.

– Je me sens déjà mieux qu'hier, prétendit-il.

Ses orbites s'enfonçaient comme des cavités gothiques et des cernes couleur d'algue s'étiraient vers ses pommettes.

Il gara facilement la voiture devant l'immeuble où habitait Spassy.

Bernstein glissa quelques pièces dans l'horodateur. La lumière, étrange, lui rappela le vert dilué des matins bretons.

Ils crurent éviter le regard du gardien en rampant sous sa fenêtre. La manœuvre était inutile, ce dernier, qui tenait compte des demandes de son chien, se promenait de lampadaire en lampadaire autour de la place de la République.

Ils montèrent à pied. Samuel peinait, il avait une démarche lourde. Ils sonnèrent plusieurs fois à la porte de Daniel Spassy. Puis Bernstein, qui jouissait des prestiges du bricoleur, exhiba les outils habituels de ses effractions.

– Bizarre. La porte est juste claquée, murmura-t-il bientôt.

– Je vais encore sonner. Il est peut-être dans son bain avec un petit camarade.

– Vas-y.

Bernstein poussa la porte.

Une minute plus tard, Costes, eut un juron.

– Le salaud !... mort !

– Tu crois ?

Costes s'approcha.

– Touche-le pour voir... suggéra Bernstein.

– Fais-le toi !

– Les macchabées, ça me fiche facilement le moral en l'air, avoua Bernstein.

– Moi je suis déjà dépressif. Débrouille-toi !

Bernstein eut l'air exaspéré.

– Retourne-le Samuel, t'as toujours peur de tout !

Costes hésita.

– Allez ! l'encouragea Bernstein.

– La viande, ça m'écœure vite !

– T'es vraiment une moule !

– Il a une espèce de plaie sur le haut du crâne, précisa Costes qui effleura de l'auriculaire le visage de Daniel Spassy.

– Du sang ?

– Non, un coulis de groseilles !

– Te fâche pas...

Ils reculèrent.

Bernstein ajusta une grimace de cinéphile.

– Et en plein tournage ! Pour la production, tu imagines le drame financier ?

– À propos, on la récupère cette caméra oui ou non ? s'impatienta Samuel.

Bernstein fit la courte échelle à Costes qui, s'il avait un glorieux passé d'homme mince, pesait à présent plus de cent kilos.

– Avec toi, il vaut mieux être dessus que dessous... grogna Bernstein dont les jambes tremblaient.

– Je la tiens !

Bernstein le laissa tomber sur le tapis. Costes montra la caméra.

Ils descendirent l'escalier sans un mot.

Dans la Volkswagen, Bernstein soupira une dizaine de fois. Costes se moucha durant plus d'une minute.

– Tu crois qu'il a pris sa rafale Spassy ? demanda Bernstein.

– Non, il est mort d'un ongle incarné.

Bernstein haussa les épaules.

– On ne peut rien te dire. C'est agaçant à la fin...

– OK.

– Cette plaie, c'était quoi ?

– Il a pu avoir un malaise et dégringoler sur le radiateur. Ou alors, il a été touchotté à coups de barre de fer.

– De toute façon, on va vérifier si la caméra a enregistré quelque chose...

– Elle était dans le bon axe, considéra Samuel.

– Je sais.

*

Federico marchait avec dix euros en poche et avait fait le pari de se nourrir sans débours la semaine durant.

L'asphalte mouillé réfractait ses jambes en ciseaux. Le jeune Philippin n'était ni amer ni arrogant. Des couleuvres, il en avait pourtant avalées des kilomètres depuis sa naissance. Au fond, il n'avait jamais eu pour pénates que l'espace. La Corée-du-Sud, Guam, la Nouvelle-Zélande, son sort s'était réglé dans des pays étrangers. À présent la France. Sans-papiers, mais en attente d'une régularisation, il partageait, derrière la gare du Nord, une chambre avec des amis. Faute de place, ils avaient institué un roulement qui ne donnait droit, à chacun, qu'à trois heures de sommeil par jour. Le reste de la journée, il marchait dans les rues ou faisait des ménages.

Jamais en défaut sur les horaires, Federico, qui venait repasser le linge de Daniel Spassy, ôta son imperméable acheté dans un surplus militaire. Il se cacha du gardien qui se taillait une belle réputation de tyran dans l'immeuble et prit l'ascenseur. Enrhumé, il se moucha entre ses doigts. Il ouvrit la porte de l'atelier.

L'appartement était éclairé ; il inclina le réflecteur du luminaire. Les gouttes de pluie pilonnaient la toiture de la véranda. Federico était fier de travailler pour une vedette de cinéma, il appréciait le privilège de veiller sur ses chemises et de plier ses caleçons. Et son admiration pour Daniel se fortifiait des dons pour la décoration qu'il lui reconnaissait. Federico avait en vue la profession de styliste.

Il poussa une sorte de feulement lorsqu'il aperçut Daniel allongé sur le tapis mimosa.

– *Sir ?*

Federico s'approcha avec une soumission gracieuse face à ce qui ne pouvait être qu'un caprice de Daniel. Après tout, un artiste a le droit de passer la nuit sur une moquette en velours.

– *Are you awake sir ?*

Il resta immobile, solennel.

Federico savait que Spassy était un buveur flamboyant et il n'ignorait pas qu'il se droguait.

Le Philippin avait le privilège d'avoir vu dix ou vingt fois plus de cadavres qu'un Occidental de son âge. En Asie, la mort veille au grain, il lui faut sa part.

– *Sir ?*

À l'évidence, Daniel Spassy était passé de vie à trépas sans même régler ses honoraires au Philippin.

Federico eut de la peine pour Daniel. Puis il se demanda si celui-ci avait été assassiné. Convaincu qu'il n'était pas souhaitable, pour un clandestin, de subir l'interrogatoire des forces de l'ordre, il dévala les étages avec une souplesse d'écureuil.

– Hé, d'où c'est que vous venez ?

C'était monsieur Lopez. Son intégrité de gardien consistait à lutter courageusement contre les ravages de l'inexactitude. Il nota l'heure précise de ce repli stratégique.

– Saleté ! soupira-t-il.

Il marcha jusqu'à la rue. Le Philippin avait déjà disparu.

Monsieur Lopez était un homme d'ordre : femme, enfants, épagneul, hamster, tout était à sa place dans sa loge qu'imprégnait une odeur d'échalote. Suspicieux, il monta jusqu'à l'appartement de Spassy. Sa tension artérielle, qu'il soignait depuis dix ans, lui interdisait de s'émouvoir au-delà de ses angoisses privées.

Monsieur Lopez jugea vite.

– Il est mort ce sale pédé, dit-il simplement.

L'homosexualité était en défaveur dans sa méditation sur les grands maux du siècle.

Lopez se gratta le nez, indice d'un grand agacement.

Il appela calmement la police.

Le commissaire du quartier, Frank Bossoir, mécontent d'avoir été dérangé durant l'étude de son futur budget de fonctionnement, fut surpris lorsqu'il apprit que la victime était un acteur célèbre. Ses appétits, à ce moment de sa carrière, s'enfantaient dans un certain désir de notoriété.

– Daniel Spassy ?

– Oui, je vous le jure, affirma monsieur Lopez.

– J'arrive !

Frank Bossoir ferma la porte de son bureau. Il appela sa femme.

– Yvette, je vais passer à la télé. Branche le magnétoscope.

Il ne fallut pas huit minutes à cet homme dévoué au bien public pour conclure que Federico était un assassin. Il acheta une cravate en face du commissariat et ne se refusa pas le délice de se laisser filmer par une trentaine de chaînes de télévision.

*

Costes, un angoissé de toujours, s'était fait un matelas des générosités féminines. Il conservait les cadeaux reçus, du plus coûteux au plus convenu ; montres, écharpes, livres, porte-clés. Il ne brûlait pas non plus son courrier. Ainsi, les soixante-treize lettres et cartes postales que lui avait adressées Mahaut durant les trois années qu'ils avaient partagées se trouvaient-elles posées à angle aigu, tels des crocs, sur l'un des rayonnages de sa bibliothèque.

La mémoire rend la vie impossible. Son ami Bernstein soutenait qu'oublier une femme faisait partie du plaisir de la rencontrer. Encore fallait-il le pouvoir…

Costes relut, une à une, les lettres. Puis il fouilla l'appartement avec le besoin de toucher à un objet appartenant à Mahaut. Elle avait tout emporté. Il parvint cependant à retrouver le masque de tissu noir qu'elle fixait sur ses yeux pour dormir. Et il le mit dans sa bouche. Comme s'il le tétait. L'odeur de Mahaut. Le vertige.

Bernstein l'appela à ce moment exact.

– T'es bien assis ?

– Oui.

– Daniel Spassy a effectivement pris son radiateur en pleine tête.

– Tu vois, je te l'avais dit.

– Oui, mais il a été aidé.

– Par qui ?

– Un costaud, maigre, qui a pris le thé avec Spassy avant de lui faire sa fête.

– Vengeance de « folle » ?

– Non. Je ne crois pas. Ils n'avaient pas l'air intimes.

– Il l'a tué de sang-froid ? demanda Samuel.

– Oui. Très calme le type.

– Alors, c'est un contrat.

– On dirait…

– Tu n'as rien remarqué d'autre ?

– Juste un truc...

– Lequel ?

– Minus aussi a été filmé.

– Tu galèjes ?

– J'ai l'air ?

– Viens manger une brioche et on en parlera...

– J'arrive !

Costes fit craquer une à une les jointures de ses doigts. Puis, comme l'heure de l'apéritif sonnait éternellement dans sa vie de soiffard, il but un pastis.

Dans son apport à la folie parisienne, Bernstein n'avait pas de scrupule à dépasser le cent soixante à l'heure sur le boulevard périphérique. Il atteignit la rue des Peupliers en douze minutes.

La brioche l'attendait, ronde et chaude, sur une assiette.

– Je vais t'offrir une petite projection pas piquée des hannetons, annonça Bernstein qui tâta du pouce la gourmandise que Samuel venait de sortir du four.

D'un coup de reins, il installa son matériel sur la table. Samuel resta debout.

– Tu vas voir, les images sont bonnes.

Bernstein fit se dérouler à une allure folle tout ce qui n'était que la vie domestique de Daniel Spassy. Daniel cherchant ses chaussettes, Daniel lisant le journal, Daniel se mettant les doigts dans le nez.

– Il enchaîne bien les séries au corps, plaisanta Bernstein lorsqu'ils découvrirent Spassy accueillant tendrement le président de la République.

Le chef de l'État eut toute leur considération. Hugues Cotteret semblait très doué dans le domaine disputé de la badinerie.

– Le touche-pipi, tu vas voir, c'est sa matière forte, prévint Bernstein.

– On fait un boulot ignoble.

Boidest apparut sur les nouvelles images.

– C'est lui le méchant ? demanda Costes.

– Ça se voit non ?

Ils observèrent Boidest frapper sèchement, mais sans haine, Spassy. Un Boidest calme, comme s'il bénéficiait de l'immunité des fantômes. Il essuya sa tasse de thé avant de s'en aller.

– Je vais faire tirer des photos à partir de la vidéo, dit Bernstein.

*

Boidest distingua, de loin, le restaurant McDonald's proche de l'avenue Lénine à Bezons. Cette soumission à l'Amérique et la référence au communisme le révoltèrent. Il haïssait les empiétements de l'étranger sur la France. Boidest poussa la porte d'un coup de pied. Il commanda un jus d'orange qui lui fut remis par une brunette. La grève des transports publics allongeait la file de ceux qui fignolaient leurs engelures dans le vent froid. Encore une journée qui n'allait pas se perdre dans le ravissement. Boidest ne promenait pas sur le monde un regard compatissant : il pensa qu'à la place de ces gens, il mettrait le feu aux centrales syndicales.

« Ici Luck radio, vous allez entendre... » Un chanteur

trémola d'une voix de jeune fille, aussi Boidest chercha-t-il une table à l'abri de la musique. Il s'assit et observa un couple que des dévotions amoureuses menaçaient de faire chuter dans les fausses plantes vertes.

Une employée, un peu étouffée dans son uniforme, débarrassait les tables. À quelques mètres, une femme semblait perdue dans une méditation rétrospective sur la bonne manière de cuire des frites. Elle hochait la tête, ses coudes maigres tachés de sauce à la tomate.

Le portable de Boidest sonna.

Il reconnut la voix de monsieur Chose.

– Comment allez-vous ?

– Parfaitement.

– Je voulais vous féliciter pour votre prestation.

Boidest comprit l'allusion à l'assassinat de Daniel Spassy.

– Oui ?

– Je tenais, par ailleurs, à vous indiquer où se trouvait votre « prime de stimulation », dit, d'une voix qui ne sortait jamais de ses gonds, monsieur Chose.

Boidest ne répondit pas. Il savait que quelques secondes de silence pouvaient emporter la confiance des individus les plus sûrs d'eux-mêmes.

– Allô ? Vous m'entendez ?

– Ça va.

– Vous trouverez un sac en plastique vert, caché sous le tas de feuilles, derrière le muret de brique qui entoure le parking à l'angle de la rue Jean Carasso.

– Où ?

– À l'angle, sur la place.

Boidest se leva.

– Je vois le parking.

– Une proposition pour un travail supplémentaire vous y attend également. Je vous rappellerai dans une heure pour connaître vos disponibilités…

– N'hésitez pas, je suis de permanence, ironisa Boidest.

– Alors… à bientôt.

Boidest sortit. Le ciel semblait enfermé dans la brume. La rue Jean Carasso serpentait entre des immeubles de bureaux. Il fit une dizaine de pas. Des palplanches rouillaient devant une fabrique abandonnée. Boidest sourit à un chat de gouttière qui se faisait les griffes contre les écailles charnues d'un arbre.

Les feuilles mortes sentaient déjà l'humus. Il repoussa des bouteilles vides. Il trouva huit liasses de dollars dans un sac de plastique. Une chemise en carton rigide contenait une feuille de papier. Boidest la lut.

« Celui qui dirige toute la filière de la drogue est Sepp Kowaltchuk, officiellement responsable de la sécurité à l'Union des Halles. » Boidest, grand lecteur de journaux, se souvint de ce nom. Il hocha la tête. Sepp Kowaltchuk avait été cité dans *Le Monde Diplomatique* lors de la guerre civile au Gabon. Le journaliste sous-entendait que Kowaltchuk servait de pourvoyeur d'armes et d'intermédiaire entre un groupe pétrolier et Désiré Nabavoué, qui avait pris le pouvoir.

Boidest saisit le sac. La pluie commença de griffonner sur le pare-brise des voitures.

Il se frotta la nuque. Des môles d'amiante reposaient un peu plus loin. En ciré, un employé municipal balayait inutilement le trottoir. Boidest s'abrita sous un porche pour détruire la feuille sur laquelle monsieur Chose lui avait écrit, en capitales, ces quelques lignes. Il préféra marcher sous la pluie plutôt que de chercher un taxi. Boidest était triste. La mort de sa fille se dressait contre le plaisir d'avoir reçu l'argent nécessaire au remboursement de ses dettes.

L'Union des Halles

Samuel Costes gara la Volkswagen devant un bâtiment vert Empire. Des transporteurs déchargeaient une machine de congélation sous vide. Après avoir flâné du côté du centre médical, il sirota un verre de muscadet à une table de la brasserie du Melia. Son corps s'enflammait à un endroit, puis à un autre. Le ventre, les côtes, le haut du dos, les cervicales. Mahaut le faisait souffrir lorsque lui revenaient à la mémoire cette soûlerie de chair, de sève, la montée du ventre de Mahaut contre sa langue, cette bouchée de touffes rêches... la manière qu'elle avait de se blottir dans l'odeur aigre qui les perçait après l'amour. Cette minute où la solitude revient après s'être brûlé le sexe entre les hanches d'une femme.

Son imaginaire sombre suggérait à Samuel Costes que Lucile Florange manquerait à son rendez-vous. Et pourtant, elle fut à l'heure. Elle lui fit signe de loin.

– J'ai failli vous faire faux bond, annonça-t-elle.

– Le désir physique a été le plus fort, plaisanta Costes.

– Ça a joué, c'est vrai.

Lucile souhaita se dégourdir les jambes, ils marchèrent jusqu'au Triton, un bar-tabac. Costes l'aida à ôter son manteau doublé.

Elle s'assit sur la chaise qu'il lui tendait. La machine à café lançait quelques crachats.

Lucile avait de belles dents et son sourire la protégeait du monde.

– Vous n'êtes pas trop pressée au moins ? demanda-t-il.

– Ça va.

– Vous travaillez tard ?

– Oui.

Elle contemplait un employé du restaurant qui passait un balai à franges devant le comptoir.

Une serveuse au visage querelleur laissa tomber la carte sur leur table.

– Et vous, sérieusement, vous faites quoi dans la vie ? demanda Lucile. C'est vrai cette histoire d'étude de marché ?

– Je suis aussi le créateur des Amitiés monastiques de Bethléem, ricana Costes.

– Je l'aurais deviné !

– Rassurée ?

– Oui.

De son air espiègle, elle le regarda droit dans les yeux.

– Vous êtes plutôt fêlé, on va bien s'entendre.

Il la fit parler. Costes avait cette habileté d'engourdir les défenses des femmes ; il exposait ses propres fragilités avec tant d'évidence qu'elles se confiaient.

Lucile évoqua ses amours avec une franchise supérieure. Elle s'amusait de sa liberté et évoquait ses amants comme des créatures inoffensives. Le copinage érotique semblait la satisfaire. Costes comprit que les hommes étaient emportés tout chauds dans son lit pour être déposés ensuite au café du coin. Elle s'étendit sur sa famille, la psychanalyse qu'elle venait d'achever, sa passion pour Jean Genet, William Burroughs et Céline qu'elle lisait et relisait sans laisser à leurs romans le temps de souffler.

Naguère, Costes s'était senti attiré par des femmes dures. Il y avait laissé des plumes. Le départ brusque de Mahaut ajoutait à sa défiance. Il se demanda si les yeux chauds de Lucile témoignaient de son tempérament ou d'une émotivité dissimulée. Lucile passait de la fougue au rire dès qu'elle évoquait la sexualité de ses dernières rencontres.

« Si on baise, elle parlera de moi dans les mêmes termes » se dit-il avec regret.

Elle l'interrogea peu.

– C'est bizarre, en général les femmes me demandent rapidement si je suis marié. Pas vous.

– Tant mieux si vous êtes avec quelqu'un !... lui répondit, avec délectation, Lucile.

Moins autoritaire que décidée, elle ne comptait sur personne. Surtout pour la rendre heureuse.

Il mentionna Mahaut. Costes ressentait un besoin irrépressible de s'épancher. Il décrivit ses taches de rousseur qui, lors de leur première rencontre, l'avaient tant émoustillé, ses chaussures éternellement délacées et cette habitude de courir vers lui dès qu'ils se retrouvaient.

Les détails venaient en trombe. Lucile posa une main sur son poignet.

Ils burent chacun trois cafés pour prolonger le repas.

Avant de la quitter, Costes s'approcha de Lucile et lui dit, sans en être certain, qu'il avait envie d'elle.

– J'espère bien ! répondit Lucile.

D'un doigt, elle lui caressa la joue avant de passer la porte.

Costes en fut comme étourdi. Il téléphona à Bernstein.

– Rassure-moi, vous avez atteint l'orgasme en même temps ? se moqua l'autre.

– Elle a du charme, murmura Costes.

– Et elle a appuyé sur la touche « bis » pour te revoir ?

– Oui.

– Traîne pas trop pour l'interroger en douce sur Lequint.

– Ne t'en fais pas.

– Dépêchons, si on veut vendre nos photos au copain du Premier ministre, fit Bernstein.

– Oui.

– Tu es toujours d'accord ? demanda Bernstein.

– Pour les photos ?

– Tu ne vas pas me reprocher de t'avoir influencé ?

– Puisque le gouvernement n'est pas fichu d'assurer nos retraites, tu as raison, il faut nous en occuper nous-mêmes.

Des ouvriers étaient courbés devant la Peugeot de Sepp Kowaltchuk. Grâce à un tendeur, ils déroulaient des bobines de feuillard pour cercler des caisses déposées sur une dizaine de palettes.

Dissimulé à l'intérieur de la berline, Sepp venait de constater que Costes rencontrait Lucile Florange, l'assistante de Lequint. Un mystère de plus. Il les avait épiés, une canette de bière la main.

Hôtel Matignon

Le Premier ministre, Julien Daubern, avait un front de menhir, un tour de cuisse de Charolais et une simplicité de vie qui lui aurait fait passer sa lune de miel dans un bloc dortoir. Il n'aimait pas le luxe. Il n'aimait pas les plats en sauce. Il n'aimait pas les longues caresses. Il aimait, à la folie, l'idée de coucher un jour à l'Élysée.

Le Premier ministre venait de quitter les quatre ou cinq jeunes gens, un peu flagorneurs mais dégourdis, auxquels les dossiers les plus délicats étaient confiés. Ceux, aussi, qui, dans la température douillette de leur bureau, conservaient pour mission de mettre au point les coups de Jarnac susceptibles de faire du tort au président de la République. Après tout, il fallait remporter l'élection !

Le Premier ministre Daubern s'estimait supérieur à Cotteret ; il était attentif à le faire savoir. L'esprit de revanche avait demandé le droit d'asile à sa probité qui l'avait accueilli à bras ouverts. Daubern quittait le petit clergé des politiciens tolérants dès qu'il avait le président en tête. Il haïssait Cotteret avec, parfois, une touche de démence. Heureusement, cela restait invisible, une douceur insinuante marquait ses gestes. Sa civilité de façade n'avait jamais de cesse.

Julien Daubern expliquait à ses interlocuteurs que les fées avaient, au fond, peu mis du côté du président. À ses yeux, Hugues Cotteret n'alignait que de minuscules qualités qui, tels les faux talons, ne l'élevaient qu'artificiellement.

L'enjouement d'Hugues Cotteret, son style « à la bonne franquette » n'effaçaient pas une pensée frêle qui le poussait à des escarmouches mais le fermait à un grand dessein. Oui, Julien Daubern avait, insensiblement, beaucoup changé. Le pouvoir bouscule les sentiments. Depuis qu'il régnait à Matignon, le quinquagénaire au crâne chauve développait, sous les dehors d'un incorruptible, des réflexes de trafiquant. Ce qu'il appelait ses « valeurs » avait été envoyé par le fond. Si, jadis, son aveuglement avait eu pour divinités Trotski, Castro, Pol Pot et quelques autres, Julien Daubern ne montrait à présent de passion que pour lui-même. Longtemps incertain de son ambition, un désir de plus en plus énergique le poussait vers l'Élysée.

Les sondages lui étaient favorables. L'année qui venait s'annonçait prometteuse. Mais le Premier ministre, parmi quelques craintes, souffrait que le président puisse apprendre, un jour ou l'autre, qu'il avait, sept petites années auparavant, fait alimenter la caisse électorale de l'extrême droite pour mieux crier au loup et rassembler ce qu'il appelait « les forces de progrès ». Des frissons de peur l'enveloppaient lorsqu'il imaginait ce que le président ferait de ces informations si, d'aventure, elles montaient jusqu'à lui. Il imaginait surtout la stupéfaction des Français.

– Reviens directement me voir si ce qu'ils proposent est intéressant, commanda le Premier ministre Daubern à son ami Michel Dhunninge.

– Je serai de retour dans une heure.

Depuis trente ans, maître Dhunninge allait son bonhomme de chemin dans le sillage de Julien Daubern. Il était son avocat. Maître Dhunninge paraissait balourd avec sa bonne bouille en roue de carriole et ses pochettes jaillissantes. Mais il était brillant. On le disait généreux ; il ne s'agissait que de jovialité.

Maître Dhunninge allait rencontrer Costes et Bernstein. C'est dans un vieux numéro de *France Soir* que ces derniers avaient retrouvé le portrait de l'avocat aux côtés du Premier ministre, alors que celui-ci prenait ses vacances d'été à l'île d'Yeu. Dans cet article, l'avocat, rosi par des régates, donnait l'impression de ne pas tirer un total bien-être de son déguisement en vieux loup de mer, tandis que l'homme politique, longuement interrogé, assurait faire des rêves de bonheur dès qu'il pêchait la crevette.

Costes et Bernstein avaient joint l'avocat à son cabinet de l'avenue Franklin-Roosevelt. À demi-mot, et en précisant leur qualité d'enquêteurs privés, ils avaient facilement convaincu maître Dhunninge de partager avec eux un café serré au Cupidon, sur les Champs-Élysées.

L'entretien se déroula sans emphase. Maître Dhunninge, qui faisait la fierté de son professeur de yoga, joignait la vivacité à l'impassibilité. Il resta de marbre lorsque Bernstein fit glisser d'une pochette capucine les photos d'Hugues Cotteret. Il ne cilla pas à la découverte que la main présidentielle, intrépide, filait sous le caleçon de Daniel Spassy allongé sur un divan.

– Il prend bien la lumière le président, vous ne trouvez pas ? fit Costes.

– À qui avez-vous déjà montré ceci ? s'inquiéta maître

Dhunninge tandis que ses doigts se faufilaient d'un cliché à l'autre.

– Vous êtes notre premier acheteur potentiel, le rassura Costes.

L'avocat du Premier ministre, maître de lui-même, n'eut pas manifesté plus d'émotion à l'écoute de cognements au fond d'un cercueil.

– Vous ne nous demandez pas d'où nous tenons ces sympathiques images ? s'étonna Costes.

– Cela ne me regarde pas, précisa Dhunninge avec un exquis mouvement de pudeur.

– Il s'agit de feu l'acteur Daniel Spassy, indiqua Bernstein pour le cas où l'avocat n'eut pas la mémoire des gloires nationales.

– Pauvre garçon. Disparaître à trente-cinq ans en plein succès… À ce propos, vous…

– Oui ? fit Costes.

– Vous n'auriez pas d'informations particulières quant à l'origine de sa mort ?

– Non. Nous, on fait dans le présidentiel. Pas le show-biz, indiqua Bernstein.

Costes attira l'attention de maître Dhunninge sur le problème du jour.

– Alors, pensez-vous que ces petites choses prises sur le vif pourraient attirer l'attention de monsieur le Premier ministre ? glissa Costes.

Prudent, l'avocat se borna à battre affirmativement des cils.

– Les safaris-photos, ça amuse toujours, précisa Bernstein.

L'homme de loi avait de beaux yeux. Il médita un moment, le mufle levé.

Costes et Bernstein respectèrent ces instants de réflexion. Ils distinguèrent en lui une nature supérieure : celle qui paie rubis sur l'ongle.

– Nous allons nous revoir. Préalablement, pourriez-vous inscrire le prix de ces..., susurra maître Dhunninge.

Bernstein eut soin de ne pas introduire de dissonance dans tant d'harmonie. C'est tout doucement qu'il traça « 599 000 dollars » sur un ticket de métro.

– On vous fait une ristourne pour les soldes de fin d'année, fit Costes, avec un hochement admiratif pour sa propre générosité.

– J'y suis sensible.

– Le tarif père Noël, proclama Bernstein.

– Où souhaitez-vous que cette somme vous soit virée ? demanda Dhunninge.

– Nulle part. On est des primates. On aime le liquide, précisa Bernstein.

L'avocat tourna la tête et le dévisagea.

– Des petits mecs cupides et bornés. Surtout mon collègue. Lui, c'est le roi des simplets, poursuivit Bernstein qui désigna un Costes tout à sa grimace d'idiot du village.

– Si on avait une banque, on serait foutu d'en perdre l'adresse, murmura tristement Costes.

– Votre sincérité me comble, fit maître Dhunninge, pince-sans-rire.

Le visage tourné vers le plafond, il était rayonnant. L'avocat devait songer qu'il tenait là de quoi museler le président si celui-ci, avec une témérité infâme, envisageait de révéler l'aide jadis apportée discrètement, et par une banque libanaise, à l'extrême droite.

– Messieurs, je vous propose de nous retrouver ici même dès demain, conclut-il.

– À quelle heure ? fit Costes.

– Il faut que je consulte mon agenda, annonça Bernstein.

D'une mimique, Costes lui fit signe de ne pas en rajouter.

– Même heure, si vous en êtes d'accord, dit maître Dhunninge.

– Bien.

Bernstein et Costes se levèrent. L'avocat les salua de la tête.

Il disparut en dix secondes. Une Bentley, en double file, l'attendait.

Costes toussa. Bernstein plongea des morceaux de sucre dans son café.

– Dire que ce type, à vingt ans, faisait pousser des radis dans un potager communautaire, dit Costes.

– Comment tu le sais ?

– Je lis le journal moi, monsieur !

– C'est pas un imbécile, il n'a pas dû le bêcher longtemps son kolkhoze, considéra Bernstein.

– Effectivement.

– Tu crois que ça va marcher ?

– Bien sûr.

– On s'amuse bien, non ? reprit Bernstein.

Costes ne répondit pas.

– On se marre, non ?

– Avec du Prozac, ça ira.

– Tu veux dire Prozac plus Ricard.

Costes avait les yeux fixes.

– Samuel, si tu as des scrupules, éponge-les !

– On était enquêteurs ; on se diversifie dans la crapulerie. C'est un progrès ?

– Écoute. On a un président qui fait le grand écart entre dégueulasserie et démocratie. On l'aide à se redresser, c'est tout.

– C'est une manière de voir, dit Costes.

– Voler des voleurs, économiquement, c'est sain. L'argent qu'ils vont nous donner, d'où tu crois qu'il vient ? De tes impôts.

– Pas faux.

Palais de l'Élysée

D'abord, il y eut la mise au point des vœux aux autorités religieuses. Puis de ceux aux représentants des armées, à la municipalité de Paris, aux corps constitués, dignitaires, hauts fonctionnaires et représentants des organismes de l'État, dont le Conseil supérieur de la magistrature. Ensuite, le président subit un entretien avec Gerd Balloch, administrateur du Programme des Nations-Unies pour le développement. Un monsieur distingué qui poussait l'élégance jusqu'à croire ce qu'il disait.

À présent, Hugues Cotteret consultait son médecin personnel. Le président était peu enclin à lui donner sa confiance mais sa femme, sujette à quelques inquiétudes tant il se montrait soupe au lait, avait insisté pour qu'il reçoive le professeur Kohlsen. Celui-ci, que rien ne détournait de compenser par la chimie les lacunes du corps humain, posa cinq ou six questions au président. Cotteret, strict sur le chapitre de l'hypocrisie, l'assura de sa bonne santé. Il prétendit que sa mauvaise mine avait pour origine une vieille grippe qui, se croyant tout permis, était, un mois auparavant, entrée en coup de vent dans les bronches présidentielles.

Hugues Cotteret toussa à s'en irriter la gorge afin de donner du poids à sa fable. Cette journée entre neige et brume ajoutait au sérieux incontestable du virus évoqué. Le docteur Kohlsen ne prêta que peu d'attention aux affirmations du président de la République. Il savait que le dieu du mensonge était le seul auquel Cotteret donnait son espérance.

– Votre tension est beaucoup montée, constata-t-il.

– Oui mais je baisse dans les sondages. Compensation classique chez les hommes politiques.

Kohlsen alla s'asseoir devant le bureau pour rédiger une ordonnance. Le médecin marchait pesamment, ses jambes étaient lourdes alors que son visage restait jeune.

Une fois quelques lignes illisibles rédigées, Kolhsen débarrassa les lieux dans le silence. À soixante-dix ans, il entamait le dernier chapitre de sa vie, celui dont il n'attendait que quiétude et honneurs. Les tromperies de Cotteret comptaient pour peu. Il l'avait jugé depuis longtemps comme un « gredin inspiré ».

Et puis, le médecin de famille avait le sentiment, insupportable, de se mourir d'impôts trop élevés et il imputait ces ivresses fiscales à la droite comme à la gauche. Des « jean-foutre » ; ainsi les réunissait-il dans son dédain.

Sitôt le praticien disparu, le président fit une boulette de l'ordonnance. Il y ajouta du sucre en poudre. Son chien, Dicky, l'avala sans plaisir.

Le médecin se dirigea vers les appartements de la présidente ; il avait promis de venir papoter avec Edwige Cotteret pour laquelle il était un peu directeur de conscience.

Georges de La Pierce entra dans le bureau du chef de l'État.

– Il t'a trouvé comment ?

– Il prétend que j'ai la grippe, mentit à nouveau Cotteret.

– Rien de grave donc...

– Non. C'est la grande forme.

– Tant mieux, il ne s'agit pas de flancher.

– Alors ?... l'interrogea le président.

Georges de La Pierce avait quelques chances de figurer parmi les grands chuchoteurs de l'Histoire. Il s'approcha si près que les narines de Cotteret eurent un frémissement. Le président éternua bruyamment.

– Excuse-moi... c'est cette putain de grippe.

Le président analysa rapidement cette odeur nouvelle qui suscitait son allergie. La Pierce, à l'évidence, dégageait aujourd'hui les senteurs d'une colle époxydique dans sa phase de polymérisation.

La Pierce n'était plus qu'à un centimètre de lui. Le président s'abstint, héroïquement, de se replier au fond de son fauteuil et il rentra les dents. La Pierce se pencha vers l'oreille droite du président qui ferma les yeux. Georges craignait que des micros eussent été posés à l'Élysée sur ordre du Premier ministre. Il se plaisait à répéter que, jadis, le général de Gaulle avait licencié le directeur de la DST, après qu'on eut découvert l'un de ceux-ci derrière un tableau.

– À nous maintenant de nous occuper de Sepp, chuchota La Pierce.

– Fais vite.

– J'ai confié son nouveau message au laboratoire de la préfecture de police.

– Et alors ?

– Un poil minuscule se trouvait dans l'enveloppe. Un cil, d'après eux.

– Et puis ? s'impatienta le président.

– Il appartient à Sepp. Ils sont formels.

– Le salaud ! Je n'aurais jamais cru qu'il…

– Si !

– Il faut payer et être tranquilles.

– Certes, mais puiser dans les fonds secrets est impossible. Le Premier ministre en aurait connaissance, chuchota La Pierce.

Sa figure se pinça.

Le président se gratta la nuque.

– On va faire comme d'habitude, il suffit de demander à un président africain de nous retourner, en liquide, une partie de l'aide de la France.

– Non, ça finira par se savoir.

Le président eut un grognement.

– Je ne suis pas d'accord. Les rois nègres sont volontiers mabouls et ils confondent Droits de l'homme et steak haché. N'empêche, au final, ils ne sont pas plus crapuleux que les Blancs.

– J'ai une autre idée à te soumettre.

– Oui ?... parvint à dire Cotteret qui se retint de fondre dans un nouvel éternuement.

– J'ai un plan.

– Parfait. On peut savoir ?

– Tu vas te réconcilier, apparemment, avec Sepp.

Les sourcils d'Hugues Cotteret se levèrent.

– Pardon ?

– Il s'agit de lui faire croire que tu ne le suspectes pas de te faire chanter.

– Je ne te suis pas bien, confessa le président.

– C'est tout simple. Tu joues les candides, tu lui donnes témoignage de ton amitié en lui permettant de vendre en douce des armes. Tu lui demandes ta part... et avec cet argent, tu verses à France Revanche la somme demandée.

– Oui ?...

– Autrement dit, Sepp va croire qu'il peut gagner sur les deux tableaux, ce qui va l'enchanter et le rendre moins prudent. Et nous, son chantage ne nous coûte pas un rond. On reçoit de l'argent de la main droite qu'on lui retourne de la main gauche.

La Pierce s'installa cette fois tout contre le président. Sa langue chatouilla le fin duvet de poils qui protégeait le tympan de Cotteret.

– Ensuite, et dès qu'il ne se méfiera plus, il se fera abattre, murmura La Pierce de sa voix la plus paisible.

– Tu crois ? espéra le président.

– J'en ai bien peur.

Le président, prudent, garda le silence. Sa physionomie devint chaleureuse.

*

Elle était loin cette adolescence de rebelle qui l'avait fait s'habiller en traîne-savate. À présent, maître Dhunninge portait un costume prince-de-galles, une chemise à col italien, des chaussures à ses mesures. Il entra à l'heure dite au Cupidon.

– Tout beau, tout propre, constata Samuel.

De sa jeunesse tassée dans un HLM, Bernstein avait conservé un œil torve pour la gauche enrichie.

– Le fric, il l'a oublié ?

– Ne l'agresse pas, conseilla Samuel.

– Bonjour messieurs ! fit l'avocat avec un sourire parfaitement détartré.

Costes et Bernstein se levèrent. Il leur tendit une main exempte de toute chaleur humaine.

Maître Dhunninge était sûr de lui. On sentait qu'il n'avait pas reçu la fessée depuis trop longtemps.

Ils commandèrent trois cafés. Maître Dhunninge leur dit souffrir de cet hiver un peu épais.

– Voulez-vous les photos tout de suite ? s'impatienta Bernstein.

– Rien ne presse, mais, si vous le souhaitez, nous pouvons régler ceci dès maintenant

– Vous n'avez pas l'argent ? osa l'interroger Costes.

– Si, bien sûr.

Bernstein sembla, alors, baigner dans l'amour divin.

– Allez aux toilettes. Mon secrétaire s'y trouve avec la somme prévue. Vous pourrez compter tranquillement… fit l'avocat.

Bernstein se leva et marcha vers les lavabos.

En son absence, Dhunninge et Costes babillèrent. Samuel lui avoua souhaiter prendre un congé sabbatique. Maître Dhunninge préférait s'engager dans une nouvelle action en faveur des damnés d'Afrique de l'Ouest. Il ne négligeait pas les joies du tiers-mondisme.

Bernstein revint, un sac de sport à la main. Il fit un signe à Costes.

Samuel tira de la poche de sa veste une pochette mauve. L'avocat vérifia que les photos s'y trouvaient.

– Tout est en ordre ? demanda-t-il.

– Il semble bien, fit Samuel.

Maître Dhunninge rejoignit son secrétaire à la porte.

*

La rue était bruyante. Des rouleaux vibrants peinaient sur la piste cyclable en construction. Une niveleuse lançait de la fumée.

Où Costes avait-il été heureux ? Au bistrot. Le zinc avait été sa patrie. Heureux ? Un mot imprononçable sans un alcool de prune au fond de la bouche. Heureux ? Oui, lorsqu'il faisait l'amour dans les draps de Mahaut et qu'il se cognait la tête contre la bibliothèque trop basse. À chaque fois, le même livre sur le Vietnam lui tombait sur l'épaule.

Costes était allongé sur le lit. Jamais il n'utilisait le divan ou l'un de ses trois fauteuils. Chez lui, il se tenait debout ou couché. Samuel Costes n'écoutait pas de musique et ne branchait la télévision que si l'événement le méritait : guerre mondiale ou championnat de boxe.

Il avait déjeuné, dans la plus grande distraction, de quelques plats à la vapeur et d'une Cooper's Ale dans laquelle flottait un dépôt de levure. Ses désirs avaient toujours vécu en essaims. S'il se sentait bien, il avait envie de bonne cuisine, de balades et de livres. S'il était triste, une ruche vide habitait son crâne.

Le sexe de Mahaut restait son soleil. Il pensait qu'elle l'avait rejeté comme on le fait d'une peau morte.

Le téléphone sonna.

Costes pensa à une erreur.

– Ouais…

– Lucile Florange !

Sa surprise dura quatre longues secondes.

– Tiens donc ?

– Je suis dans votre coin. Je peux passer ?

– Maintenant ? fit Costes telle une vierge menacée.

– Si je ne vous dérange pas…

– Non, ça va…

Une certaine retenue des femmes étant le cœur de l'ordre social, Costes fut surpris du ton de Lucile. Que voulait-elle ?

Il s'habilla d'un pantalon de velours noir, agréable à caresser, et d'un chandail dans lequel les mains de Mahaut s'étaient souvent perdues. Il chaussa des mocassins dont on pouvait aisément se débarrasser. Son miroir lui révéla combien il était mal rasé. Il s'affligea d'une musculature qui n'était pas celle d'un décathlonien.

Costes s'était toujours rêvé un autre, avec des lèvres dessinées pour la convulsion amoureuse.

Costes but un reste de Porto. Oubliant son physique, il se remémora la double liste de ses travers et de ses qualités. Pourquoi Lucile s'intéressait-elle à lui ? Il était surpris qu'on l'apprécie. Mais il était tout autant incrédule si l'on ne voulait plus de lui.

Costes avait omis d'indiquer à Lucile le code de l'immeuble. L'interphone tinta par à-coups à cause d'un faux contact. Un soir, lors d'une dispute, Mahaut l'avait projeté contre le mur…

– Vous me laissez sur les marches ? demanda-t-elle d'une voix amusée.

– C'est au quatrième ! hurla-t-il dans le boîtier de plastique.

Il remonta ses chaussettes. Mahaut, il s'en souvenait, détestait qu'elles tombent sur les chevilles. Lucile aussi, probablement.

Lucile entra sans cérémonie. Elle ôta son foulard qu'elle posa sur une chaise.

– Vous vous baladiez dans ce quartier ? demanda-t-il.

À l'inverse des visiteuses habituelles qui montraient leur besoin de reconnaître les lieux, Lucile préféra le fixer des yeux comme si la simplicité était ce qu'ils devaient partager.

– J'avais envie d'être dans vos bras, murmura-t-elle. C'est grave ?

– Très.

– Offrez-moi un verre ; au moins nous respecterons une convenance.

Il hésita.

– Whisky ? Gin… un porto ?

– Non. Un verre vide suffira.

Il passa un bras autour de son cou pour l'entraîner vers sa chambre.

– Je préfère par terre… dit-elle.

*

Portable dans une main, volant dans l'autre, Costes conduisait. Benne levée, un camion déchargeait du sable devant le portail de bois ajouré d'un pavillon. Dans la file de voitures, l'insistance des avertisseurs le gênait pour entendre Lucile.

– Ce que j'apprécie, c'est que tu fasses l'amour d'une manière un peu animale, exposa Lucile au téléphone.

– Tu trouves ? D'habitude on me dit le contraire.

– Alors, c'est mon influence…

– Dis, j'ai oublié de te demander : tu es libre ce soir ? demanda Costes.

– Non.

La main gauche sur le volant, son portable coincé contre son oreille droite, il se toucha la verge avec perplexité. Elle était souvent de bon conseil.

– Tu vois un autre type je présume ?

– Tu présumes de traviole.

Samuel marqua un temps de recul.

– Si, si, tu peux passer chez moi si tu veux. Vers neuf heures, indiqua Lucile.

– Donne-moi ton adresse, à tout hasard.

Lucile habitait Le Plessis-Robinson.

– Il faut que je te laisse parce que le directeur administratif vient d'entrer dans le bureau, fit-elle ensuite d'une voix sans crainte.

– À ce soir. J'apporterai mon panier de pique-nique, ricana Samuel.

*

Un chauve promenait son chien parmi des crottes parfaitement déposées autour des arbres. Il remit Samuel sur le bon chemin.

– C'est dddddans c'c'ette di direction lllà…

Bègue, il s'exprimait avec des halètements d'évier bouché.

– Merci.

Lucile Florange nichait dans un immeuble situé en lisière d'un bois qui était comme un appât entre les routes. La nuit sentait moins fort qu'à Paris. Un grillage surmontait le soubassement de plaques de béton du bâtiment ; les mailles soudées avaient été disposées en espalier pour compenser la dénivellation.

Samuel urina au pied d'un jeune peuplier. Il entrait chez les femmes d'un cœur souvent lourd mais la vessie aussi légère qu'un elfe. Plus loin, un chien ne se croyait pas déshonoré de fouiller la décharge municipale.

Un système d'arrosage défectueux vous jetait à la figure une volée de gouttes froides. Costes courut sur les dalles granitées pour leur échapper. Il refusa l'ascenseur. Lucile habitait au second étage.

La senteur d'ambre qui serpentait dans le couloir venait de chez elle. Il sonna. Lucile ouvrait les portes en promenant sur le monde extérieur un regard compatissant.

– Le pauvre, il s'est sûrement perdu ? demanda-t-elle.

– Comme tous les autres je suppose, fit Samuel.

D'un clin d'œil, elle lui fit signe d'entrer.

Le canapé en nubuck clouté donna à Samuel la certitude de mettre le pied dans une souricière.

– Nathalie, viens que je te présente Samuel, fit Lucile.

Assise sur un tabouret, une fille d'une vingtaine d'années se caressait la jambe alors qu'elle feuilletait un magazine. Elle tourna la tête vers Samuel.

– J'arrive, je cours ! dit-elle en restant assise.

Du pas d'un évêque dans sa tournée pastorale, Samuel s'approcha, paisible, jusqu'à elle. Il l'embrassa sur le front.

– Bizarre ton copain, soutint Nathalie avec un mouvement de recul qui vint trop tard.

Lucile observait Samuel, amusée.

– Les hommes, je les préfère givrés, tu le sais bien.

Nathalie pouffa.

– Elle habite ici pour quelques jours, indiqua Lucile à Costes.

Ils prirent un apéritif. Elles semblaient n'avoir d'autre souci que d'affirmer leur complicité. Chacune parlait à l'oreille de l'autre.

Durant le repas, une raclette arrosée d'un vin de Savoie, tous plaisantèrent et Costes se tint ferme sur les principes de la superficialité. Il était assez mal à l'aise pour se plaire à une conversation légère. Plusieurs fois, Lucile effleura la main de Costes tandis que, dans ces moments-là, la jeunesse nerveuse de Nathalie se tendait vers eux.

Après le café, Nathalie voulut regarder un film à la télévision.

– Nathalie est une spécialiste des comédies italiennes, expliqua Lucile. Elle n'en loupe jamais une.

Costes se leva, il ne savait s'il devait partir ou rester. Il eut un besoin immédiat de la tendresse de Mahaut.

– Juste maintenant, tu penses à quoi ? l'interrogea brusquement Lucile.

Il ne répondit pas.

– Dis-le, n'aie pas peur.

– À une femme.

– Celle dont tu m'as parlé ?

Costes hocha la tête. Nathalie se retourna, curieuse.

Lucile s'approcha. Elle passa sa main sous la chemise de Costes pour lui caresser les reins.

Ensuite, elle l'entraîna sur le divan.

– J'ai envie...

– Viens dans ta chambre, proposa-t-il.

– Non. Ici.

Elle ôta son T-shirt puis sa jupe et commença à ouvrir le pantalon de Samuel.

Les doigts de Lucile accueillirent gentiment les boutons noirs de la braguette de Samuel. Elle les traita comme s'ils faisaient peser un injuste fardeau sur son sexe. Lucile y posa les lèvres avant d'enlever le string qu'elle portait encore.

Costes chercha Mahaut dans le corps de Lucile.

Ils firent lentement l'amour. Lucile était joueuse, se perdant dans la domination avant de se soumettre. Son plaisir tenait dans cette alternance.

Samuel Costes surveillait le ciel. Il attendait l'Apocalypse. Le carambolage de deux ou trois planètes faisait partie de ses prières…

Costes s'était levé dix minutes plus tôt. Il avait préparé le café. Lucile somnolait, les jambes écartées sur le drap rejeté.

Nathalie savait garder l'apparence de l'autonomie. Samuel entendait le bruit de la douche, derrière le rideau de tissu dont le bleu gris rappelait la gorge des pigeons.

Lucile s'étira.

– Quelle heure ? grommela-t-elle.

– Sept et demi.

– Tu ne vas pas au boulot ?

– Plus tard.

– La baise, c'est un sucre lent, ça me donne des forces pour au moins six heures.

Costes ne répondit pas.

Elle but deux tasses de café.

– Il faut que j'appelle mon chéri, dit Nathalie qui apparut dans une grande serviette.

Il découvrit la nuance seigle de son regard.

Nathalie prit son téléphone portable et s'en alla vers la cuisine. Lucile dévisagea Samuel.

– Tu as l'air tout le temps ailleurs Costes. Dans ta bulle.

– Ah oui ?

Elle hocha la tête.

– Mais tu me plais quand même.

Les filles quittèrent bras dessus bras dessous l'appartement en chantonnant. Lucile devait déposer Nathalie à une station du RER. Elles embrassèrent Costes. Lucile sur la bouche. Nathalie sur une seule lèvre. Il y allait de sa dignité.

Samuel Costes se mit à la fenêtre. Il avait appris à se distraire de rues vides.

Plus tard, Costes fouilla l'appartement. Il recherchait des documents relatifs à l'Union des Halles et à Patrick Lequint. Il décrocha douze tableaux, il ausculta l'horloge digitale, se salit les cheveux sous le foyer en fonte de la cheminée. Il passa la main derrière les volets à quatre vantaux et se perdit dans la garde-robe de Lucile. Il ne s'interdit pas de lire sa correspondance. Costes tomba aussi sur une pincée de lettres d'amour, certaines belles, d'autres d'une nigauderie transcendantale, écrites par des amants qu'elle avait dû traiter comme des grouillots. Costes ne trouva rien sur Lequint.

Palais de l'Élysée

Le président Cotteret venait de bondir sur les journaux français et il enrageait. Les éditorialistes se montraient acerbes maintenant qu'il se trouvait dans cette ligne courte qui mène aux élections présidentielles. Après de longs mois durant lesquels tous étaient apparus pleutres, les voilà qui sortaient de leur hibernation et, toute indulgence surmontée, dressaient un bilan sectaire de sa politique.

« Ça va être dur… » se dit-il.

Cotteret se dirigea vers l'un des dossiers sur son bureau. Il saisit le sachet de plastique dans lequel la cocaïne l'attendait. Sepp la lui avait donnée plusieurs mois auparavant, avec cette autorité de l'oiseleur qui cherche à disposer du faucon.

Cotteret ne se considérait pas comme un drogué et il ne l'était pas. Et puis, une partie de la classe dirigeante tendait les narines vers ces minuscules grains de poudre de la blancheur du jupon nuptial.

Cotteret s'assit à nouveau devant un grand bureau de Ruhlmann qu'il avait fait acheter lors d'une vente à Drouot-Montaigne. C'est là qu'il aimait à prendre connaissance de la presse.

Il relut les quatre colonnes que *Le Monde* lui consacrait. L'auteur du « papier », Jean-François Lauters, était choyé par tous les hommes politiques. Sous ses attitudes de détachement, ce barbu avait la brutalité d'un aurochs.

– Fumier ! murmura le président.

Il rechercha davantage de tolérance du côté de la presse internationale mais fut désappointé.

Le *New York Times* jugeait aussi qu'il allait perdre les élections. Là encore, Hugues Cotteret avait rencontré la correspondante du quotidien qui persiflait sur deux colonnes. Plusieurs fois invitée à déjeuner, cette brune dont les manières de table étaient impeccables avait feint l'amitié. Hugues lui avait fait les yeux doux. Il se souvenait même du vol chaloupé de l'hélicoptère lorsqu'il l'avait reçue Aux Épis, sa propriété vendéenne. Elle dévisageait les hommes. Cotteret avait deviné qu'il ne s'agissait ni d'insolence ni de sensualité, mais d'une règle apprise dans une école de journalisme.

– Salope ! résuma le président.

Le *Washington Post*, le *Frankfurter*, le *Spiegel*, la *Stampa*, tous les autres, découvraient les charmes de la médisance. Il jugea leur attitude proche de celle de la presse nationale. La hardiesse n'avait eu que peu de part dans leurs jugements durant trois ans et maintenant, l'échéance piquait leur courage.

Mais Cotteret estimait mieux connaître qu'eux les zigzags de l'opinion en France. Tels des bancs de poissons, les électeurs se laissaient porter de droite à gauche, avec parfois des haltes. Un rien les effrayait, un mot pouvait les soulever. La victoire allait se jouer sur un détail, une anecdote.

– Apportez-moi les sondages d'aujourd'hui, ordonna-t-il à son assistante Larissa Barek.

– Lesquels monsieur le président ?

– Tous ! Ceux sur la Toile, ceux des Renseignements généraux, ceux de *L'Express*, du *Figaro*, les nôtres, tous ! tonna Cotteret.

Il avala un demi-tube de vitamines C. Hugues Cotteret se voulait en bonne forme pour ne rien perdre du délicieux de l'esprit de revanche. Le président avait toujours eu la main heureuse. Il pensait pouvoir sauver la mise dans les dernières semaines de la campagne. Pour lui, Daubern, le Premier ministre, avait pour seule qualité de faire bonne impression. Il vivait modestement, sa méchanceté restait invisible. Mais, au fond, il avait plus d'ardeur que de talent. Il travaillait beaucoup certes, mais faire de son mieux n'est pas bien faire. La violence dans les villes, l'immigration incontrôlée, la Corse où le gouvernement bichonnait des tueurs, voilà des dossiers qui prirent la forme réjouissante de boulets de canon dans l'esprit du président.

« Je l'aplatirai à deux jours des urnes » conclut Hugues Cotteret.

*

D'avoir fait l'amour avec Lucile n'endormit pas la passion de Costes pour Mahaut. La sexualité apporte un souffle d'air, rien de mieux. On se tortille sur des draps, la sueur des femmes vous passe dans le corps, on leur laisse des traces mauves sur la peau. Finalement, on les pénètre en cherchant à passer au-delà de leur ventre. Costes se gratta le dos avec un stylo. Il soupira. Il y avait un goût du jeu amusant chez Lucile. Il se sentait courbatu mais pas délivré.

Costes téléphona à quelques-unes des amies de Mahaut. Il parvint à apprendre qu'elle occupait, provisoirement, l'appartement d'une fille qui suivait un stage de formation à Manchester. Un masochisme sourd lui fit appeler cinq fois de suite Mahaut sur sa messagerie.

*

La mort de Daniel Spassy passa bien avant l'ouragan qui venait de se faire les dents sur le Guatemala. Deux mille morts pour rien. Les journaux télévisés, fidèles aux usages, oublièrent la guerre civile en Indonésie et les inondations du sud de l'Inde furent dépeintes en douze secondes. Quelques images montrèrent des gamins accrochés à des arbrisseaux et deux barques joliment avalées par le flot.

Le roi du Maroc, qui cherchait à tâtons la direction de la Californie, fut mis de côté. Il faisait tirer sur ses gueux, ce que les téléspectateurs ne pouvaient tolérer. Avec un œil admirable, les présentateurs des différentes chaînes visèrent donc juste : « Daniel Spassy, victime de l'amour ? », « La passion secrète d'un romantique », « Des millions de femmes pleurent leur héros ! » furent les titres grâce auxquels ils se départagèrent. Dans les chaumières, on se donna au désespoir. Nul, à l'antenne, ne fit allusion au sexe mal éduqué de Spassy. On pleure moins facilement les homosexuels, et toute larme retenue fait perdre un point d'audience.

Le président de la République frôla le malaise lorsque son assistante, presque maternelle, lui annonça la mort de Spassy.

Elle entra dans le bureau présidentiel en respirant avec une lenteur exaspérante.

– Le pauvre. On dit à la télévision qu'il aurait été... assassiné, chuchota-t-elle.

La centaine d'appels téléphoniques de Spassy qui avaient achevé leur trajectoire dans l'écouteur de Larissa Barek lui avaient fait comprendre, depuis longtemps, que ça n'était pas la préservation du cinéma français qui valait au président d'être recherché avec des accents aussi impétueux par le jeune acteur.

– Larissa... bredouilla Cotteret, en se tenant aussitôt le ventre.

– Oui monsieur le président ?

S'il sentit à l'avance les milliers de larmes qui, dans la minute ou dans un an, allaient strier son propre visage, le président sut se retenir de toute manifestation de douleur. Tant qu'elle n'apparaît pas au bout d'une pique, une tête de chef d'État doit être maintenue dans un sourire passe-partout. C'est sa marque de fabrique.

– Merci de m'avoir prévenu, murmura-t-il.

Cotteret se trouvait avec l'un de ses conseillers. Ils cherchaient un soulagement au litige financier qui entravait les bonnes relations de la France avec l'Irak. C'était un jeune homme qu'une nourriture biologique rapprochait du jaune parfait. Il serra les lèvres à la constatation que le président n'était pas loin de défaillir.

– Voulez-vous me rappeler plus tard ? demanda de sa voix la plus oppressée le spécialiste des marchés pétroliers.

Cotteret hocha la tête.

– Merci Veghien, il me faut joindre immédiatement au téléphone le roi d'Espagne… improvisa-t-il.

Le fonctionnaire mit son talent à disparaître mais, émotif, laissa tomber deux graphiques sur le tapis.

Un pincement s'élargit entre les omoplates de Cotteret. Il ferma les paupières et resta immobile durant une minute. Puis il ouvrit un œil, écarquilla l'autre. Un vertige lui fit poser les deux mains sur les bras du fauteuil. Il en agrippa les volutes dorées.

« Daniel… » murmura-t-il très doucement.

Cotteret ne bougeait plus, il fixait le parquet. Il entendait son cœur battre follement et en guettait l'implosion.

Sottement, il ne mourut pas.

Une demi-heure plus tard, La Pierce frappa à la porte. Le président resta muet, le regard posé sur les couleurs entrelacées du tapis.

La Pierce entra à pas de velours.

– Monsieur le président ?

Hugues Cotteret survola le visage de La Pierce.

– Tu es au courant ?

– Bien sûr, répondit La Pierce sur un ton funèbre.

Il resta debout au milieu de la pièce.

– Sepp l'a fait assassiner, annonça La Pierce.

– L'immonde !

– Il a voulu t'atteindre.

La Pierce resta dans une sorte de garde-à-vous. Le président se leva avec une longue respiration. Il voulut montrer la maîtrise qu'il avait de lui-même à La Pierce.

– La pègre, c'est l'école de la simplicité.

– Je ne sais pas, admit La Pierce.

Il constata avec plaisir qu'il ne pouvait être suspecté d'avoir fait liquider Spassy.

– Ils vous trahissent sans le moindre sentiment de culpabilité. Un soir on dîne aux chandelles, le lendemain c'est souper au cyanure.

Le président caressa les bouts pointus d'une paire de ciseaux en argent.

– J'ai rencontré des copains de Sepp, il y a quelques années, à une table du casino de Praslin, aux Seychelles...

– Et alors ?

– Ils t'offrent l'apéro et dix minutes plus tard, ils te déposent en rondelles dans un coffre de voiture.

– À ce point ?

– La scie électrique, c'est leur baguette magique... Phuit !... tu disparais...

– J'ai eu le commissaire qui a en main l'enquête, dit La Pierce.

– Vraiment ?

– Daniel aurait été projeté contre le radiateur. Et, il s'était drogué…

Le président porta un mouchoir à ses yeux.

– Un clandestin serait dans le coup. Il a quitté subitement son logement. On le recherche, indiqua La Pierce.

– Blabla. C'est Sepp.

– Je te dis ce que je sais, voilà tout.

– Laisse-moi seul s'il te plaît Georges.

La Pierce quitta la pièce. Le président essuya la salive verdâtre sur ses lèvres.

*

Costes laissa encore trois messages sur le répondeur de Mahaut. Il reconnut avoir été peu attentif. Il reconnut avoir été infidèle. Il reconnut son égoïsme. Il reconnut avoir de tristes habitudes de célibataire. Il reconnut son manque de prévenance. Mais, dans le petit miroir du couloir, il ne se reconnut pas d'être aussi malheureux.

Palais de l'Élysée

Le président de la République avait pleuré durant une heure dans le plus grand secret. Il en avait le nez encore rouge et ses yeux étaient enflés comme s'il souffrait d'orgelets. Le cafard, la lassitude le submergeaient. La frayeur, aussi, menaçait. Elle était en suspension, quelque part dans la pièce.

À présent, il s'échinait à réciter devant un miroir son discours pour les vœux de bonne année. Mal assis sur un tabouret dont il n'aimait pas le falbala de mousseline, il déclamait, reins tendus. Hugues Cotteret était à la peine, s'attardant sur un mot, revenant sur une phrase. À l'ordinaire, il se coulait facilement dans les habitudes qu'imposait sa charge mais ces récitations annuelles devant les chaînes de télévision lui étaient, aujourd'hui, insupportables. S'il avait un don pour expliquer rudement à ses interlocuteurs un point de vue ou une marche à suivre, sa compétence se trouvait en défaut lors d'un exercice aussi banal que celui-là.

Les textes que ses rédacteurs lui avaient soumis ne le satisfaisaient pas. Ou il s'agissait d'un caquetage vain, ou ils frôlaient la grandiloquence. Une cassette avait été préparée afin de lui remettre à l'esprit les malices de ses prédécesseurs de la Vᵉ République. Hugues avait glané, ici et là, une intonation. Cependant, hormis le général de Gaulle à qui il n'osait emprunter le ton de rédempteur, aucun ne l'inspirait. Le temps avait la main lourde, ils avaient manqué le Panthéon et se desséchaient au garde-meubles. Comment envier à Pompidou ses ronrons de chat angora ? Giscard, fragile narcisse, multipliait avec suffisance les clichés, Mitterrand décochait, tel un tir de barrage, les battements de paupières d'une canaille qui mise sur la naïveté inaltérable de ses partisans. Quant à Chirac, il semblait n'avoir qu'une hâte, celle de tomber bravement dans le ridicule.

– Chérie, tu pourrais passer une seconde ? demanda-t-il au téléphone à sa femme.

Edwige avait un certain don de plume et son jugement n'était jamais corrompu par le désir de lui plaire.

Elle lui reprocha de la déranger alors qu'elle prenait, sur une autre ligne, des nouvelles de l'un de ses oncles qui venait de se rompre le col du fémur. Cependant, elle fut devant lui en moins de cinq minutes.

– Je cale sur ce genre de truc, annonça-t-il avec modestie.

Il lui trouva grande allure dans son ensemble sombre. Edwige eut pour lui ce regard d'irréfutable soutien dans lequel il puisait de la force.

– Sois toi-même, lui conseilla-t-elle.

– Impossible, je n'ai rien à dire. Et les Français veulent qu'on leur enrobe un petit baratin sympa juste avant le chapon rôti aux marrons. Gentillet, pas trop relevé.

Edwige eut un léger mouvement des épaules.

– Hugues, sache bien que personne n'écoute jamais ce genre de monologue.

– Et puis l'affaire du chantage me bloque…

– Je m'en doute mon pauvre chéri.

– Des formules toutes faites, je peux leur en dérouler cent mètres. Mais ce que je crains, c'est le jugement de la presse dans un mois ou un an si, par malchance, le scandale des bananeraies éclatait. Là, on me reprocherait d'avoir volontairement endormi les Français. Tu comprends ?

– Dans ce cas, je ne saurais t'aider.

– Mais si !

– Hugues, dis-moi plutôt où tu en es avec ce gangster…

Il hésita.

– Ça se décante…

– Quelle horrible expression !

– Le problème est en phase de résolution.

Il rejeta la tête en arrière, geste devant souligner l'état de détente dans lequel il feignait de se trouver.

– Tu m'inquiètes quand tu prends ce petit ton désinvolte.

– Edwige, si le président de la République était, en plus, le roi des cons, ce serait un cumul de fonctions, ricana-t-il.

– Qu'est-ce que tu veux dire ?

– Il faut que tu me soutiennes sans me poser de questions.

– Je t'en pose pour bien comprendre la situation et pouvoir, éventuellement, t'aider.

– Ma petite grenouille, sois avec moi c'est tout.

Elle eut un sourire d'attendrissement. Il ne l'avait pas appelée ainsi depuis vingt ans.

– Ne fais pas de bêtises… insista Edwige.

Il se toucha l'extrémité du nez.

– Chérie ?

– Oui ?

– Ce qui importe c'est qu'on fasse équipe, quoi qu'il arrive.

– Évidemment.

Elle affecta la plus grande maîtrise de soi.

– À propos de cet… de Daniel Spassy…

– Oui ?

– Je pense que tu dois être très triste, chuchota-t-elle en lui prenant la main.

Il hocha la tête.

– Tu as pleuré… affirma-t-elle.

– Non, non, c'est juste la grippe…

Elle l'embrassa sur la tempe.

Edwige se précipita dans ses appartements pour se

jeter sur son lit. Elle agrippa un traversin et y chercha un salut lointain.

*

Sa fenêtre préférée donnait sur un mur. Il n'y avait rien à voir, ce qui est un beau spectacle.

Costes avait tout d'abord médité devant la teinte presque paille d'un porto blanc, puis il avait tâté d'un cognac. Le paysage s'adoucissait.

Son appartement restait fixé dans le désordre silencieux du célibat. Opposé à la conservation de l'espèce, il n'avait jamais eu d'enfant.

Depuis que Mahaut était partie, les trois pièces de son domicile lui semblaient différentes, sans qu'il eût bougé un seul meuble. Et personne n'y pénétrerait avant longtemps : le frère de Samuel Costes vivait à Lisbonne, ses parents s'étaient repliés près de Toulon. Et ses amis, il les rencontrait dans des bars. C'est là qu'ils bavardaient. La pénombre les empêchait de se voir vieillir.

Samuel avala une gorgée de plus. Il essayait de repousser l'angoisse dont les dizaines de petites pattes cavalaient au creux de son ventre.

Il se tenait debout, devant la fenêtre de sa cuisine.

On sonna à la porte. Il pensa que les sapeurs-pompiers venaient quémander des étrennes. Costes ne bougea pas. Pourquoi se jeter, bras ouverts, vers un calendrier illustré d'une photo de caniche ?

On sonna à nouveau. Il retint sa respiration et eut l'impression de n'être plus qu'un torse en bronze sur son socle, ce qui l'amusa durant quelques secondes.

L'intrus insista deux fois encore et Costes jugea que ce harcèlement sonore exigeait une réponse. Il marcha vers la porte et usa de l'œilleton pour découvrir le visage du gêneur.

C'était Lucile.

– Tu es en galante compagnie ? demanda-t-elle.

Il ouvrit la porte avec la précaution d'un fugitif.

– Oui, avec une bouteille. Elle est nue. Je viens de lui arracher son étiquette.

– Je suis jalouse.

– Déjà de retour ?

– J'ai acheté mes cadeaux de Noël.

– J'avais justement envie d'un nounours, signala Costes. Un gros qui me regarderait avec admiration.

– Tu veux que je t'en trouve un ?

– Non, viens.

Elle entra.

Lucile était encombrée de paquets.

– J'ai soif, tu aurais du jus de tomates ?

– Oui.

Elle fit une remarque devant les paires de mocassins qui bâillaient dans sa chambre dont la porte était ouverte.

– J'ai pensé à toi, dit Costes.

– À mon cul ou à moi ?

– À vous deux.

Lucile s'approcha.

– Viens sur ton lit. J'ai envie de me reposer cinq minutes contre toi, demanda-t-elle.

Elle se débarrassa de son manteau et baissa le store qui se déroula brutalement contre le châssis de la fenêtre.

Costes se laissa tomber sur les couvertures. Lucile ôta ses bottines à talons carrés et vint se pelotonner contre son dos. Elle passa avec volupté le cabochon de sa bague contre les lèvres de Costes.

– Je croyais que tu voulais être dans mes bras, dit-il.

– Pas tout de suite. J'ai besoin de refaire connaissance…

Ils ne dirent plus un mot durant une bonne minute.

– Tu connais un type qui s'appelle Sepp Kowaltchuk ? demanda Costes.

Lucile sourit.

– Pourquoi ? Tu cherches le grand frisson ?

– Non.

Il souffla du nez.

Elle hocha la tête, visiblement peu intéressée.

– Kowaltchuk, on dit qu'il tient l'Union des Halles en sous-main. Je ne sais pas si c'est vrai.

– Comment tu le trouves ?

– Assez beau. Plutôt sexy même. Très bien élevé en plus. Tout le monde lui fait des courbettes.

Costes glissa une main sous sa jupe.

– Tu as envie de faire l'amour ? demanda Lucile.

– Et toi ?

– Non. Je voulais juste être avec toi.

– On dort ?

– Chiche ?

*

Sepp Kowaltchuk reçut un bouquet de roses aux tiges dressées alors qu'il relisait un avis de recherche consacré à un gang qui dévalisait les entrepôts frigorifiques.

– Vous êtes certaine que c'est pour moi ? demanda-t-il à Juliette, son assistante.

– Oui Sepp.

Il huma les fleurs. L'enveloppe restait collée à une feuille un peu arquée. Il l'ouvrit d'un coup de poignard.

« Sepp, pardonne-moi pour mon attitude de l'autre jour avec les copains de la Légion. J'aimerais te parler, ce soir. Vingt heures. Bateau La Garance Voyageuse, quai de la Rapée.

H. »

– Encore une admiratrice ! commenta Juliette.

– Évidemment.

Il eut un battement de paupières qui la dispensait de rester dans son bureau.

Seul à nouveau, Sepp chercha un briquet et brûla le feuillet qu'il venait de lire. Il était soulagé. Le président faisait le premier pas.

Capable d'amener la cruauté à sa perfection, Sepp sentait la douleur couler dans ses veines si un ami le négligeait. Dans le métier de ruffian, la loyauté ne doit jamais trouver porte close.

Il s'interrogea pour déterminer s'il importait d'informer JJ, Ngo, Léo et les autres. Un piège était possible. Mais ils se trouvaient à l'académie de billard proche de la place de Clichy. Et l'une de ses « gâchettes » favorites, « Bébé » Orsini, palabrait avec des Maghrébins dans un bar à hôtesses, rue Lincoln, à Paris.

Il décida de n'en parler à personne. Tout politicien est un contorsionniste, le président était capable de l'humilier à nouveau. La perfidie de Cotteret, dont il s'amusait lorsqu'ils avaient vingt-cinq ans, avait gagné en amplitude. À Hugues, pourtant, d'admettre que le renvoi d'ascenseur est le fondement d'un quinquennat réussi.

– Appelez Dino, dit-il à Juliette.

Dino, son chauffeur, était le cousin de l'un de ses représentants auprès du Milieu de Nice. Son sourire de termite déplaisait à Sepp qui prophétisait une future trahison. Dino se partageait de manière impartiale entre le proxénétisme et le racket. Il avait sept ou huit filles. La première fois qu'il l'avait reçu, Sepp s'était ému de son allure. Dino marchait les pieds en dedans et posait au monstre sanguinaire. Il s'était fait tatouer « Je m'aime » sur l'épaule. Dino estimait que se déguiser en bandit garde une pertinence au XXIe siècle. Costumes sombres, barbe naissante, lunettes noires conservaient à ses yeux une fulgurance meurtrière. Sepp lui avait ordonné de ne jamais porter d'armes, hormis les jours de « frappes » contre des indicateurs ou des rivaux. Il lui avait donné le conseil d'adopter une attitude plus classique. Dino avait eu le sentiment d'une profanation de sa propre image lorsque ces quelques remarques lui avaient été faites.

– La voiture, dit simplement Sepp.

Dino se dirigea vers le garage. D'un coup de langue, le papier à cigarette qu'il tenait entre le pouce et l'index enveloppa le haschich. Il chercha une allumette.

Dans le monde qui était le leur, la discipline pesait lourd. Lorsqu'il s'était écarté de sa solitude de révolté, aux alentours de ses seize ans, Sepp était entré dans une bande, active sur le port de Rouen. Son mentor d'alors, un quinquagénaire que la rumeur taxait d'une petite dizaine de décapitations, lui avait interdit de prendre la parole sans y avoir été invité. Il l'avait battu plusieurs fois pour s'être inopinément exprimé. Il pensait que le tabassage, mieux que les classes de neige, forme la jeunesse.

– Elles sont magnifiques ces roses, dit Juliette.

– Je n'aime que les cactus.

Juliette installa les fleurs dans une jarre en palmier noir. Kowaltchuk se tourna vers la baie vitrée.

– À plus tard, dit-il simplement.

– Vous repasserez par le bureau ?

– On verra.

La Mercedes attendait Sepp sous les cimes d'un alignement de peupliers. Dino l'avait placée dans la direction de la rue de la Corderie. À cette heure, les bâtiments de l'Union des Halles étaient plus calmes. Il n'y eut que des chariots, dont les roulettes stridulaient comme des cigales, pour l'agacer. Ils passèrent devant le centre de traitement du gibier puis longèrent le quartier des Barbotins où se vendaient les fruits et les légumes. Après avoir salué d'un geste le responsable de l'entretien des matériels de pesage, Sepp Kowaltchuk ferma les yeux. La bruine poisseuse des grandes villes posait un voile sur le pare-brise. Plus loin, le cimetière lui rappela ses méditations en prison. Là-bas, les années tombaient avec lenteur. La vie semblait interminable. Mais les taulards flairent que le temps va filer dès leur libération.

Sepp développait un penchant marqué pour les relations de bon voisinage. Être un caïd crée des devoirs de mondanités. À un certain niveau de prospérité, on ne peut vivre le dos tourné à la pègre parisienne si l'on s'avise de bien tenir son territoire en banlieue. Son intelligence le disposait à la prudence. Plusieurs de ses amis, tout à l'ivresse de leur réussite, n'avaient pas su partager. Ils s'étaient fait abattre. Une trouée dans un champ de maïs avait été leur ultime résidence.

Sepp se fit déposer avenue de Wagram. Un club privé, situé entre un restaurant japonais et une boutique de parfumerie, permettait de ne pas sombrer dans le provincialisme. On y rencontrait la fine fleur du grand banditisme. Chacun pouvait y régler ses litiges.

– Repasse me prendre dans une heure.

La voix froide de Kowaltchuk assignait sa place à Dino. Il n'était que chauffeur. Autrement dit, manœuvre non qualifié. Un jour, et s'il montrait les qualités humaines exigées, il aurait accès au statut de tueur. Le crime devait être l'aboutissement d'un noviciat.

En dépit des deux degrés centigrades affichés au-dessus d'un magasin d'optique, une demi-douzaine de malfrats se tenaient devant le club. Chaque corps de métier possède une série de tics qui est sa marque : ceux-là étaient l'avant-poste de la garde attachée aux seigneurs. Tout intrus eût été jeté sur le macadam. Tapant du pied pour se réchauffer, ils bavardaient et fumaient, la tête en l'air dans une attitude d'innocence.

Sepp sonna.

Trois hommes lui ouvrirent. Ils résistaient à ce courant qui veut que l'on soit mince. Leurs cent trente kilos restaient dépourvus de gêne.

– Salut Sepp, dit le premier, un type dans les bras duquel il devait être difficile de rester vivant.

Sepp leur accorda un signe de la tête.

Cafés, alcools, et presse destinée aux turfistes s'offraient au visiteur. La télévision était ouverte en permanence aux images d'une chaîne sportive.

Au sous-sol, on lisait *L'Équipe*, on jouait au poker et à la passe anglaise, on misait sur la saison de football. Les matchs truqués étaient mis au point sans esprit de querelle. Un chanteur célèbre, habitué de tournois à Reno, tapait le carton. Sepp lui adressa le clin d'œil indispensable à une prochaine invitation au Zénith ou à l'Olympia.

– Comment tu vas ?

Sepp posa une main affectueuse sur l'épaule de quelques féodaux de son rang. Son futur entretien avec le chef de l'État le rendait joyeux.

*

Depuis une cabine de l'avenue Matignon, monsieur Chose – Georges de La Pierce – appela Boidest alors que celui-ci buvait une bière au Santos, un bar de la rue d'Astorg. Le gérant de l'établissement était un ancien mercenaire. Il n'avait que le tort de se déguiser en Indien des prairies, avec une houppette sur le crâne et une queue de coyote autour du cou.

– Oui, j'écoute, dit Boidest.

– La proposition que je vous ai faite vous convient-elle ? demanda monsieur Chose.

Il faisait référence à l'assassinat de Sepp Kowaltchuk comme s'il s'agissait de trois fois rien. Les cordes vocales de monsieur Chose ne délivraient que des intonations rassurantes.

– Bien sûr.

– C'est urgent…

– Compris.

Boidest paya la tournée.

Il prit le métro puis marcha pour rentrer chez lui. Du voyage il ne retint que l'odeur de suint d'un agneau devant la boucherie musulmane.

Boidest souleva de la fonte durant quarante minutes. Il avait besoin de la chaleur collante que lui procuraient les haltères, et allait jusqu'à l'étourdissement.

Après avoir repris haleine, il entra dans la cabine de douche dont les joints latéraux n'assuraient plus l'étanchéité. L'eau coulait sur le sol. Une fois revêtu de son peignoir troué, il dévora des fruits et s'assit en tailleur sur le tapis.

Monsieur Chose lui avait proposé cent mille dollars pour assassiner Sepp Kowaltchuk ; il assurait que Kowaltchuk régnait sur le marché des stupéfiants dans la zone nord de la région parisienne et se trouvait à l'origine de la mort de sa fille Aline. L'information était fausse. Monsieur Chose ignorait que Boidest était un indicateur de la DEA – *Drug Enforcement Administration* – depuis qu'Aline avait subi sa première cure de désintoxication. C'est de lui-même qu'il était entré en rapport avec eux. Rien n'avait été plus facile, la DEA disposait de bureaux à l'ambassade des États-Unis où les flocons d'avoine et le lard fumé restaient d'excellente qualité. Boidest y avait ses habitudes matinales. Il y petit-déjeunait en compagnie d'agents qui semblaient enfanter des toiles d'araignées lorsqu'ils traçaient sur un écran les réseaux de grands trafiquants européens, depuis Palerme et Marseille jusqu'à Anvers et Rotterdam.

Dès l'instant où sa fille était morte, Boidest avait décidé de ne pas attendre l'arme au pied les dix ans d'enquête indispensables à une police française trop pataude pour arrêter les « gros bonnets de la drogue », ainsi que les médias les définissaient. Boidest se sentait chez lui dans la haine. Une loi intérieure, dévorante, le poussait.

Et puis, il déplaisait à Boidest d'ignorer l'identité de monsieur Chose et d'être pris pour un crétin. Pourquoi se servait-on de lui ? Il ne croyait pas à une manipulation de la police. L'allure de pontife de monsieur Chose n'en faisait pas un homme de la partie. Policiers et malfrats partagent une enfance de déshérités or, monsieur Chose, visiblement né entre le blason et la particule, n'avait jamais connu la lourdeur des traites impayées.

Boidest entrebâilla la fenêtre pour aérer son studio. Des ramiers ouvraient une passe dans le brouillard. Ils filaient vers la place d'Italie. Boidest n'était pas frileux et pouvait vivre sans chauffage. S'aguerrir.

Depuis le décès d'Aline, Boidest avait à la mémoire les mots qu'il n'avait pas su dire à sa fille durant des années. Des mots rougis par le repentir. Il se souvenait du corbillard et du fou rire des croque-morts qu'il avait surpris à plaisanter devant l'église. Car la femme de Boidest avait, hélas, tenu à des obsèques religieuses alors que lui considérait le monothéisme comme le mensonge ultime.

La blondeur d'Aline. Ses gestes. Les rites de sa cruauté vis-à-vis de son père et sa manière d'attendre une réponse à des questions qu'elle ne posait pas. Quand s'étaient-ils bien entendus ? De quatre à treize ans. Puis ce fut le tumulte. La passion de sa fille pour une musique qu'il jugeait misérable. Les insomnies liées au crack : la « galette » comme elle disait. La radiographie de ses alvéoles pulmonaires. Ensuite, les neuroleptiques. Elle s'ennuyait à périr. Cette équipe de souffreteux qui l'entourait. Des Noirs tuberculeux, des Blancs pliés en deux par la diarrhée, aux yeux écarquillés comme si leurs neurones aussi se vidaient. Et le corps de la gamine qui glissa si aisément dans la mort.

Boidest sortit de chez lui. La senteur des poubelles le fit reculer. Alors, il se boucha les narines et dévala l'escalier. La fillette obèse de son voisin lisait des bandes dessinées sur la première marche. Boidest l'enjamba du pas réservé aux crottes de bâtards. Il marcha vers un taxi à l'arrêt, à l'angle du boulevard des Maréchaux et de l'avenue d'Italie.

Durant les trente minutes de la course, il n'adressa pas même un toussotement au chauffeur.

Boidest se fit déposer à l'Union des Halles. Il erra entre les bâtiments des produits de la mer et d'eau douce. Après dix minutes de marche il s'approcha d'une femme qui collait une affichette consacrée au Salon des produits carnés. Boidest demanda où se situaient les locaux de Sepp Kowaltchuk. Elle prit la peine de sortir pour lui indiquer où il trouverait MutualPro, l'agence de sécurité dirigée par « monsieur Kowaltchuk ».

– C'est tout de suite là… Vous voyez le parking du pignon sud ?

– Oui.

– C'est dans la même direction, mais trois cents mètres avant, face à la tour E4.

Deux minutes plus tard, Boidest pénétra dans le hall. Le décor grain-de-riz du revêtement en caoutchouc lui fit faire la grimace.

Il monta à pied.

– Bonjour, dit-il.

– Bonjour monsieur. C'est à quel sujet ?

Juliette, l'assistante de Sepp, avait l'habitude du regard coquin des visiteurs. Elle eut droit à des yeux de dynamiteur.

– Je veux voir votre patron.

– Pardon ?

– Je n'attends jamais !

Il est des hommes qui paraissent capables d'éventrer une secrétaire de direction sans la décoiffer. Boidest était de ces élus. Heureux hasard, l'assistante de Sepp avait depuis longtemps admis que tout un chacun a droit à un certain chaos mental. Elle plissa simplement un front doré par de récentes vacances en Floride.

– Je vous prie de vous asseoir, dit-elle.

Il resta debout.

Alors elle entra dans ce qu'elle appelait avec ironie « le campement du grand chef », une pièce que Sepp rangeait chaque jour avec une attention absurde.

– Il y a un monsieur qui insiste pour vous parler.

Sepp était toujours assis comme s'il se trouvait en selle. Un protocole sacré voulait qu'il n'eût jamais l'air étonné.

Elle patienta quelques secondes.

– Qu'est-ce que j'en fais ?

– Quel genre ?

– Pas du tout mignon.

– Ah oui ?

– Je vous assure… et habillé en noir.

– Faites-le entrer.

Pirate d'expérience, Sepp savait que la pègre ne frappe que par surprise. Il n'eut donc aucune crainte à recevoir Boidest.

– Bonjour, dit Kowaltchuk.

Boidest eut une grimace de salutation.

Sepp jugea que son visiteur était perdu à jamais pour le pardon des offenses. Une tête d'écorché.

– Vous vouliez me parler ?

– Je devais vous descendre.

– Faites donc… dit sobrement Sepp.

Il conserva une immobilité de planton.

Boidest eut un regard de dégoût.

– Je sens la manipulation.

D'un petit mouvement du poing, Boidest tourna l'une des trois chaises placées devant le bureau de Sepp et s'y assit.

« Ce type n'est pas un voyou », estima Sepp.

– Ils sont nombreux à vouloir vous flinguer ? demanda Boidest.

Sepp choisit d'adopter un air de bonhomie.

– Il y a une file d'attente.

– Des gens du Milieu ?

Sepp épousseta sans répondre l'un des revers de sa veste.

Boidest étala ses jambes.

– Mon commanditaire appartient à la classe dirigeante. C'est ce qui m'arrête. Pour eux, j'ai la haine…

– Votre « commanditaire », ni Gitan, ni Beur, ni Black ?

– Dix crans au-dessus.

– C'est déjà plus clair.

– Vous voyez de qui il peut s'agir ?

– Je suppute.

– Vous supputez dans la cible en général ?

– Oui, puisque je suis vivant.

Sepp s'étira. Cette sûreté de soi plut à Boidest.

– Café ?

– Thé froid.

Sepp passa la commande à son assistante en appuyant sur le bouton d'un interphone.

– On en parle ?... demanda Boidest.

– Oui.

Boidest montra la photo de monsieur « Chose ».

– Elle est un peu floue... en me parlant, le jour où il m'a abordé, ce mec est passé devant la caméra de vidéosurveillance d'un copain qui tient un commerce à côté de chez moi. C'est comme ça que je l'ai eue.

Kowaltchuk y jeta un coup d'œil.

– Je connais.

Altier, il prit le temps de préciser sa pensée.

– On va le gauler...

Boidest eut un sourire bienveillant.

– Disons qu'on va lui envoyer des bonnes ondes...

– Quel genre ? demanda Boidest.

– Calibre 45. C'est la formule magique.

Palais de l'Élysée

Berner le commandant du Groupe de surveillance de la présidence était un enchantement auquel Hugues Cotteret s'abandonnait avec des picotements de plaisir. Cotteret n'appréciait ni sa voix de mainate, ni ses deux grosses cuisses plantées sur les parquets de l'Élysée, cette recherche bizarre d'adhérence, comme si l'officier souffrait de la rotation terrestre. Il était distrayant, aussi, d'oublier la mallette des codes de la force de frappe. Les missiles nucléaires qui pourraient frapper par surprise épargneraient aux Français de finir tristement en protectorat de la Bavière.

Cette fois, il utilisa le vélo acheté pour plaire à son cardiologue. En fuseau chiné et coupe-vent ardoise, encapuchonné, il ne pouvait être pisté.

Avant de se faufiler par l'une des portes de l'Élysée, Hugues attendit la sortie du personnel. Une centaine d'employés rentraient chez eux et, le soir, le palais devenait un lieu sinistre. Une sorte de musée un jour de grève. Cotteret quitta, le dernier, l'un des bureaux vides du rez-de-chaussée.

Dans un accoutrement aussi inhabituel, personne ne prêta attention aux parements réfléchissants de son blouson. C'est la goutte au nez qu'il lança le petit plateau de la bicyclette. La selle le fit souffrir à l'entrejambes et l'arête vive des soirs d'hiver lui fut désagréable. Mais il importait de leurrer des maniaques de la protection rapprochée…

Après une vingtaine de minutes d'une échappée qui l'essouffla, le président emprunta un souterrain réservé aux cyclistes, gouffre d'une cinquantaine de mètres marbré par des dizaines de jets d'urine. Ce couloir l'amena directement le long de la Seine, devant les péniches amarrées trois par trois. Le président descendit de sa monture. Il la cadenassa en se déchirant un ongle. Il peinait pour marcher, la semelle rigidifiée de ses chaussures de course alourdissait son pas. Il ôta la bride qui serrait trop fort son cou-de-pied. Hugues fit halte une bonne minute pour que les battements de son cœur reviennent à un rythme convenable.

Alors qu'il se mouchait, Hugues Cotteret aperçut deux hommes qui décapaient une hélice en bronze. Un autre se tenait devant la coque d'un yacht. La lumière électrique jouait avec la texture crémeuse de l'enduit qu'il s'apprêtait à appliquer.

– Voilà le rafiot ! murmura le président qui découvrit que La Garance Voyageuse se trouvait entre les gares d'Austerlitz et de Lyon.

Des immeubles de bureau, quelques entrepôts, un hôtel et des ateliers encaissaient les eaux calmes du fleuve.

Le bateau appartenait à un ami du président qui lui devait une fortune dans les marchés truqués. Absent de Paris, il lui avait proposé ce gîte en pensant que Cotteret souhaitait y recevoir une maîtresse.

Hugues Cotteret monta à bord et salua les canaris en boule dans une cage. Un manteau en agneau et un pantalon de velours côtelé pendaient à un crochet. Il passa la main sur le grain serré des placages en acajou. Le président détestait la navigation. Océans ou rivières, il avait décidé une fois pour toutes qu'ils ne toucheraient jamais à un seul cheveu de sa tête. Cotteret trouva l'interrupteur et découvrit un réfrigérateur derrière le bar en teck. Il but une demi-bouteille d'eau minérale. Une pile de mouchoirs en papier lui permit de balayer la sueur qui errait comme une annotation sur son front.

Ensuite, il prit plaisir à feuilleter le livre d'or abandonné sur une tablette. Des photos glissèrent jusqu'à ses paumes. Le propriétaire avait choisi ses vices avec un goût très sûr ; il appréciait les starlettes. Cotteret découvrit un cliché en noir et blanc. Il reconnut, coiffé d'un cache-pot, le président du Fonds monétaire international penché vers un dirigeant de la Ligue communiste déguisé en archiduc. Deux pages plus loin, un acteur américain, qui ne portait que des molletières en drap tyrolien, dansait avec le conservateur du musée Carnavalet. Paris s'amusait.

Le président avait les jambes lourdes. Il suçota un morceau de sucre.

Sepp Kowaltchuk arriva à l'heure sous le déguisement d'un grand manager. Chez son tailleur, il s'habillait à l'étage des flanelles anglaises.

Le président l'observa à travers un hublot. Depuis la Légion, Sepp n'avait pas pris de poids, discipline rare chez les arnaqueurs où un bon coup de fourchette est apprécié.

Sepp fit quelques pas tranquilles sur le pont. Puis il posa la semelle de ses chaussures à boucle sur les lamelles cintrées des marches.

Le président se planta derrière une sculpture en verre coloré.

Lorsqu'il aperçut Hugues Cotteret, Sepp le toisa avec un sourire.

– Le vélo Hugues, c'est plus de ton âge : t'as la bidoche qui tombe…

– Pardon ?

– Avec un ventre pareil, tu peux demander un congé maternité !

Le président n'avait pas une vénération pour les critiques mais il resta calme.

– Ça me fait plaisir de te voir.

– Moi aussi.

Lorsque Sepp l'embrassa sur les deux joues, Cotteret imagina ce qu'un paparazzi pourrait monnayer d'un pareil cliché. Andreotti, l'ancien président du Conseil italien, n'avait-il pas été accusé d'un baiser sur la bouche avec Toto Riina, le Parrain des Parrains de Cosa Nostra ?

Défenseur des gestes ambigus, Sepp sortit alors de sa veste un petit paquet qu'il tendit au président.

– Tiens Hugues…

– Qu'est-ce que c'est ?

– J'offre des cadeaux aux amis, c'est mon plaisir, murmura Sepp.

Hugues Cotteret imagina qu'il s'agissait de boutons de manchettes.

Le président essaya de dénouer le nœud argenté qui ceinturait le papier d'emballage. Devant sa gaucherie, Sepp lui tendit un couteau à dessert laissé sur le bar. Hugues ouvrit un écrin en maroquin. Il battit des yeux. Une balle s'y trouvait, couchée dans de la soie rouge, avec cette inscription en fils d'or : « Bonne année, bonne santé… »

Le président releva la tête. Il savait que Sepp assimilait la balistique aux petites joies de l'existence.

– C'est ?…

– Du 7 x 64 torpedo.

– Ah ?

– Elle m'a râpé le poumon droit, un soir où ça tirait pointu entre nous et des Manouches... précisa, d'une voix douce, Sepp. Je devrais être mort.

Dérouté, le président hésita.

– Elle te portera bonheur... ajouta Sepp.

Le président resta hagard durant une longue seconde.

– Je suis... très touché.

Sepp hocha la tête. Il n'aimait pas que l'on boude la reconnaissance.

– Comment vont tes affaires Sepp ?

– Comme ça peut. Et toi, tu te fends toujours la pêche à l'Élysée ?

Le président eut un ricanement de surprise. Il avait oublié le ton scrutateur de Kowaltchuk.

– Tout y est gratis, plaisanta Cotteret.

– Peut-être, mais t'as atteint ta date de péremption.

Le président renifla.

– Je piétine dans les sondages.

Sepp hocha la tête.

– Tu vas louper le guichet ! Ne jamais confondre quinquennat et cure de sommeil.

– Ne t'en fais pas !

– On dit que t'es une sorte de reine d'Angleterre. En moins intrépide.

– Pardon ?

– Hugues, tu t'es pris les griffes dans tes ballerines.

– Qu'est-ce que tu racontes ?

– Depuis que tu loges à l'Élysée, on s'enfonce dans la verveine !

– Je ne te savais pas si romantique Sepp.

Solennel, Sepp poussa du doigt un canif plaqué d'écailles qui se trouvait sur une table.

– Ça m'arrive…

– Je te trouve agressif en plus. À part le cadeau.

– À toi, je dis toujours ce que je pense.

Sepp posa lentement la main sur l'ombre ovale d'une boîte à épices.

Le président lui versa un whisky.

Kowaltchuk semblait très à l'aise, il n'était pas l'homme des petits gestes secs.

– Notre conversation, l'autre jour au déjeuner de la Légion, elle m'a fait de la peine, dit le président.

– Je sais.

– Ah bon ?

– Je te connais.

Hugues détesta cette certitude.

Le président eut un claquement de langue.

– Depuis des années, tu m'as beaucoup aidé, c'est vrai, admit Cotteret et…

– Je t'aime, c'est tout simple, le coupa Sepp.

Cotteret resta coi.

– Ça te gêne tant que ça ?

– Tu vas rire, mais ça m'intimide.

Sepp eut un rire plus chaud.

– Je suis un affectif.

Le président s'assit sur une chaise, le dos contre une estrade sur laquelle reposait la bibliothèque.

– Je peux te mettre sur un coup, dit-il alors.

Sepp le considéra avec un air que Cotteret jugea désespérément indulgent.

– Tu pourrais servir d'intermédiaire, reprit Cotteret.

– Ah bon ?

– Ça t'intéresse ?

– Ça me permettra de te voir un peu de temps en temps j'espère ?

– Non.

– Si je comprends bien, le blé que tu me poseras dans les fouilles, ce sera ma punition.

Le président se concentra.

– Il faudra que tu me retournes une partie de l'argent. Pour la campagne électorale.

– Bien sûr.

Cotteret eut l'impression que son cœur battait à toute volée.

– Je ferai ce que tu voudras, souligna Sepp.

– Ne reste pas debout, assieds-toi, dit Cotteret.

Sepp grimaça avant de montrer des narines pincées.

– Ce genre de péniche, ça sent toujours la cire d'abeille, tu ne trouves pas ?

– Je suis enrhumé, je n'ai plus d'odorat.

Sepp prit place sur un tabouret en bois sculpté. Il s'écorcha contre la tête fraisée d'une vis.

– Je t'écoute, monsieur le président de la République.

Le président fronça les sourcils et ses paupières parurent se tendre.

– Il y a un stock d'armes à Satory, qui appartient au Commandement des opérations spéciales. L'élite de l'élite. Ils ont droit à tous les matériels d'avant-garde.

– Et alors ?

Le président le fit attendre quelques secondes pour donner son poids à cette confidence.

– S'il était volé, il pourrait être facilement vendu.

– Je suis couvert sur ce truc ?

– Pas du tout.

Sepp fit la grimace.

– Je te donne un tuyau, c'est tout. Tu prends ou tu ne prends pas.

– Continue…

– C'est dans la nuit de Noël qu'il faudra intervenir. La garde sera très allégée. Mais tu feras attention, il y a un dispositif d'alarme silencieux à neutraliser. Sinon, en trois minutes tu peux voir rappliquer une flopée de gendarmes.

– Je flibuste et j'emballe la camelote !

– Tu recevras un message à lire ensuite au téléphone à une agence de presse. On mettra tout ça sur le dos des terroristes basques.

Kowaltchuk hocha la tête.

– Bien fait pour eux !

*

Ngo avait une jolie peau de la couleur des balles en acier cuivré. Après cinq ans passés au centre de détention de Muret, dans la Haute-Garonne, Ngo profitait de la vie.

Miraculeusement secondé par une grande misogynie, il s'était découvert à dix-huit ans des talents de souteneur. Ngo avait appris à mettre un tarif sur une paire de jambes, ce qui n'est pas donné à tout le monde. Les filles, sa galanterie passait à leur montrer les allées du bois de Vincennes. Là où se tenait leur plan de carrière.

Mais attention ! Tout en développant des aptitudes de maquereau, il compatissait au malheur des assurés sociaux. Quand il buvait son café du matin et entamait sa troisième tartine beurrée, Ngo aimait à observer depuis sa couche les salariés se congestionner en rang dans les embouteillages. « Les cons ! »

Ngo, un homme, un vrai, se levait tard. Entre midi et treize heures. Après un repas léger, il prenait un bol d'air sur les champs de courses. Les soirées étaient douces : belote, ou beuveries avec les supporteurs du Paris-Saint-Germain. Ngo avait failli rester prisonnier de son bonheur.

Mais Ngo faisait cavalier seul dans un métier où le glaive doit venir en soutien à la petite culotte. Un souteneur doit être soutenu, or ses concurrents notèrent qu'il n'était affilié à aucune bande. Personne ne pouvait le défendre. Il fut menacé et son territoire contesté. Sa Lancia fut incendiée et ses « filles » battues. Une grenade non dégoupillée fut lancée dans son jardin, à Arcueil, comme un rappel à l'ordre. Ngo dut rechercher l'autorité de Sepp pour résister aux empiétements d'un gang juif sur sa part de marché. Une équipe de têtes creuses, dirigée par Élie qui régnait sur le quartier du Sentier.

– Sepp, je viens te demander un coup de main, avait-il simplement dit.

Ngo lui raconta ses malheurs.

– Ton Élie, on va lui roter deux cartouches en pleine tête, dit simplement Sepp Kowaltchuk.

Avec le secours généreux de Kowaltchuk, Élie rendit l'âme boulevard de Belleville. C'est « Bébé » Orsini qui ouvrit l'angle de tir fatal alors qu'Élie sortait du restaurant et gardait à la bouche les senteurs de griotte d'un Côtes-du-Roussillon.

Trois jours plus tard, et de loin, Ngo assista à la mise en terre au cimetière de Sarcelles. Rien n'est plus distrayant que d'observer l'ennemi se fondre dans la majesté de Dieu.

Le butin offert à Sepp, en remerciement de l'assassinat d'Élie, donna forme à sa réputation. Ngo fut pris au sérieux. Il avait acheté son droit d'entrée.

– Maintenant, tu es avec moi, avait annoncé Sepp Kowaltchuk.

« Ne m'appuie pas sur la vessie ! » ordonna Ngo à la prostituée aux prunelles vides. Il lui faisait l'amour avec des ondulations de chenille depuis quatre minutes. Le clitoris et les seins des femmes restaient une équation à trois inconnues. Il ne s'y attardait jamais.

Ngo regrettait aussi s'être abstenu de négocier cette saillie. Il considérait que la pute aurait dû l'accueillir à titre gracieux. Après tout, il était un proche de Kowaltchuk et le studio dans lequel elle le recevait appartenait à Sepp. Comme trente autres autour de la gare du Nord. Une halte délicate pour les députés européens au retour de Bruxelles.

Le Vietnamien se releva. Ngo, qui ne pesait pas soixante kilos, donnait l'impression de pouvoir se faufiler à travers un trou de souris.

– Passe-moi une serviette, dit-il à la fille.

Il aimait les pommes, comme Adam. Il en sortit une de la poche de son pantalon et l'essuya au torchon que la pute lui tendit.

– Tu veux boire quelque chose ? demanda-t-elle pour l'amadouer.

– Non.

– Reste un peu alors…

– Laisse tomber !

Ngo avait rendez-vous avec une équipe de jeunes Comoriens. Des durs. Ils pratiquaient le vol et l'extorsion sur la zone de fret de l'aéroport de Roissy. Sepp Kowaltchuk faisait appel à leur allégresse lors de certaines interventions. Cette fois, les Comoriens seraient chargés de conduire les camions militaires volés à Satory. Ils avaient le même âge que les soldats qu'ils devaient tromper et passeraient inaperçus, alors que les proches de Kowaltchuk atteignaient tous une quarantaine d'années et vingt kilos de trop. Les Comoriens seraient cependant suivis par les hommes de Sepp, dont Ngo, afin d'assurer un rempart contre leur éventuelle tentation de conserver les armes.

Sepp, qui se faisait un mérite de savoir développer les dons de chacun, avait confié à Ngo le soin d'assurer la réussite de cette opération.

– Ne rate pas le « déménagement à Satory », ou tes yeux, je te les débride à la hache, avait-il doucement précisé au Vietnamien.

Il faut lui rendre cette justice, Sepp avait souvent des mots d'encouragement pour ses collaborateurs.

Ngo avait acheté des treillis à un sergent d'un régiment de marsouins, guerrier aux pommettes de la couleur du bigarreau. Ngo portait donc pour la journée des galons de capitaine.

– T'es militaire, minou ? demanda la pute.

– Bien sûr.

– Alors pourquoi tu relaces tes pompes dans le mauvais sens ?

Cette remarque agaça Ngo. Il jeta les billets sur une galette à la frangipane qui traînait au centre d'une assiette.

– Ciao !

– Tu me rappelles ? murmura l'adolescente.

Tout ce qu'elle espérait des hommes tenait dans leur portefeuille.

Ngo honora le tapis d'un crachat. Il descendit l'escalier en trois bonds.

Un principe supérieur lui imposait de ne rouler que dans de grosses cylindrées. Ngo entretenait des rapports amoureux avec les automobiles. Il les jugeait plus intéressantes que les femmes. Ngo ne connaissait de longues émotions sexuelles que lorsqu'il sentait le cuir des sièges contre ses fesses. Cette fois, il avait volé, place d'Iéna, une Alfa Romeo aux tons opale. Une pluie refroidie par le vent lui frappa le visage. Il acheta des canettes de bière.

Durant le trajet, Ngo passa d'une station de radio à l'autre. Les Comoriens l'attendaient dans un café de la porte de la Chapelle. Ils jouaient au billard électrique. Ngo leur adressa un signe amical. Il ne connaissait que le chef de la bande, Béchir. Ancien élève d'une école d'informatique, Béchir estimait que le brigandage restait un créneau plus porteur que le multimédia.

– Salut !

– Salut ! Elle est belle ta caisse.

– J'en ai trois autres, se vanta Béchir.

Ils montèrent dans une Chrysler beige rosé. En s'asseyant à côté de son chauffeur Jamel, Béchir chassa à coups de pied des gobelets en carton. Des piments, des patates douces et des épices glissèrent d'un sac.

– C'est pas géant ton délire… on se croirait dans une boutique, critiqua-t-il.

– Excuse-moi Béchir. C'est pour ma mère.

– Ta mère, quand elle suce, elle se gave !

– Quoi ? s'étrangla Jamel.

– Démarre !

L'immaturité est l'émouvante faiblesse qui condamne les voyous à un décès prématuré. Sepp Kowaltchuk qui, sans qu'ils le sachent, roulait cent mètres derrière Ngo et les Comoriens dans une automobile plus modeste, mais aux vitres teintées, fut loin de boire du petit-lait en les voyant s'amuser à se doubler dix fois de suite et faire assaut de décibels. Ils brûlèrent quelques feux rouges. Ils ne furent pas loin d'écraser des lycéennes. Un bon moyen de se faire repérer. Sepp, si pressé de diriger un jour la Chambre de commerce de sa région, méprisait cette légèreté. D'un cœur dédaigneux, il se promit de les faire enterrer vivants une fois l'affaire close. Sepp n'était pas fermé aux choses de l'art et de l'esprit.

*

C'est par moins sept degrés, à minuit, que les soldats de la casemate 108, à Satory, découvrirent que le plaisir cherche souvent querelle à la discipline. Ces jouisseurs abandonnèrent leur poste durant une petite heure. Ils avaient envie de fêter Noël au champagne avec quelques copains du régiment. Au mépris de la règle, ils furent une dizaine à se réunir dans l'abri en pin massif où ils prenaient leurs repas.

– Personne ne le saura… avaient-ils assuré au caporal Paez, un surdoué, alcoolique depuis sa quatorzième année.

– D'accord.

L'ossature de planches emboîtées et la couverture étanche du toit faisaient qu'on s'y sentait au chaud. Presque comme à la maison. C'était bon.

Ceux de la casemate 108 avaient pris l'habitude de ne pas se plier à un règlement conçu à l'état-major, qui imposait aux hommes de permanence de ne jamais quitter l'humidité des huit étages de béton creusés sous le sol.

Alors qu'ils levaient le coude pour la dixième tournée, l'alarme anti-intrusion fut détruite dans son coffret blindé. Ngo s'en chargea. Avec ses hommes, il avait contourné les baraquements, le stand de tir, le mess, le parcours du combattant et la dalle antisouffle du tunnel de protection contre la guerre chimique. Ce fut d'autant plus facile que Ngo et son équipe disposaient d'un faux laissez-passer. Les six autres éléments à infrarouges, qui garantissaient un périmètre de protection autour de la 108, furent sabotés par le deuxième groupe de Comoriens.

Comme l'avoua, le lendemain, Paez aux officiers de la Direction du renseignement militaire qui l'interrogeaient : « À force de boire et de déconner, on avait la tête en balade… »

L'alerte fut donnée trop tard, après mille conciliabules entre les soldats, chacun hoquetant une excuse pour s'être soustrait à son devoir.

Aussi, comme prévu, les Comoriens s'emparèrent-ils de l'armement dont la liste détaillée leur avait été remise. Ils abandonnèrent, plus tard, les camions au milieu de la route forestière des Sources, le long de l'étang de la Minière. JJ, Léo, Saïd, Ngo, « Bébé » Orsini et quelques associés s'y trouvaient présents, le pistolet-mitrailleur à la main. Les Comoriens étaient pris entre deux feux. Une petite centaine de balles de 9 mm eût douché toute velléité de trahir Sepp.

On entendait les sirènes de la gendarmerie et celle, plus rauque, de la caserne.

En faisant sonner ses doigts chargés de bagues, JJ remit aux Comoriens les liasses d'euros promises.

Béchir les compta avec une lenteur voulue.

– Et t'oublie... sinon, mon 44, tu le boiras au goulot... précisa JJ à Béchir lorsqu'ils se quittèrent.

Il montra un revolver aux pièces métalliques jaspées.

– Arrête, t'es mon frère ! s'étonna le Comorien qui avait rang de financier dans la bande.

JJ eut une grimace.

Béchir retourna vers sa voiture.

– T'as vu la bijouterie qu'il se trimbale, fit Jamel. Au moins six grosses bagues.

Béchir pouffa.

– Ses pognes, j'en ferai des couverts en plastique !

– T'as raison. J'aime pas comment qu'il te parle...

Aziz donna son point de vue.

– Il paraît que dans du papier alu, un chrétien, si on le pose sur du 220 volts, ça fond en douze minutes.

– Démarre !

La Chrysler volée atteignit le cent à l'heure en huit secondes.

Ngo les suivit du regard. Il cracha par terre.

Les hommes de Sepp chargèrent ensuite les armes dans des semi-remorques venus de l'Union des Halles. Les véhicules de l'armée furent laissés dans un état de propreté admirable.

Sepp surveilla l'opération depuis sa voiture. Dino ne pensait à rien. Il toussotait. La grippe déposait une fièvre humide sur ses tempes.

Pour Kowaltchuk, le pillage restait prétexte à la méditation. Dans son tribunal personnel, il menait rondement les procédures et se reconnaissait pour toujours innocent.

– Vas-y, souffla-t-il finalement à Dino, son chauffeur.

Il vit le retour vers Paris comme une voie triomphale. Les temps d'abondance revenaient.

Sepp avait rendez-vous avec le représentant du Congo. C'est dans un bar, avenue des Ternes, qu'il allait négocier la vente des armes et souligner les liens de respect unissant ce noble pays à la France.

*

Sepp, conduit par Dino, arriva à l'heure promise au Septième Art, lieu apprécié des professions du spectacle. Fanatiques d'un rituel minutieux, des producteurs de télévision et de cinéma échangeaient des comédiennes auxquelles ils décrivaient, d'une main frôleuse, un certain rôle dans leur prochain chef-d'œuvre.

– Les voilà... signala Dino.

Sepp remarqua les plaques diplomatiques de la limousine. Du garde du corps de Joseph Dabangha, Sepp ne retint que les lunettes à verres polarisants et une chevelure en bottes de cerfeuil. Le grand Noir précéda Joseph et considéra les quelques consommateurs comme s'il les mesurait au micron près. Il retourna ensuite vers la Cadillac aux reflets taupe.

– C'est tranquille, dit-il.

– Certain ?

– Affirmatif.

Rassuré, Joseph Dabangha ouvrit la portière de sa voiture. Deux hommes l'escortèrent. Sepp l'aperçut alors qu'il sortait de la Cadillac et passait entre les lanternes de cuivre encadrant la porte d'entrée du Septième Art.

Sepp se trouvait une soixantaine de mètres plus loin.

– Restez là, dit Kowaltchuk à Dino et JJ dans la Mercedes garée en amont.

JJ abandonnait des attouchements au cran de mire réglable de son 44. Dino tenait un Remington à pompe sur ses genoux.

– S'il y a un problème avec les négros, Dino leur fera des taches de rousseur au plomb de 7, précisa JJ.

Sepp quitta la berline.

Dans un cliquetis de gourmettes en or, Joseph Dabangha et Sepp Kowaltchuk tombèrent dans les bras l'un de l'autre.

– Vous êtes comme moi d'une exactitude germanique !

constata en riant Joseph, le représentant personnel du président de la république démocratique du Congo en posant un doigt sur sa montre.

Sa diction soignée était jalousée par Kowaltchuk qui craignait de commettre des impairs grammaticaux.

Les goûts de Joseph Dabangha n'étaient pas ceux d'un plébéien. Il intimidait l'hiver avec des grandes marques : cravate Calvin Klein, chemise en soie Ralph Lauren. La doublure de léopard de sa veste, ses souliers de chez Lobb et les boutons en or de son gilet, Sepp les apprécia.

– Je vous en prie, fit Sepp pour le laisser passer.

Kowaltchuk avait vécu côte à côte avec des Noirs durant ses années de pénitencier. Caïd européen, il aurait pu rester parmi les siens : les gangs ethniques maintenaient une chatouilleuse distance les uns vis-à-vis des autres. Mais Sepp avait exercé son originalité à nouer une amitié avec le frère aîné de Joseph Dabangha, rencontré, il s'en souvenait encore, dans la cour de promenade du bloc B. Plus tard, ils écopèrent l'un et l'autre de quarante-cinq jours au mitard, après une altercation avec un gardien.

– Et votre frère, ça va ? demanda Sepp.

– Il fait fortune. Il n'est bon qu'à ça ! dit l'autre en se tordant de rire.

Dabangha et Kowaltchuk commandèrent une bouteille de Chivas.

– Je bois à la prospérité du Congo, affirma Sepp.

– Moi, je trinque à ma trique ! explosa l'autre dans un fou rire.

Sepp affectait de disposer de tout son temps. En vieux ruffian, il savait l'importance de la conversation. Dans sa profession, il est de mauvaise politique de montrer que les heures vous échappent. Ils évoquèrent la coupe du monde de football. Puis, Joseph mit le cap sur le sujet qui intéressait Sepp : les armes. Dabangha parlait des obus incendiaires avec le respect que l'on met à évoquer des hosties consacrées. Il les décrivait à mi-voix, les yeux au ciel, comme durant l'Élévation, à la messe. Joseph était attentif à ne pas offenser les dieux de la guerre.

Sepp adopta la même suavité. Ravalant les mots d'argot qui lui venaient si naturellement sur la langue, il lui détailla la qualité des matériels disponibles tout en surveillant, telle une voile dans le lointain, la tenue blanche du barman qui dansottait au fil du comptoir. Sepp savait que, pour la plupart, ils étaient des indicateurs. Il fallait se méfier. La causette dura une trentaine de minutes. Sepp constata que les États vacillants sont les meilleurs payeurs. Ils firent affaire.

Joseph n'était pas d'un tempérament solitaire, il proposa ensuite à Sepp de fêter cet accord en partageant quelques jeunes femmes blondes. Il y voyait un combat à la loyale entre amis.

– Moi je peux bander pendant douze heures de suite, proclama-t-il, à deux doigts de dénouer la ceinture de son pantalon.

– Je préfère vous montrer le matériel… J'ai besoin de l'argent aujourd'hui.

– Sepp, vous ne savez pas profiter de la vie.

– Mais si !

– Leur queue, les Européens, ils la traitent moins bien que leur teckel, regretta Joseph.

– C'est vrai, je la tiens en laisse.

Sepp monta dans la Cadillac après avoir fait signe à JJ et Dino de les suivre.

Le chauffeur de Joseph connaissait mal la banlieue. Il ne cessait de tousser tandis que Sepp lui indiquait la direction de l'Union des Halles. La température était de moins onze. Le soleil restait bas. Il semblait collé en travers de la route.

Vingt minutes plus tard, les voitures furent rangées devant des entrepôts des produits de contre-saison. Joseph, accompagné de son garde du corps qui roulait des épaules de dalle funéraire, tripota, avec une délectation badine, quelques lance-roquettes d'un modèle dont aucune brigade de l'OTAN n'était encore équipée. Il expliqua qu'un avion spécial de la Croix-Rouge congolaise se poserait dès le lendemain à Orly pour prendre livraison de la totalité des caisses.

Assis sur de vieux fauteuils au siège canné, ils attendirent quarante minutes une voiture dans laquelle se trouvaient cinq Noirs armés. Un Africain, qui semblait porter en lui un formidable appétit de dormir, remit à Sepp cinq millions de dollars. Sepp accepta que les Congolais couchent dans le hangar pour en assurer la protection.

Palais de l'Élysée

Larissa Barek énonçait d'une voix compatissante les prochains déplacements du président.

– Helsinki, Copenhague, lundi 5 janvier. Stockholm, Vienne, mardi 6. Madrid, mercredi. Dublin, Londres, jeudi. Rome, vendredi. La Haye, Hanovre, samedi. Lundi suivant :

Conférence du conseil français du commerce extérieur, consacrée au pétrole au Kazakhstan. Mercredi, l'Association européenne des petites et moyennes entreprises…

– Merci Larissa.

Elle quitta le bureau présidentiel.

Un collaborateur du président, à la peau rosâtre d'oisillon, déposa quelques plis devant lui. Cotteret y jeta un coup d'œil. Il y était question de certains déficits.

– Merci Desroche…

Le fonctionnaire disparut.

Georges de La Pierce fit son entrée. Le président renifla.

Hugues Cotteret, s'il était préoccupé par la dette publique, s'intéressait davantage à ses calculs privés. Il se fit apporter des journaux populaires dont il appréciait qu'ils ne dilapident pas le talent de leurs rédacteurs dans trop de considérations politiques mais consacrent de fortes pages au banditisme. La disparition de vingt tonnes du matériel militaire le plus récent y était clairement décrite.

– Je te l'avais dit qu'il était efficace le Sepp, rappela Hugues Cotteret.

Georges de La Pierce eut sa moue habituelle. Chacun de ses gestes s'appuyait sur le mépris.

– Il avait ce qu'il fallait comme renseignements…

– Peut-être, mais c'est du bon boulot.

– Admettons.

– Si seulement il n'était pas une tête brûlée… soupira le président.

Georges de La Pierce leva l'index.

– Sepp a déjà vu le Congolais. Je l'ai fait suivre par la DST.

– Parfait. Il nous retournera l'argent qu'il nous doit dès demain, dit Hugues Cotteret.

La Pierce mima de la main l'exécution prochaine de Sepp. Le président ne cilla pas. L'angoisse affûtait sa prudence.

– Je ne veux rien savoir, marmonna-t-il.

*

Le feu vert relança la file de voitures. Le taxi dans lequel se trouvait La Pierce cliquetait des trois cent mille kilomètres parcourus dans Paris. La Pierce aimait les hivers et cette succession de nuances sur le revêtement routier. Du gris d'eau à l'anthracite, il suivait des yeux la ligne faussement unie des trottoirs. La Pierce adorait la pluie, il répondait par la colère aux jours de pur printemps.

Le chauffeur était une femme. La Pierce se borna à détester le vernis abricot de ses ongles.

La Pierce avait rendez-vous avec Sepp Kowaltchuk à l'angle de la rue Jean-Jaurès et de la rue Bellini, à Puteaux.

– Ça coince avant le tunnel, annonça la fille.

– Tant pis.

Comme on glisse avec des patins de feutre sur un parquet ciré, deux canards se posèrent sur la Seine. La Pierce les suivit des yeux. Chasseur d'expérience, il reconnut des souchets. Le taxi franchit le pont de Neuilly en sept minutes.

Quelques femmes attendaient l'autobus au pied des tours.

La Pierce ouvrit la fenêtre du taxi en dépit des gouttes d'eau. Il aperçut Sepp, debout sous un mât d'éclairage. Il paraissait coiffé de brindilles tant il était trempé.

Sepp le reconnut.

– On s'arrête une seconde, dit La Pierce.

La voiture fit halte vers le passage protégé. Kowaltchuk lui tendit trois sacs kaki. Ils étaient lourds. La Pierce porta les mains en avant. Sepp, sans un mot, l'aida à les installer sur la banquette arrière.

Le taxi reprit de la vitesse.

– Et maintenant, on va où ? demanda la fille.

– Roulez…

L'odeur de l'asphalte trempé stagnait dans le taxi.

La Pierce songea à Sepp et se dit qu'il l'enterrerait avec plaisir sous dix bennes de gravats. Comment ce cannibale à peine alphabétisé osait-il défier le président de la République ? Comment l'inculture, portée à son point de perfection, pouvait-elle susciter pareil culot ?

La Pierce posa les sacs à ses pieds et en entrouvrit un. Son envie de serrer les dollars dans ses bras lui donna des palpitations.

Il fouilla ensuite dans ses poches et s'offrit un bonbon à la menthe. Avec une dextérité de lanceur de couteaux, il en projeta le papier d'emballage dans le cendrier.

La Pierce déplia alors *Le Monde*. On y décrivait les dernières chamailleries entre le président et le Premier ministre. Il n'y trouva heureusement pas une seule ligne relative au chantage dont l'Élysée était la victime.

– Retournons vers Paris, indiqua La Pierce.

Il se fit déposer à l'angle de l'avenue George V. Il régla sa course en s'en tenant au pourboire minimal. Puis il changea de taxi et rentra chez lui.

Lætitia, sa femme, avait un beau visage mais des chevilles épaisses probablement clonées sur celles d'un chasseur alpin. Son charme s'arrêtait à mi-corps, ce qui était suffisant pour l'usage qu'en faisait La Pierce. Ce soir-là, elle chercha la petite bête. Le regard suspicieux, elle lui demanda ce qu'il pouvait transporter dans les trois sacs.

– Georges, j'aimerais que tu m'expliques...

Leur fils jouait avec sa trottinette dans le couloir.

– Chérie, ne t'occupe pas de ça, dit La Pierce.

En tête des défauts humains, et loin devant la zoophilie, il avait placé la curiosité féminine.

Palais de l'Élysée

Le président bavarda quelques minutes avec Robert Lopeau, un ancien camarade du lycée Henri IV qui se prélassait à la tête d'une commission au Sénat. Lopeau lui décrivit le jeu du Grand-Orient, et de la franc-maçonnerie en général, en faveur du Premier ministre. Hugues Cotteret aimait bien Lopeau, pourtant social-démocrate, et prenait souvent avis auprès de ce complice. Depuis des années, Lopeau avait senti frémir en lui la passion du double jeu, aussi se plaisait-il à informer Cotteret sur le sens de certains gestes du président de la Haute Assemblée.

Tout en discutant, le président s'étira. Des douleurs déchiraient son torse et ses reins. De quatre heures à sept heures du matin, le président avait considéré ses relations avec Sepp au cours des dernières années. Il avait pesé le bon, le très bon et le meilleur. Il avait laissé le pire aux historiens.

Sepp ici, Sepp là, son passé était habité par Sepp. Sepp qui le conduisait, sans peur, durant les « patrouilles offensives » en Érythrée, les chargeurs à la ceinture, la gourde pleine de café à la cardamome et des galettes de farine dans les poches. Sepp au combat, Sepp qui l'avait défendu contre des légionnaires slaves voulant le soulager de son argent. Sepp, nu dans cette piscine, à Menton, où ils abritaient leurs frasques. Et puis la prison pour Sepp. Le triste calendrier qui se laisse biffer en cellule. Les lettres de Sepp. Il écrivait comme on casse du bois. Vlan ! Des mots tranchants. Les gouttes lourdes de son sang sur ce recto simple de papier quadrillé, adressé depuis la geôle pour l'anniversaire de leur rencontre. « Ton ami pour la vie. »

Vint la libération de Sepp. Ce dîner de retrouvailles avec quelques amis de Kowaltchuk qui égaraient leur existence entre cavales et flingages. Et surtout, oui, surtout, Sepp se retournant vers lui, avec un clin d'œil, dans la voiture lorsque, après son élection, ils savouraient les plaisirs d'une lourde escorte policière. Cette voix brûlante.

– On va s'en mettre plein les fouilles !

Son avidité était belle. Il avait une foi pure en l'argent. Le fric sanctifiait chaque geste de l'existence.

Avaient-ils trop partagé ? Hugues considérait Sepp comme son jumeau sombre.

Mais Hugues Cotteret s'inquiétait aussi des secrets

que l'amitié arrache à la prudence et qui, un jour ou l'autre, vous assèchent la bouche. Kowaltchuk savait du président ce que le chef de l'État voulait oublier : les garçons, les partouzes, et le pire, l'absence de cette lueur qu'est le sens de l'État.

Kowaltchuk, durant des mois, avait confondu le Parlement avec une salle des ventes. Cotteret l'avait laissé coudoyer ces affairistes en faction dans l'ombre du trône. Des gouapes cravatées. Leur contenance pieuse, Sepp n'en avait fait qu'une bouchée. Sa rage forçait le respect. Ses mâchoires de mangeur d'hommes les attiraient. Il en avait menacé certains, il s'était acoquiné à d'autres. Rapidement, beaucoup le regardèrent avec le visage de ceux qui viennent d'être soufflés par une bombe.

À présent, que faire de Sepp ? Cotteret savait que la mémoire des pillards s'efface avec le ruban de la Légion d'honneur. En attendant, l'argent acquis avec les vols d'armes à Satory allait le rassurer sur les intentions du président. Il importait que Sepp aspire enfin au respect de ses concitoyens. Il se calmerait. La République flatterait davantage Sepp et elle le récompenserait de mérites inventés. Il serait à nouveau invité à l'Élysée et, sous le prétexte de renouveler ses plaisirs, on le convierait à accompagner le chef de l'État dans ses déplacements à l'étranger.

Georges de La Pierce bondit dans le bureau présidentiel.

– Dis donc…

– Oui ?

– Il nous la repasse en boucle sa trahison !

– Pardon ?

– Je ne comprends pas ce type ! dit La Pierce.

– Qui ça ?

– Kowaltchuk.

– Quoi encore ?

– Il m'a remis l'argent comme prévu et, une heure plus tard, qu'est-ce que je reçois chez moi ? Une nouvelle mise en garde !

– Tu es certain qu'il ne l'a pas envoyée avant ?

– J'ai vérifié.

Le président se gratta le crâne.

– Pourtant, malgré de petites réflexions désagréables, il a été plutôt chaleureux sur le bateau.

– Il te ridiculise, assura La Pierce.

*

– Laisse tourner le moteur, dit Sepp à Dino.

Le déblaiement de la neige avait été effectué devant l'église de Chaillot. Les terminaisons nerveuses de Sepp lui indiquaient que le froid allait durer quelques jours encore. Il jeta un coup d'œil vers les voitures garées sur la contre-allée. Un garçon et une fillette s'embrassaient dans une Peugeot. Sepp prédit qu'une entente se nouerait au plus doux de leur appareil génital.

– Il arrive, signala Dino.

Les bonnettes en caoutchouc de ses jumelles de turfiste bien calées sur les orbites, un doigt sur la molette centrale, il balayait de ses yeux marron l'avenue Marceau.

– Donne la mallette, ordonna Sepp.

Il était de ces assassins qui ne disent jamais « s'il te plaît ».

Dino se sentait promis aux plus hautes fonctions. Un jour il tuerait Sepp, et il hésitait entre brasier ardent et combustion lente pour l'après-midi où il saucissonnerait son patron sur un feu de bois.

– Tiens Sepp, dit-il, provisoirement obséquieux.

Kowaltchuk sortit de la Mercedes avec, à la main, ce qui n'était qu'un cartable d'écolier. Le souffle d'une Ford lui rasa les pieds. Il descendit paisiblement l'avenue Marceau.

Sepp n'entrait pas dans une église sans avoir envie de donner des conseils au Seigneur. Le catholicisme lui semblait géré à la paresseuse. « C'est un truc qui pourrait être encore plus juteux que Monte-Carlo ou Vegas » songeait-il.

Boidest se trouvait dans la nef. Sepp s'assit à côté de lui. Il faisait froid.

– S'ils veulent fidéliser la clientèle, il faudrait mieux chauffer, murmura Sepp.

Boidest tourna la tête dans sa direction.

– Voilà, dit Sepp en lui tendant le cartable. Cinquante mille.

Boidest, que des caractéristiques zodiacales rattachaient à des astres disparus, n'eut pas le frémissement espéré.

Sepp observa le transept. Quelques vieillards égrenaient des soupirs sur leur prie-dieu. Des veuves frissonnaient à l'évocation de leur saint favori.

Sepp se moucha violemment.

– Ce crabe qui veut me plomber, tu vas le sortir du bocal dès demain matin, dit-il en jetant son mouchoir sous sa chaise.

Boidest souleva un sourcil et ses maxillaires palpitèrent deux fois.

– Le flingue est dans le cartable, indiqua Sepp.

– Où il habite ?

– Champ de Mars. Douze avenue Charles-Floquet. Il monte dans sa Renault à sept heures pile.

– Parfait.

– Si son chauffeur s'agite, tu lui paies aussi sa giclée.

– Sans problème !

– Une chose importante…

– Oui ?

– Tu lui en fumes une en pleine tête et tu lui enfonces ça dans la bouche.

Sepp montra un exemplaire de *Képi blanc*, le périodique de la Légion étrangère.

Boidest saisit le magazine.

– Ça va me faire perdre entre cinq et sept secondes.

– On n'est pas aux pièces !

Boidest eut une grimace.

– *Képi blanc* ? Tu veux faire passer un message ?

– T'occupe pas.

– Parfait.

– Tu ne caresses pas le fric ? demanda Sepp.

– Non.

– Tu me fais confiance ?

– Oui.

Amusé, Sepp le regarda dans les yeux.

– T'es bouleversant comme mec.

Sepp se leva.

– Prochain rendez-vous : musée du Louvre. Après-demain quinze heures. Je te filerai le solde.

– Où exactement ?

– Devant... heu... comment elle s'appelle déjà, la pute avec son air de se foutre de tout.

– Je ne sais pas.

– Si ! Ils sont des millions à se faire exploser les verres de contact juste devant...

– La Joconde ?

– À chaque fois que je passe devant, j'ai envie de lui mettre deux claques ! Pas toi ?

– Non.

– C'est le genre qui aurait dû suivre un traitement hormonal.

Sepp se leva.

– Ce type, si tu me le perces en beauté, en plus des thunes que je te refilerai au Louvre, je te trouverai un emploi fictif à la préfecture. D'accord ?

Des gazouillements d'écolières pénétrèrent dans l'église. Une demi-douzaine de fillettes, menées par deux religieuses, se dirigèrent vers l'autel.

Boidest sortit un fil dentaire de sa poche et s'appliqua à extraire les bactéries qui fraternisaient entre ses canines. Lorsqu'il ouvrit enfin le cartable, il découvrit un Tokarev et un chargeur.

– Son nom ? demanda-t-il.

– Georges de La Pierce, précisa Sepp. Il bosse à l'Élysée.

*

Les bonnes joues orangées de la boulangère se plissèrent alors qu'elle lui tendait une tartelette.

– Elles sortent du four...

– J'adore !

Boidest descendit l'avenue de Suffren et entra dans la Datsun. Pour la voler, Boidest avait agi le plus simplement du monde. Il était entré à l'heure du déjeuner dans l'atelier du concessionnaire et, les clés des véhicules qui venaient d'être réparés demeurant sur le tableau de bord, il s'en était allé.

Après avoir remis ses gants, il se versa un thé chaud dans une tasse de plastique. La bouteille thermos dont le bec verseur était ébréché lâcha trois gouttes sur son pantalon. Avec un vieux journal il repoussa la buée qui se plaquait sur le pare-brise. Quelques policiers en uniforme passèrent devant lui ; ils se dirigèrent vers la lumière bistre d'un café-tabac. Une adolescente, droguée ou ivre, parlait toute seule en hochant la tête devant une porte cochère. Boidest ne la quitta pas des yeux durant une ou deux minutes. L'image d'Aline, sa fille, s'approcha puis s'éloigna.

Boidest mit le moteur en marche.

À sept heures moins cinq, Boidest se gara en double file à dix mètres de la Renault qui attendait Georges de La Pierce. Boidest fit monter une balle dans le canon du pistolet.

À sept heures précises, Boidest se cacha le visage derrière un masque souple qui représentait Blanche-Neige. Il l'avait acheté dans un magasin de farces et attrapes. Le hall d'entrée du bel immeuble s'éclaira. Un fonctionnaire de qualité ne fait pas attendre son assassin.

La Pierce portait un manteau à col de fourrure. Il avait une serviette de cuir noir à la main. Le chauffeur descendit de la Renault pour en ouvrir l'une des portières.

Boidest s'approcha. Il eut le bon goût de toucher au cœur le meilleur ami du président de la République. La Pierce s'effondra avec un couinement. Le chauffeur eut une grimace. Il sembla chercher une arme sous sa veste. Le plomb nickelé le prit à rebrousse-poil.

Boidest fit ce que Sepp Kowaltchuk lui avait ordonné. C'était la cerise sur le gâteau : il visa le front de La Pierce et fit feu. Des os, de la moelle, de la pulpe, de l'émail, des gencives décorèrent de marron pâteux l'enjoliveur de la voiture. D'un coup de pied, il dégagea ce qui demeurait d'une tête d'énarque. Le numéro de Noël de *Képi blanc* fut enfoncé dix centimètres au fond de la gorge de Georges de La Pierce.

Boidest ramassa les douilles.

Comme il mâchait un chouime gomme à la fraise, une âme simple aurait affirmé qu'il prononçait « *mea culpa, mea culpa, mea maxima culpa* ».

*

Depuis des semaines, Sepp Kowaltchuk se lançait corps et âme dans des cauchemars. Au matin, il retrouvait ses trois oreillers loin du lit. Durant cette dernière nuit, il s'était revu en geôle, avec ses murs de trente pieds de haut. La prison est un trou sombre. Dès qu'on vous y abandonne, le soleil file de son côté, on ne le revoit plus. Ou alors une petite lèche de temps en temps, par la fenêtre. Sepp se souvint de l'obscurité contre laquelle il avait buté. Si le monde se déforme derrière les barreaux, il se superpose dans les rêves. La sono, les blocs cellulaires, ces instants effilés où la peur met la peau à vif se mélangeaient aux rangées de bacs de la cantine, aux toux glaireuses, à cette exhalaison de haines, de pets, de sperme, de nicotine, dans laquelle la vie de Sepp s'était engluée.

Maintenant, il souffrait du cou et des épaules. Sepp s'était tordu d'angoisse sur le lit.

La Mercedes roulait à petite allure vers l'Union des Halles. Ce matin, profiter de la liberté se résumait à baisser la vitre et à sentir le déplacement d'air d'une voiture en marche. La main tendue, il jouait avec le vent. Il se laissait caresser. Pur délice. Même par moins huit degrés.

– Tu as trop chaud Sepp ? demanda cet imbécile de Dino.

– Non, je jouis...

Dino était dépassé d'une courte tête par la limace corrézienne dans le classement de Sepp.

– Tu quoi ?

– Je prends mon pied.

– Avec ton bras ?

– Oui.

Sepp cachait un secret : il se pardonnait tout. Et il se serait pardonné d'ouvrir l'esprit de Dino à la machette.

*

Une plaque en aluminium et au graphisme net indiquait « BC Investigation ». Grâce à des pastilles collantes, elle adhérait tant bien que mal à la porte. Derrière celle-ci, Costes et Bernstein partageaient une grande table en merisier, dont l'un des pieds restait calé à l'aide des contraventions récoltées par l'un et l'autre. Au-delà des chaises dépareillées, la pièce n'était meublée que d'un ordinateur en panne, d'un photocopieur dont le bac faisait office de bar, d'un classeur, d'une lampe halogène. Sur un coffre-fort définitivement vide, mais renforcé d'une plaque de manganèse, on remarquait un reste de pizza d'une petite dizaine de jours.

Le visage de Bernstein, brassé par une nuit d'amour, semblait chiffonné. Quant à la tête de Costes, elle paraissait détachée du tronc par un col roulé.

Tous deux considéraient les tracasseries de l'État : une pile de factures et de lettres de rappel, placées à égale distance l'une de l'autre comme sur l'autel de l'égalité.

– On peut savoir ce que tu vas faire de l'argent des photos ? s'enquit Bernstein.

Samuel avait un stylo à la main. Il dessina le brouillon d'un palmier.

– J'apprendrai à nager et je m'installerai, à l'année, dans un hôtel situé sur une plage.

– C'est tout ?

– Oui. À moins que je ne traduise Heidegger en berbère… mais ça, en toute dernière extrémité.

Et moi, à ton avis, qu'est-ce que je ferai ?… s'enquit Bernstein.

– Tu soigneras ta vérole.

– Jamais ! Je tournerai un vrai film.

Costes eut un piaffement.

– C'est triste, on a des rêves très classe moyenne…

Palais de l'Élysée

Hugues Cotteret taillait des crayons lorsque l'angoisse lui dérobait son impression d'invincibilité. Une habitude prise dans sa petite enfance.

Des dizaines de copeaux d'un bois fragile formaient donc de gracieuses chrysalides sur son bureau. Il avait appris l'assassinat de Georges de La Pierce dix minutes après que celui-ci eut clos son séjour terrestre contre le pavé teinté de l'avenue Charles-Floquet. Un bulletin spécial venait d'interrompre « Bonjour bonheur » une émission matinale sur la chaîne de télévision publique.

L'odeur rance des aisselles de La Pierce lui parut tenir encore les trois cents mètres carrés au fond desquels le président veillait sur les affaires de la France. Mais il comprit que cela n'était qu'illusion. Une douleur tournait en lacets dans son estomac. La peur. Elle le prenait de force. Il posa la main sur son ventre et fut prêt de vomir des ravioles de garenne au foie gras. Son repas avec l'ambassadeur de Zambie.

Le président avait compris que Sepp Kowaltchuk venait de faire abattre La Pierce.

« Il se croit invincible ce fumier, oui ou merde ? » s'interrogea Hugues Cotteret alors que, d'un mouvement syncopé, il faisait disparaître un nouveau crayon dans l'appareil toujours affamé.

Il s'étonna aussi que l'instinct reptilien de La Pierce ne l'eût pas protégé des coups de feu – deux balles, disait le ministre de l'Intérieur qui venait de l'appeler.

Mais La Pierce ou pas, sur cette Terre, l'ami le plus cher du président de la République était le président de la République. Il se rendit compte que la disparition de Georges le touchait peu, comme si sa sensibilité était occupée à de plus grandes tâches. Dans le danger, on ne pleure personne. Sa gorge le pinçait, son corps se nouait, mais le président savait que c'était son propre sort qui le tourmentait et non le meurtre de Georges.

Il caressa Dicky, son chien, qui passait son temps à dormir comme s'il se reposait de sa fidélité.

– Et toi Dicky, ça va ?

Le chien eut un bref battement de paupières. Au fond, il ne s'intéressait pas à la politique.

Cotteret se leva. Après quelques foulées, il revint s'asseoir. Puis il quitta à nouveau son fauteuil.

Le président ouvrit le coffre-fort dissimulé derrière une commode du XVIIIe plaquée de bois de rose. L'argent remis par Sepp à La Pierce s'y trouvait.

Le président s'interrogeait. Que faire de Sepp Kowaltchuk ? Un État est près de sa ruine s'il n'ose pousser ses adversaires vers la tombe. Or, Hugues le regrettait, l'Élysée ne comptait pas, parmi son personnel, le moindre tueur maison, quelqu'un formé en interne pour accomplir la besogne.

Hugues Cotteret songea à l'un de ces pistoleros hors pair, maigres et lugubres, si utiles une ou deux fois dans une carrière politique. Où diable dénicher un assassin quand le temps presse ? Déjà, trouver un plombier est difficile... Hugues se voyait entouré de lutins qui ne chevauchaient que de la paperasse. Des gnomes : des fonctionnaires. C'était aussi simple que cela. Oui, les parias susceptibles de vous abattre un homme pour un prix modique, il n'y en avait pas l'ombre d'un dans son carnet d'adresses. Comment recruter, à la va-vite, un tireur d'élite ? Il était vain de compter sur la DGSE ; son administration lourdaude n'offrait qu'une certitude, celle de l'échec. Soumis à une enquête parlementaire, son service « Action » était devenu une écurie d'unijambistes. Et il faudrait justifier cet assassinat en signant un bordereau quelconque. Il lui apparut plus sot encore de faire appel au service d'ordre du parti politique qu'il avait créé, le « Mouvement des Droites ». Les rayonnages des libraires, et les présentoirs de « l'Espace livres » des hypermarchés, restaient les deux lignes d'horizon vers lesquelles louchaient ces imbéciles. Tous songeaient à publier, un jour ou l'autre, un ouvrage de souvenirs qui se vendrait à un million d'exemplaires et intitulé *Le Président m'a dit.*

Hugues Cotteret se tamponna les joues avec le drapeau français placé derrière son bureau. Il s'y moucha. Un textile rêche. Pouah !

La terreur lui brûlait la vésicule. Après cinq ou six contractions du diaphragme, il rendit son repas sur le tapis. Ouf !

Dicky s'approcha. Il renifla le vomi présidentiel avant de maintenir la bienséance et de s'éloigner.

Les traits gelés par une transpiration froide, le président se dit qu'il convenait de prendre une décision rapide. Pour la première fois depuis son élection, il s'assit sur le sol, le dos contre une commode. Mais les médaillons en cuivre doré le gênèrent. Alors, il rampa vers le milieu du tapis où il se coucha. C'est ainsi qu'il se concentrait lorsqu'il était étudiant. Dicky en resta bouche bée.

– Je suis mieux comme ça, expliqua Cotteret au grand bleu de Gascogne.

La bête gémit.

Dicky, un snob, abaissa le nez vers lui. Comme beaucoup de chiens, il considérait que se promener à quatre pattes est, chez un président de la République, une extravagance.

Les sincérités mafieuses de Sepp Kowaltchuk restaient inintelligibles aux yeux de Cotteret. Le malfrat avait prétendu souffrir de l'éloignement du président, il lui avait tenu une conversation toute d'émotion mais visait à sa destruction. Que voulait-il ? De l'argent ? Ou simplement se venger d'avoir été mis de côté ? Les voyous sont les plus susceptibles des hommes. Hugues Cotteret se consumait dans des interrogations qu'il jugea petit à petit oiseuses.

Au bout d'une demi-heure, il se souvint que Georges de La Pierce s'était assuré les services de deux investigateurs. Ceux qui avaient pris les photos de Daniel Spassy sodomisé par Sepp sur une table pliante. Ces gens-là pouvaient-ils être convertis à la grandeur du meurtre pour raison d'État ? Le président avait souvent vérifié que les certitudes morales se diluent dans une monnaie forte. Sous la poussée du numéraire, l'âme vole en éclats.

« Un, je paie. Deux, je fais abattre Sepp. Trois, je récupère l'argent pour ma campagne », décida-t-il.

Hugues Cotteret se releva.

Il marcha vers le bureau de La Pierce. Cotteret savait que si Georges était ce que la présidente appelait un « fripon », il n'en restait pas moins attaché à certaines méthodes de classement. Hugues posa la main sur un secrétaire Louis XVI orné de bronze. Grâce à la clé ciselée qui se trouvait dans la serrure, il en ouvrit tous les compartiments et les six tiroirs.

– Trop de saloperies là-dedans, nom de Dieu ! tonna Cotteret.

Il rejeta, à dix mètres, intercalaires, protège-documents, pochettes de photos turquoise et chemises à rabats. Il balaya du poing cent dossiers à dos extensible et en brisa la couverture en papier toilé. Après dix minutes, il découvrit une boîte d'archives en carton ondulé intitulée « reportages ».

Cinq clichés des ébats de Spassy et de Kowaltchuk s'y trouvaient ainsi que la carte d'un certain Samuel Costes.

Cotteret fit mine d'utiliser sa ligne protégée. Puis il se reprit. Sa profession exigeait un certain doigté et, en l'espèce, la seule mystique qui valait restait celle de la méfiance. Il appela Larissa Barek.

– Je m'absente. Annulez mon rendez-vous avec Werner Schulte, de la Banque centrale européenne. Dites-lui que je suis souffrant…

– J'appelle le chauffeur et la Sécurité ?

– Non. Je prendrai la Fiat.

– Bien monsieur le président.

Il saisit un manteau et retrouva la Fiat au pare-brise couvert de feuilles mouillées. Dans la boîte à gants, sa casquette de tweed était froide. Il la posa bien en avant sur son crâne et remonta le col de son poil de chameau. Un officier de la Garde républicaine le salua. La grille s'effaça. Des jocrisses ouvrirent de grands yeux sur cette petite voiture qui surgissait de l'Élysée. Une troupe de Nippons en goguette, quelques charretées de provinciaux, traînaient devant les vitrines des boutiques du faubourg Saint-Honoré.

Cotteret trouva une place où garer la voiture, avenue Rapp, devant l'immeuble de la météorologie nationale. L'objet de son envie était une cabine téléphonique. Il y pénétra sans être reconnu.

Le président appela tout d'abord Danofreau. Un Vendéen natif de la circonscription d'origine du président de la République. Danofreau avait une dette à son égard. Ce fils d'un responsable départemental du parti de Cotteret avait été mêlé à une affaire de carambouille à Nantes. Il devait au président d'avoir obtenu un poste envié à la SNCF alors qu'il aurait été à sa place en prison.

– Danofreau, je vous attends, lui dit-il avec sobriété.

Et Cotteret lui indiqua le lieu où il se trouvait.

– J'arrive ! répondit simplement l'autre, les organes frémissants.

– Oui, mais n'en dites mot à personne. Venez en ami. Discrètement.

– Bien reçu !

Ensuite, le président composa le numéro du portable de Samuel Costes.

*

Devant le comptoir, Costes s'aperçut qu'il n'avait que peu mangé depuis deux jours. Il essaya de croquer dans une barre de nougat mais battit en retraite. Tassée derrière le distributeur de cacahuètes, une fille aux jambes galonnées de varices grignotait un jambon-beurre. L'asymétrie de son visage déséquilibra Costes qui se crut plus ivre qu'il n'était.

Samuel commanda un nouveau ballon de rouge. Vers l'Aubrac était une gargote qui n'avait pas été repeinte depuis cent ans. Samuel y passait de loin en loin. Les restes d'une cagette et deux bûches crépitaient dans la cheminée. Une prostituée, qu'il connaissait de vue, fumait un cigarillo. Elle atteignait quatre-vingt-dix-huit centimètres de tour de poitrine, ce qu'elle convertissait en yen ou en rouble, au gré de la clientèle.

« Finalement j'ai beaucoup de chance d'être alcoolo, j'aurais pu être comme eux » pensa-t-il en observant des bureaucrates qui calomniaient leurs chers collègues.

Samuel avait le sentiment d'avoir la larme non plus à l'œil mais au nez. Ses narines le chatouillaient. Il se souvint, encore une fois, de ces matins où il pénétrait dans la chair parfumée de Mahaut. Drôle de fille. Elle voulait toujours l'emmener à la campagne durant le week-end. Mais les chemisiers à fleurs de Mahaut suffisaient à son besoin de chlorophylle.

Au bar, un certain rythme réglait la mastication des tartines. Aigres, les Parisiens regardaient dans le vague. Il n'y avait que le bruit des billards électriques et la sonnerie des téléphones mobiles pour les faire sursauter. Costes eut besoin de dix secondes pour comprendre que c'était précisément son portable qui sautillait au fond de la poche de son manteau.

– Allô ? fit-il.

– Monsieur Samuel Costes ?

– Lui-même.

– Je suis celui qui a fait en sorte de vous confier les dossiers du monsieur qui a eu cet accident… susurra le président de la République.

– Je ne connais pas.

Le barman désigna d'un nez violacé le douzième ballon de Bourgogne qu'il venait de poser devant Samuel.

– Merci, fit Samuel.

– Merci pour quoi ?

– Pour rien. Je parlai à ma secrétaire, mentit Samuel.

– Je vous dérange ?

– Un peu. Je travaillai... un boulot dingue... avec la mondialisation, j'ai de plus en plus de clients.

– Tiens ? j'avais l'impression d'entendre un flipper.

– Non, c'est le scanner pour les photos...

À cet instant, la porte des toilettes s'ouvrit et l'odeur de la soupe aux choux se mêla, en une longue bouffée, à celle du badigeon qui protégeait les poutres en bois. Bernstein s'approcha de Samuel en reboutonnant avec amour son pantalon.

– Monsieur Costes, seriez-vous intéressé par cent mille dollars ?

– Non.

– Vraiment ?

Costes n'avait que Mahaut en tête.

– Viré, piétiné, humilié, c'est une fatalité ? hoqueta Samuel.

– Pardon ?

– À votre avis ?... fit Samuel.

Il avait trop bu.

– Vous m'avez entendu ? demanda, plus sèchement, le président de la République.

– Tout à fait. Nous en étions à cent mille... plaisanta Costes.

– J'aimerais vous rencontrer.

– Pas question !

– Et pourquoi ?

– Les gens que…

Costes cherchait ses mots. Sa bouche devenait pâteuse et ses dents pesaient comme des pavés.

– Pardon ?

– Ce Lequint a eu de drôles d'ennuis, vous ne trouvez pas ? dit Costes.

– Si. Vous pourriez, à ce propos, être interrogé, et suspecté, par la police. Dites-vous bien que vous n'êtes pas à l'abri d'une dénonciation quelconque.

– Quelconque, c'est votre nom ?

– Rencontrons-nous. Il est préférable, me semble-t-il, de recevoir cent mille dollars plutôt que de connaître les affres d'une mise en examen.

– Alors ? demanda Costes.

– Alors, je vous propose de vous trouver dans dix minutes à l'hôtel de l'Aurore, avenue Rapp.

– Quel numéro de chambre ?

Cotteret fut pris de court.

– Vous demanderez celle de monsieur… disons monsieur Patrice.

– Très bien.

– Je compte sur vous.

– Oui. Il raccrocha.

Samuel aperçut le pelage rayé de gris du chat de la maison. L'animal passait une langue de gourmet sur son arrière-train. Il connaissait d'instinct la douceur de vivre. Samuel enfonça son portable dans sa poche.

– Qui était-ce ? intervint Bernstein.

– Je n'ai pas bien compris.

– Arrête de boire ou on va prendre la tasse !

– Nul, ton jeu de mots…

– Essaie de te souvenir, insista Bernstein qui voyait le corps de Samuel comme un combiné déprimant d'un peu de sang et de beaucoup d'alcool.

– Je crois que c'était notre client. Celui de l'affaire Lequint et Kowaltchuk.

– Tu n'en as pas l'air certain…

– Je n'ai pas reconnu sa voix. Il nous paierait en dollars.

– Combien ?

– Cent mille.

– C'est beau !

Costes montra le ticket de caisse.

– Paie, on s'en va,

– Ma parole, t'es pris d'engourdissements dès qu'il faut régler les consommations !

– Non, j'ai oublié mon portefeuille. Tu sais bien, en ce moment, j'ai la tête ailleurs.

Ils sortirent. Le soleil ne disait ni oui ni non. Mais il faisait moins froid.

– Explique-moi ce qu'il en est, demanda Bernstein.

– Il dit…

– Oui ?

– Il dit qu'il peut nous balancer à propos de la mort de Lequint.

Bernstein sursauta.

– Puis-je te rappeler que nous ne l'avons pas assassiné ?

Tout en marchant, Costes gardait le regard sur le flou gercé des lèvres de Bernstein.

– Tu m'écoutes Samuel ?

– Oui.

– On n'a rien à craindre des flics. On est blanc bleu.

– Voyons ce qu'il veut ce mec. Après tout, il propose cent mille.

– Tu as raison.

*

La température du corps de Danofreau avait baissé. Entendre la voix du président le mettait toujours dans cet état. Le timbre bas qui caractérisait Cotteret, il le reconnaissait au bout d'une syllabe. Cotteret, en campagne pour les municipales ou les législatives, avait souvent déjeuné dans leur fermette, à Soizic, lorsque Danofreau était encore adolescent. Un portrait dédicacé du grand homme se trouvait sur la cheminée de brique de la maison paternelle. Le président, attentif à souligner lui-même l'étendue de sa protection, l'avait appelé deux ou trois fois au cours de ses années au pouvoir. Toujours pour le rassurer quant à l'enlisement de la procédure relative à son « affaire nantaise ».

Dans son ardeur à plaire, Danofreau quitta son bureau et sauta dans sa Nissan de fonction. Il ne voulait pas faire attendre le président. Danofreau voyait Hugues Cotteret comme son suzerain.

C'est en face du café-tabac Le Madrigal que Danofreau reconnut le président dans la Fiat. Que Cotteret fut ainsi dissimulé dans une voiture si modeste le confirma dans la certitude qu'une mission confidentielle allait lui être donnée. « Je saurai faire appel à votre patriotisme » lui avait murmuré Cotteret, un jour qu'il le recevait à l'Élysée avec son équipe des jours anciens. Danofreau était prêt. Il était fier aussi. Depuis longtemps, il avait trouvé dans la reconnaissance le principe de sa morale.

Le président lui fit signe de venir s'asseoir dans la Fiat.

– Danofreau, bonjour.

– Je vous présente mes respects monsieur le président, murmura-t-il, gêné que sa jambe gauche effleure celle du président.

– Il n'y a pas beaucoup de place là-dedans... admit Cotteret.

– Non.

– Vous allez tout d'abord acheter une paire de bas ou de collants noirs...

– Moi ? sursauta Danofreau.

– Oui. Vous l'utiliserez comme masque. Pour ce que j'ai à vous confier, il n'est pas souhaitable que l'on puisse voir votre visage.

– Ah ?... je comprends, dit-il, rassuré.

*

Costes et Bernstein rejoignirent la Volkswagen.

À l'heure dite, ils s'arrêtèrent devant l'hôtel de l'Aurore.

– Tu y vas ou j'y vais ? demanda Costes.

– Vas-y, c'est toi le chef sur ce dossier...

– Oui, mais j'ai trop bu...

– Débrouille-toi !

– T'es méchant depuis quelques jours, regretta Costes.

À la réception, un septuagénaire dont l'épaule droite affaissée révélait un déséquilibre du bassin, achevait de renseigner un client de l'hôtel sur les horaires des bateaux-mouches. Deux femmes marchaient vers la porte ; elles devaient voir l'existence terrestre comme une longue traversée nauséeuse car elles évoquaient leurs allergies dues aux poils de chien.

– La chambre de monsieur Patrice s'il vous plaît ? demanda Costes.

L'employé eut un regard vers l'écran de l'ordinateur.

– C'est la quarante-trois, quatrième étage.

L'ascenseur fraîchement javellisé rappela à Samuel l'odeur du bloc opératoire.

Costes frappa à la porte. Il n'entendit aucune réponse. À nouveau, il tapota sur le montant.

– Oui ! perçut-il.

Costes posa un pied dans la chambre.

– N'ouvrez pas la lumière, ordonna une voix d'homme.

Costes ferma la porte d'un léger coup de pied.

– Il y a une chaise… nasilla l'autre.

Il faisait très sombre mais Costes la trouva ; il s'y assit avec précaution.

« Si je repère le divan, je m'endors ! » songea-t-il.

– Votre nom, c'est ?… vérifia Danofreau.

On ne sait jamais, un crétin de passage aurait pu se tromper de chambre.

– Costes Samuel, fils de Lætitia Viggli et de Jérôme Costes. Célibataire, demeurant rue des Peupliers à

Boulogne et ayant comme légataire universel un poisson rouge du nom de Jules... articula Samuel.

Il comprit que son interlocuteur se trouvait derrière le récepteur de télévision.

« Je suis trop saoul pour le voir de toute façon... » songea Costes.

– Il s'agit d'un recouvrement de créance... annonça l'homme invisible.

– Où ça ?

– Dans une forêt. Nous faisons appel à vous parce que vous avez pignon sur rue. Nous ne voulons pas utiliser de voyous...

– Je suis très flatté.

– C'est simple, il suffit de dessouder un ou deux types et de récupérer de l'argent.

– Tant mieux. Je suis prêt à mou... mourir... À cause de Mahaut...

– Il faudrait être armé.

Costes tirailla sur sa ceinture.

– Vous pouvez facilement trouver quelqu'un d'autre...

– Non. C'est vous.

– Écoutez, franchement, je ne suis pas le genre...

– Acceptez. Sinon, un jour ou l'autre, la police découvrira une grosse quantité de drogue sous votre lit... La came, par les temps qui courent, c'est, minimum, dix ans de placard.

– Ah oui ?

– Je suis désolé. Mais à la guerre comme à la guerre... fit Danofreau.

– Pourquoi moi ?

– On déposera à votre bureau le GPS. Vous savez faire marcher ces trucs ? Les systèmes de repérage par satellite…

– Mon associé, il sait.

– La puce électronique sera planquée dans l'un des colis. Vous pourrez le suivre au mètre près.

– Putain !

– On ne dit pas putain, mais péripatéticienne, rectifia Danofreau.

– Quelle année je me paie ! Ma nana m'a lourdé, et en plus vous me…

Danofreau l'interrompit.

– Vous trouverez dix mille dollars dans le petit sac derrière la porte. Le reste, vous le recevrez une fois le problème de cette dette résolu.

– Compris.

– Un téléphone portable vous est offert. Il a été volé. Il est dans le sac des dollars. Laissez-le constamment ouvert. Jour et nuit. Ne l'utilisez pas. Il ne servira qu'une fois, lorsque nous vous dirons comment, et où, agir. Ensuite, vous le briserez et le flanquerez dans un égout quelconque.

– Oui, oui, oui… fit Costes, pressé de rejoindre la voiture et de dormir.

– J'ai été clair ?

– Bien sûr…

– Vous pouvez partir.

– Moi ?

– Oui.

Le flux où se déplaçait la mémoire de Costes le fit hésiter. Deux secondes furent indispensables pour qu'il se souvînt que la porte se trouvait dans son dos.

– Merci, dit Costes, fort bien élevé.

– N'oubliez pas le sac !

– Ah, c'est vrai !

Les lignes rayonnantes de ce qu'il appelait son « romantisme » partaient de son bas-ventre. Aussi Bernstein feuilletait-il *Dream Tits,* une revue friande de controverses quant aux joies de l'échangisme.

– Alors ?

– J'ai gagné un téléphone portable ! lui annonça Samuel.

– Tu es un Titan !

Costes bâilla.

– Ouais.

– C'était une tombola ?

– Non, non.

– À part ça ?

– Je n'ai pas tout compris...

– Il t'a parlé argent ?

– Il est dans le sac.

– Il ne t'a pas ramassé ivre sur la carpette au moins ?

– Non. Je me suis accroché !

– Qu'est-ce qu'on a à faire maintenant ? demanda Bernstein qui fouillait le sac de sport.

– Il n'y a plus qu'à attendre. Il m'appellera sur le portable.

Bernstein montra les billets.

– La gâche pas ton ivresse ! Mets-toi en position dodo et pique-le ton roupillon.

– Je peux ?

– Oui, tu as gagné ta journée, conclut Bernstein qui lécha une grosse coupure.

Palais de l'Élysée

– Après tout, un intime de François Mitterrand s'est bien tiré une balle dans la tête à l'Élysée ! rappela Cotteret à Patrick Minouinan, directeur de la rédaction de l'hebdomadaire *Aujourd'hui*.

– Certes, mais…

– La Pierce est mort en pleine rue. Ce sont des choses qui, hélas, arrivent tous les jours… J'insiste suffisamment sur l'insécurité, scandaleusement niée pendant vingt ans par les sociaux-démocrates, pour mesurer tout ce que…

Le président de la République eut une poussée de haine. Ces journalistes bouillonnaient d'une agitation insupportable. La mort de La Pierce, et les rumeurs qui couraient sur son amitié avec Daniel Spassy, devenaient inconvenantes.

« On ne va pas me faire le coup de Clinton et de Monica bordel de Dieu !… Heureusement, j'ai l'air franc du collier », songea Hugues Cotteret. Les ficelles du métier, il les connaissait. Sourire, tutoyer et fraterniser avec les pauvres et les éclopés. Taper dans un ballon de football devant les caméras, prendre un bain de mer en caleçon, porter des chaussures usagées, voilà de quoi garder ses entrées dans le cœur des Français.

Des soupirs montaient entre les interrogations du directeur de la rédaction d'*Aujourd'hui*, dont le président jugeait qu'il avait des gloussements déplacés.

« J'ai un dossier sur ce minable et il faut qu'il le sache », pensa Cotteret.

– Mon vieux, je vous aime bien, aussi, laissez-moi vous dire que vous dépensez votre talent dans une très mauvaise direction… lança le président.

Patrick Minouinan porta un doigt à ses lèvres comme s'il s'enfonçait une cigarette allumée dans la bouche. Depuis une demi-heure, il avait le sentiment que Cotteret voulait lui faire gober de gros mensonges.

– Monsieur le président, le meurtre de Daniel Spassy, dont on dit qu'il était de vos intimes, puis celui de Georges de La Pierce, si proche de vous, interpellent, en quelque sorte, l'opinion. Ne serait-il pas sage que l'Élysée sorte d'un silence qui risque de devenir un peu… un peu lourd et, ne pensez-vous pas…

Cotteret eut alors des yeux de la température du grêlon scandinave.

– Monsieur Minouinan, la fonction de journaliste ne suggère en rien qu'il faille aller au-delà de la pudeur. J'ajoute que vous n'êtes pas au-dessus des lois, ni dans votre métier, ni même… dans votre vie privée…

– Ma ?…

– Oui, insista le président.

Et il hocha la tête à la vitesse du couperet de la guillotine.

– Ma vie privée ?

– Jusqu'à présent, je la respecte, moi, mon cher.

Patrick Minouinan n'était pas beaucoup plus bête qu'un autre. Il comprit la menace.

Cotteret se leva et lui tapa amicalement l'épaule.

– Allez, venez, on va s'en jeter un…

Il marcha vers une encoignure en acajou transformée en bar où il hésita avec la plus souriante complaisance.

– Glenkinchie ? Aberlour ? ou alors un whisky américain comme l'Old Forester ? C'est un bourbon du Kentucky, un peu fruité.

Le président se retourna vers Minouinan et resta figé d'admiration devant lui.

– J'ai adoré votre dernier article sur les lobbies chinois à Bruxelles… Très pervers. Bien dans votre style.

Un quart d'heure plus tard, le président raccompagna jusqu'à la porte Minouinan.

– Je serais très heureux de vous avoir dans l'avion de la présidence, pendant toute la campagne… Sans aucun de vos confrères. Vous seriez aux premières loges pour faire de bons papiers. Et même un bouquin. Avec des confidences exclusives… ajouta Hugues Cotteret.

Le président lui adressa un dernier geste amical.

Dès qu'il eut le dos tourné, une satisfaction fugitive détendit le visage de Cotteret.

« Celui-là, c'est dans la poche » estima-t-il.

Hugues revint vers son bureau. Larissa Barek venait de lui apporter quelques journaux.

Parfois, le hasard est inventif. Le président de la République constata, avec plaisir, que le vol d'armes à Satory était tombé un jour faste. La déclaration en faveur de l'ETA, lue à l'Agence-France-Presse par Kowalchuk, avait joué son rôle mais, surtout, et par la plus belle des chances, un stock de munitions venait d'être découvert à

Ascain, au Pays basque. La presse dressait le tableau d'un terrorisme toujours renaissant et supposait qu'un lien entre les deux événements pouvait être trouvé.

« Les cons ! »

En dépit de cette heureuse nouvelle, des suffocations et des contractions nerveuses l'agitaient. Il souffrait maintenant de constipation. Quel chemin de croix depuis quelques jours ! Hors du cercle sacré du jeu politique, Hugues se sentait de plus en plus mal à l'aise. La fourberie oui ! l'arquebuse, difficilement ! Le président se dit qu'il payait cher la fréquentation de Kowaltchuk. La brutalité de Sepp l'avait entraîné vers des solutions folles. Le truand n'avait plus sa tête ! Edwige, qui ne comprenait rien à rien, avait cependant raison. Elle l'avait mis en garde depuis longtemps contre Sepp.

Il feuilleta quelques quotidiens.

Tous commentaient le meurtre de La Pierce. Hugues se laissa aller à regretter l'heureuse époque où chaque publication pouvait être saisie et ses journalistes bastonnés. Ce rêve dura une douce minute.

Deux heures auparavant, le Premier ministre, qui se léchait secrètement des babines de chacal, l'avait appelé. Plus mielleux que jamais, il avait fait mine de s'indigner du meurtre de La Pierce. Il avait assuré le président de sa sympathie tandis que son compère, le secrétaire général du parti social-démocrate, les yeux écarquillés d'une feinte dignité s'était, à la télévision, montré stupéfait qu'un proche du président puisse exhaler le tout dernier soupir en pleine rue, avec deux balles dans le corps.

La pensée d'Hugues Cotteret revint à Sepp. « Il serait capable de me faire tirer dessus » imagina le président. Et Cotteret songea à de Gaulle au Petit-Clamart et à Kennedy sur Dealey Plaza, à Dallas. Mais comment desserrer cette prise ?

Le président relut la lettre que la veuve de La Pierce lui avait fait porter. Signée une fois encore du groupe France Revanche, elle lui expliquait la marche à suivre pour la remise d'un million de dollars en échange d'un silence définitif à propos de l'affaire VollensDeiger. Le président marcha jusqu'à la fenêtre. Il contempla les jardins de l'Élysée. La pluie tissait une voilette sombre autour des tilleuls.

Larissa Barek entra à nouveau.

– Ils sont là, le prévint-elle.

– J'arrive !

Il se leva.

En homme de bien, le président reçut une délégation d'enfants atteints d'une maladie incurable dont il ne comprit, ni ne retint, l'appellation scientifique. Il offrit des chocolats, signa des autographes et se laissa photographier en leur compagnie. Il prononça un discours en fronçant les sourcils afin de montrer sa douleur devant les injustices du monde. Au bout d'une heure, les bambins, dont certains en chaise roulante, quittèrent le salon « cardinal de Mazarin » où ils étaient reçus.

Une fois seul, Hugues Cotteret éparpilla trois caresses sur le ventre de son chien, il lança deux fois la baballe avec laquelle ils jouaient parfois. Ensuite, il utilisa l'un des portables de La Pierce. Il convoqua Danofreau qui patientait dans un bar de la place Beauvau.

Danofreau, qui en était à son huitième café, ne laissait s'élever qu'un désir dans son crâne : servir le président. Il fut là en quatre minutes.

– Asseyez-vous Danofreau, dit Hugues.

– Je vous présente mes…

– Je veillerai à votre promotion, l'interrompit Cotteret.

– Je… Mais ? Je vous remercie. Heu…

– Vous voulez rester à Paris ou souhaitez-vous être muté en province ?

Danofreau baissa des yeux châtaigne.

– J'aimerais intégrer la Direction de la communication institutionnelle.

– Tiens donc ?

– Oui, c'est plus prestigieux. Vis-à-vis des collègues. Et puis j'aurais un bureau pour moi tout seul. Actuellement, on est dans des trucs paysagers. Horrible !

Le président montra sa mine la plus réfléchie. Il importait de distiller lentement les effets de son pouvoir.

– Vous prendrez vos nouvelles fonctions à la SNCF avant les élections. Si par malheur je devais les perdre, vous au moins serez sauvé, dit-il avec les accents de la générosité.

Lèvres entrouvertes, Danofreau rougit.

– Merci de… je… je…

– Vous et votre père êtes des amis de toujours. Cela me fait plaisir de vous aider dans votre carrière.

– Je suis très…

– Allez, au travail... fit le président.

Il se dirigea vers l'un des coffres emmurés. Certains nombres avaient une place dans son cœur : il composa un code à douze chiffres qui correspondait aux mensurations de Marilyn Monroe et de Brigitte Bardot. Deux étoiles dans le ciel de son adolescence.

Pour que Sepp ne reconnût pas l'argent issu de la vente des armes de Satory, qu'il avait lui-même remit à La Pierce, Hugues ouvrit les sacs et fit sauter les élastiques qui furent remplacés par du fil à pêche. Avec une robuste simplicité, le président vida les liasses sur le tapis. Il observa ensuite Danofreau placer les dollars dans deux sacs en stratifié utilisés pour les largages par parachute. Ils se fermaient par boucle automatique.

– Nous procédons à un simple transvasement, commenta Hugues.

– Monsieur le président. Je n'ai rien à savoir.

Hugues Cotteret eut l'un de ses fameux sourires.

– Pour servir son pays, on est tenu d'agir bizarrement parfois.

– Oui, concéda l'autre.

Le président lui tapa sur l'épaule.

– La démocratie, elle pointe de temps en temps le bout du drapeau dans l'azur, mais ses deux pieds font flop flop dans la merde.

– Sûrement.

– Il ne faut pas que ça se sache. Ça découragerait.

Danofreau n'écoutait pas. Il souffrait de rhumatismes dans les genoux et cherchait à se relever aussi sportivement que possible.

– Et maintenant monsieur le président, qu'est-ce qu'on fait ?

Cotteret lui prit le bras. Le geste était autant celui de la protection que de la menace.

– Vous allez vous saisir de ces sacs, vous prendrez le train dans deux heures et vous les jetterez par-dessus bord quand je vous le dirai par téléphone.

– Bien compris ! dit Danofreau.

– Veillez à vous munir, à la SNCF, d'une clé de déverrouillage des portières.

Du pied droit, le président montra les sacs.

– Il y a là-dedans une puce électronique qui permettra de les suivre ces foutus paquets. Ensuite, une autre équipe interviendra.

– Bon.

– Laissez votre portable en fonctionnement. Et indiquez m'en le numéro.

Le commissaire Danofreau sortit une quittance de loyer de sa poche.

– Excusez-moi, j'ai oublié mes cartes dans mon costume d'hier…

– Utilisez plutôt ce bloc…

Le président tendit un boîtier en argent massif sur lequel se trouvaient des feuilles de papier carré.

– Voilà, fit Danofreau qui s'appliqua à écrire lisiblement.

– Parfait.

– Danofreau ?

– Oui monsieur le président ?

Cotteret le regarda droit dans les yeux et dirigea un doigt vers lui.

– Vous oublierez tout ceci. Vous n'en parlerez jamais. À personne. Même à moi. Je dis bien, même à moi ! D'autant que, pour ma part, je n'en ai déjà plus le souvenir.

Danofreau hocha la tête.

*

Grandeur et tradition. Tout au long de sa carrière de pillard, Sepp avait considéré qu'un petit assassinat de temps en temps est une règle de salubrité. Certains palabrent à la télévision. D'autres jouent les pamphlétaires, lui mettait sa confiance dans les tirs à l'horizontale. Il fallait le comprendre.

– Tania, apportez-moi mes céréales, demanda-t-il à la domestique.

– Lesquelles monsieur ? l'entendit-il grincer.

– Muesli !

Sepp était dans son salon. Il repassa sur l'écran les reportages des chaînes de télévision consacrés à l'assassinat de Georges de La Pierce. On voyait la tache de sang sur la chaussée. Assez belle. Le sang est si doux au toucher… personne ne le dit jamais. Il appuya sur le bouton d'arrêt sur image.

Voilà ce que le président devait comprendre. La mort de La Pierce était un message d'amour. On ne jouait pas avec Sepp Kowaltchuk.

Sepp ignorait si Hugues était de mèche avec La Pierce. Il ne savait pas si tous deux avaient décidé de le faire abattre ou s'il s'agissait d'une initiative du confident de Cotteret. Mais il s'en moquait. Le président était à lui. À lui seul.

Il pressa sur le bouton. Les images avancèrent de nouveau. Boidest avait bien travaillé. Un homme de qualité. Les tueurs de talent attendrissaient Sepp Kowaltchuk. Et puis, les fumeuses descriptions des témoins étaient vouées à étourdir les enquêteurs. Ainsi, un gratte-papier sur le chemin de son travail décrivait-il l'assassin de La Pierce comme un islamiste, alors qu'une petite dame soutenait avoir vu deux tueurs. Quant à la charcutière, elle assurait qu'ils étaient au moins trois avec des toques de fourrure sur la tête.

*

Après un dîner privé chez un grand collectionneur de peinture russe, le président de la République, que sa femme n'avait pas accompagné, emprunta l'une des voitures de protection. Les trois gorilles qui l'occupaient furent priés de rejoindre au trot les autres Renault. Ils s'y rendirent avec l'élan le plus aimable. Ces gardes du corps, tout frais sortis du régiment d'élite de la gendarmerie, restaient disciplinés. Ils savaient que le président, comme ses prédécesseurs, gardait la vilaine habitude de s'éclipser de loin en loin et se bornèrent à lui jeter un regard douloureux.

– Cette nuit, je ne désire pas être escorté par qui que ce soit. Compris ?

– Oui monsieur le président, dit le capitaine qui les commandait.

Hugues, inflexible quant à ses propres règles de sécurité, emprunta dans les deux sens le boulevard périphérique et s'appliqua à semer tout bon esprit qui aurait eu l'idée de le protéger coûte que coûte.

Hugues Cotteret arrêta durant un quart d'heure la voiture porte d'Asnières afin de vérifier qu'aucun véhicule ne se trouvait à ses basques. Il était une heure du matin. Une lettre, rédigée avec trois fautes d'orthographe, et reçue dans ses appartements privés, rue de Naples, lui avait précisé que le plan du lieu de remise de l'argent figurait dans un message à retirer dans la boîte à lettres de sa garçonnière au Petit havre. Lequint et Daniel Spassy morts, il n'y avait que Sepp pour connaître le Petit havre. Qui d'autre ? Les gitons reçus là-bas par le président au fil des mois n'étaient pas préoccupés de politique. Des garçons aussi beaux que légers, davantage en quête de chanvre indien que d'extorsions et de meurtres.

Treize minutes plus tard, le président entra au Petit havre. Hugues Cotteret y trouva une enveloppe jaune et une carte Michelin. Le silence allait enfin venir sur Vollens-Deiger et les pesticides versés dans les bananeraies aux Antilles françaises. Ensuite, il s'occuperait de Sepp.

*

Danofreau prit un taxi pour se rendre jusqu'à la gare du Nord. Il accomplissait un acte passionné. Le président de la République lui avait indiqué qu'il servait la France. Il en était fier. L'astuce n'est pas toujours le dissolvant du patriotisme : Danofreau se voulait malin, cependant le drapeau tricolore lui mettait les larmes aux yeux. Il possédait un exemplaire de *Vers l'armée de métier* signé du général de Gaulle. Un trésor de famille. Son grand-père, martyr perplexe si on lisait bien son journal intime, car il paraissait douter de la victoire, était cependant tombé au combat durant la Première Guerre mondiale. Les deux oncles de Danofreau avaient servi dans la 2e DB, avec Leclerc. Son frère aîné s'était illustré dans les commandos de chasse en Algérie. Danofreau avait été élevé dans l'amour du pays.

Il prit un chariot pour rejoindre la voiture 6 où sa place était retenue. Le vent le glaçait.

– Bonjour, dit-il poliment.

Personne ne lui répondit.

Danofreau rangea les sacs au-dessus de sa tête. Un monsieur élégant, et aux bagages en peau de buffle, eut un regard d'apitoiement pour le matériau commun dans lequel Danofreau transportait ses affaires. Le jeune homme à côté de Danofreau passait un coup de téléphone. Il semblait négocier les conditions d'un coït pour le samedi qui venait. Puis il y eut dans l'air comme un sursaut. Une jolie brune entra. Un indiscutable sens des prévenances les fit se lever pour l'aider à installer sa valisette à l'endroit prévu. Une minute plus tard, tous essayèrent d'apercevoir ne serait-ce qu'un centimètre de ses cuisses.

Danofreau suça des pastilles contre les maux de gorge, bruit de bouche qui indisposa la créature. Tête en avant, elle se lança dans la lecture accélérée de *Vital*.

Durant le trajet, Danofreau ne bougea pas. Ni pour se rendre aux toilettes ni pour acheter l'une de ces demi-baguettes intitulées « sandwich plein air », qui semblaient contenir un carré d'herbe et un rectangle de pâte à papier.

Danofreau était tendu. Il renifla une centaine de fois. La salive coulait mal dans sa gorge.

Il compta, au jugé, les kilomètres. Il surveilla la trotteuse de sa montre. Danofreau avait la réputation d'un homme exemplairement médiocre, mais à l'heure !

Son portable sonna.

– Largage dans deux minutes, dit le président.

– Bien, répondit, sobre, Danofreau.

Il se leva. Son voisin eut une toux morveuse.

Danofreau prit les sacs. Le mépris et la haine des voyageurs se posèrent sur lui. Qu'est-ce qui lui prenait à ce type ? Il n'y avait pas de gare en vue !

Danofreau utilisa la clé pour ouvrir la porte.

Il tendit l'oreille vers le téléphone.

– Prêt ? demanda le président ?

– Oui.

– Dix, neuf, huit, sept, six, cinq, quatre, trois, deux, un, go !

Danofreau reçut des gouttes froides sur le front. L'air glacé le gifla. Il lança les sacs.

*

La Volkswagen longea un bâtiment industriel dont les verrières brillaient en faisceaux sous la lune. Puis, la forêt assombrit la route et Costes ne distingua que les bardages d'une maison individuelle. Une marte, ou une fouine, dont il aperçut la pointe blanche sous la gorge, fila derrière une combe. La voie était à peine carrossable. Elle se couvrait d'une neige sableuse et le filtre vert d'une longue haie apparut.

– Putain ! ce qu'il ne faut pas faire pour payer ses arriérés d'impôts, murmura Bernstein.

Il affrontait la vie avec la double disgrâce du Parisien et du contribuable.

– Dire que je pourrais être au pieu en train de gommer une minette…

Pour se donner du courage, Costes tenta de recomposer mentalement tout le visage de Mahaut. Mais sans y parvenir. Des flocons criblèrent le pare-brise. Il actionna les phares antibrouillards de la Volkswagen dont les pneus à chaînes glissaient sur la glace. Costes fut tenté de rentrer chez lui. Mais le type rencontré dans la chambre d'hôtel se vengerait. Costes en était convaincu.

Il dépassa la cabine d'une pelleteuse et vit la trace des chenillettes d'un tombereau.

À sa droite, le châssis d'une pépinière tranchait dans ce qui restait de l'horizon.

– Ce serait là, juste devant un pont, indiqua Bernstein, qui tenait à deux mains l'écran du GPS.

Samuel freina et rangea la Volkswagen sur un terre-plein où apparaissaient des vieilles traverses de chemin de fer.

– J'y vais, souffla Costes.

– Appelle-moi aussitôt que tu les verras, dit Bernstein qui lui tendit le portable.

– Oui, dès que je suis mort, je te raconte.

Costes lui adressa un clin d'œil et ouvrit la porte de la voiture.

Bernstein leva la main pour lui donner du courage.

– Je prends le Mauser et je reste à cent mètres derrière toi, dit-il en se retournant pour saisir un fusil qui, lourd, paraissait incisé dans la banquette arrière.

Avant le départ, Bernstein avait réglé la détente sur 1 kg. Il avait dégraissé au solvant les pièces usinées et, superstitieux, soufflé sept fois sur les feuillets de hausse. Contre le froid, Samuel avait enfilé un gilet en fourrure et des chaussettes de laine trop épaisses. Le talon de ses bottes lui faisait mal. Le pointillé de la tempête gênait la vue. Il entendit un claquement d'ailes très sec puis le jappement d'un chien en maraude. Il souffrait d'un point de côté, des sortes d'épines se dépliaient dans sa poitrine. Il marcha, son allure se dérégla.

Costes haïssait la campagne avec son harnachement de ronces. Et le ciel pesait sur son dos.

Devant lui, chaque souche le faisait sursauter. À droite, un craquement. Il ouvrit le revolver et vérifia encore que les balles se trouvaient basculées en avant, dans le barillet. La poignée en noyer était si froide… L'arme venait de passer cinq ans derrière les plaques d'acier d'un placard de Bernstein, et son numéro de série avait été, prudemment, dissous à l'acide. Le scintillement moiré du Colt le rassura. Les flocons picotaient de plus en plus, il eut l'impression qu'un fil blanc lui cousait les joues.

Samuel glissa sur un raidillon qui escaladait une butte. Il hésita devant un sentier. Il devina une coulée pour le gibier.

Costes aperçut la voie ferrée.

– Lucile, dit-il simplement d'une voix creuse.

Elle se redressa.

– On se connaît ? siffla-t-elle.

Lucile écarta une mèche noire de ses yeux.

– C'est toi qui as monté cette combine ? demanda Costes.

Elle haussa les épaules.

– Tu as eu cinquante ans pour comprendre les femmes. J'admets que c'est un peu court, dit-elle, moqueuse.

– Tu as joué le coup toute seule ?

– Revanche de la petite entreprise sur les groupes monopolistiques, plaisanta-t-elle.

Costes se sentit grotesque avec ce revolver à la main. Il n'était pas de ceux qui se font naturellement un visage de gladiateur.

Elle le regarda avec un sourire.

– Mon vieux, la vie est incroyable, c'est pas plus compliqué que ça.

À pleines mains, elle saisit les billets et les laissa tomber à l'intérieur de son sac à dos en toile. Deux sacoches étaient déjà pleines.

– Tu me sidères ! fit Costes.

Lucile se tourna à nouveau vers lui.

– J'ai eu le déclic !

– Quoi ?

– La haine. Tu connais ?

– Qu'est-ce que tu racontes ?

– À être prise pour une oie, on se sent pousser des ailes mon vieux !

– Hein ?

– J'en avais ma claque d'être l'assistante d'un connard.

– Et alors ?

– Je suis une voleuse. Joli ce mot-là…

– Lucile, écoute…

– Un jour, tu m'as dit que je n'étais pas sentimentale. Erreur. J'ai eu le coup de foudre. Pour le fric…

Le vent soufflait fort et les arbres semblaient battre des ailes.

– Je suis censé te descendre et piquer l'argent, insista Costes.

– Samuel, tu es émouvant quand tu t'y mets !

Il fit un pas de côté.

– Disons un peu con ! rectifia-t-il.

– Si tu veux, on partage.

Il eut un mouvement de surprise.

– Ça me touche que tu me le proposes.

Elle prit le temps de le dévisager.

– Je t'aime bien Samuel… Vraiment.

– Moi aussi, murmura tristement Costes.

Il aperçut l'ombre fluette d'un vélo à une dizaine de mètres. Lucile eut un ricanement.

– Rien de mieux que les sentiers de campagne pour semer les indésirables…

– Effectivement.

Elle lui tourna le dos.

– Tu crois que tu as une chance de t'en tirer ? demanda-t-il.

– Mon pauvre chéri, côté pessimisme, t'es médaille d'or !

– Dis donc…

– Oui ? fit-elle.

– L'idée t'est venue comment ?

– T'aimerais le savoir, hein ?

– Oui.

– Tu liras mes mémoires. On en fera sûrement un film, dit-elle avec un gloussement.

– Explique-moi.

Les intonations de Lucile devinrent faussement frivoles.

– Je m'occupais de la location d'une charmante maison, Le Petit havre, aux frais de l'Union des Halles. À l'origine, elle était destinée à certains invités de marque…

– Et alors ?

Elle se redressa.

– J'organisais tout. Je l'ai meublée, j'ai embauché un jardinier, je faisais venir une femme de ménage chaque mercredi après-midi… Et, un jour, alors que j'y repassais après mon boulot, parce que je croyais y avoir oublié mes lunettes de soleil, j'ai aperçu le président de la République qui en sortait. Tu imagines ? Je me demandais si je rêvais… Et puis, tu connais la curiosité féminine… J'ai voulu savoir qui était la nana qu'il venait de sauter. Je suis restée planquée derrière la haie. Et… surprise ! J'ai aperçu un minet, visiblement pédé. Le président lui a fait des bisous avant de le quitter.

– Tu l'as fait chanter ?

– Malheureusement, je n'étais pas vénale. Juste révoltée. Je veux dire que je n'ai pas, d'emblée, le bon réflexe. N'empêche, ça m'a ouvert les yeux.

– Alors ?

– C'est venu par petits bouts.

– Hein ?

– Crois-moi Samuel, baiser des pourris, c'est l'ivresse !

Costes baissa la tête. Lucile parla d'une voix plus forte.

– Il y a un an, Sepp Kowaltchuk a déposé un sac de voyage dans le bureau de mon crétin de patron. Pendant que Lequint est allé pisser, je l'ai ouvert et je suis tombée sur des monceaux de blé. D'abord, j'ai cru qu'il se faisait acheter. Et puis un matin, à cause d'un coup de téléphone qu'il passait au président, je me suis rendue compte que l'argent filait à l'Élysée.

– Je vois...

– Mais j'ai appris l'essentiel petit à petit. Lequint et le président étaient en cheville avec une société transnationale de l'agrochimie, VollensDeiger. On n'arrête pas le progrès, leur gamme d'insecticides, elle tue les mouches mais aussi le zozio des Blacks. Tu vaporises, t'as la queue qui s'effrite. Je te passe les détails.

– Tu as supprimé Lequint ?

– Tu rigoles ! Mais une fois qu'il est mort, j'ai fait le ménage dans ses dossiers et ce, avant les flics. Y compris au Jockey club où on entre comme dans un moulin à condition de jouer les femmes de ménage. Elles sont les seules à ne pas être contrôlées. C'est là-bas, dans son vestiaire, qu'il planquait le dossier VollensDeiger. Hé oui, mon patron, il avait inventé une organisation bidon : France Revanche.

– Alors ?

– J'ai réfléchi et je lui ai succédé. La promotion interne, ça existe, ricana-t-elle, acide.

– Chapeau.

– Un million de dollars. Tu sais Costes, le vol, c'est moins triste que le droit social.

Samuel glissa le revolver dans sa ceinture.

– Et avec ces thunes, tu vas où ?

Elle passa les bretelles de cuir du sac à dos et lui fit un signe tendre.

– Ferme ton col, tu vas encore nous faire un rhume Samuel…

Lucile fixa les sacoches sur la bicyclette avant de l'enfourcher. Elle resta de guingois quelques secondes et fila entre les bouleaux.

Le portable sonna. C'était Bernstein.

– Ici la planète Mars…

– Bien reçu. Ici Nunuche Ier.

– Tu as le fric ?

– Non.

– T'es devenu myope ? J'ai aperçu une nana…

– C'est un mirage. Des filles tu en vois partout…

– Costes, on va se faire ouvrir la gorge !

– Possible.

Achevé d'imprimer par l'Imprimerie de la Manutention

à Mayenne, le 20 février 2003

Dépôt légal : mars 2003

Numéro d'imprimeur : 41-03

ISBN 2-84742-025-8

Imprimé en France